巨大ジオラマでよみがえる
本丸の全貌

熊本城超絶再現記

島 充
Shima Mitsuru

新紀元社

―序―

熊本城を、日本三名城の一つといいます。

荻生徂徠《おぎゅうそらい》は『鈴録《けんろく》』の中に

　石垣は加藤清正の一流あり。

　石垣を築くには、幕を張りて、一円に外人に見せずと云う

　清正の築けるは大坂・尾州・肥後の熊本なり

と記し、ここにある大坂・名古屋・熊本を日本三名城と呼ぶようになりました。徂徠が石垣についてとくに清正の名を挙げたように、清正は石垣の技術において名を馳せ、そのことによって築城の名手とうたわれました。清正は石垣の技術に長けた家臣を抱えており、慶長十一年江戸城富士見櫓台、慶長十五年名古屋城天守台をはじめ、清正の死後も元和八年江戸城天守台、寛永元年大坂城天守台と、徳川家中枢の城の、しかも天守台の築造を任されたのは他ならぬ加藤家であって、徂徠が挙げた三城はいずれも天守台を加藤家が築いています。

熊本城は清正自身の居城として、その石垣の見事さは殊に名高く、いつの頃からか巷に「武者返し」と呼ばれるようになった高石垣は、驚くほど平滑な築石面を持ち、鉈棲《なたづま》の鋭い稜線は弓なりの弧を描き鋭く空を切り取っています。それを見るものはこの石垣が比類なき建築物であることを感じるでしょう。この独特の美観を誇る石垣をとくに「清《せい》正流《しょうりゅう》」と呼びました。

熊本城はその石垣によって、名城といわれます。しかし本来、この石垣の上には、余すところなく、甍《いらか》を連ねて城門や櫓がひしめいていました。石垣はそれら建築物の痕跡です。

熊本城では復元整備計画が着々と進んでいました。三十年から五十年をかけて熊本城全域に加藤清正築城当時の雄姿をよみがえらせようという計画のもと、平成十五年に西大手門が完成、西出丸一帯の整備が完了すると、復元は本丸内に及び、平成十七年に飯田丸五階櫓、二十年に本丸御殿大広間が木造で完成しました。以後、第2期の事業計画に着手、平成二十六年に馬具櫓が竣工し、引き続き平左衛門丸の長塀、百間櫓……と計画は続き、最終的にはすべての五階櫓を含む本丸内の建物の大部分が原寸大で再びその姿を現すはずでした。

平成二十八年、熊本地震。

地震から三か月がたった七月七日、私は宇土櫓の前に立っていました。それまではいつでも入ることができた本丸内には、もう立ち入ることができませんでした。復元整備計画の完了という未来も、石垣とともに崩れ落ちていました。

その時点でははっきりと像を結んでいませんでしたが、今振り返ってみると、今回の模型の構想は、あの日、曇り空に突き立った宇土櫓の前で始まったように思えてなりません。熊本城の独特の空間は、あの場所を離れてあろうはずがなく、私にとって再現することができない城でした。それなのに、おそらく一生のうちで二度と手掛けることはないだろう規模と精度で熊本城を模型化しようと、ほとんど憑りつかれたように工作しつづけた自分がいます。

本来の熊本城の姿を今、再びここに現す。

熊本城の過去の姿を忠実によみがえらせることは、熊本城の未来の姿を夢見ることでもあるのです。

私が１／１５０に縮小してつくりだす熊本城の本丸は、明治三年。

清正築城以来の姿を完全に残した最後の年です。

【目次】

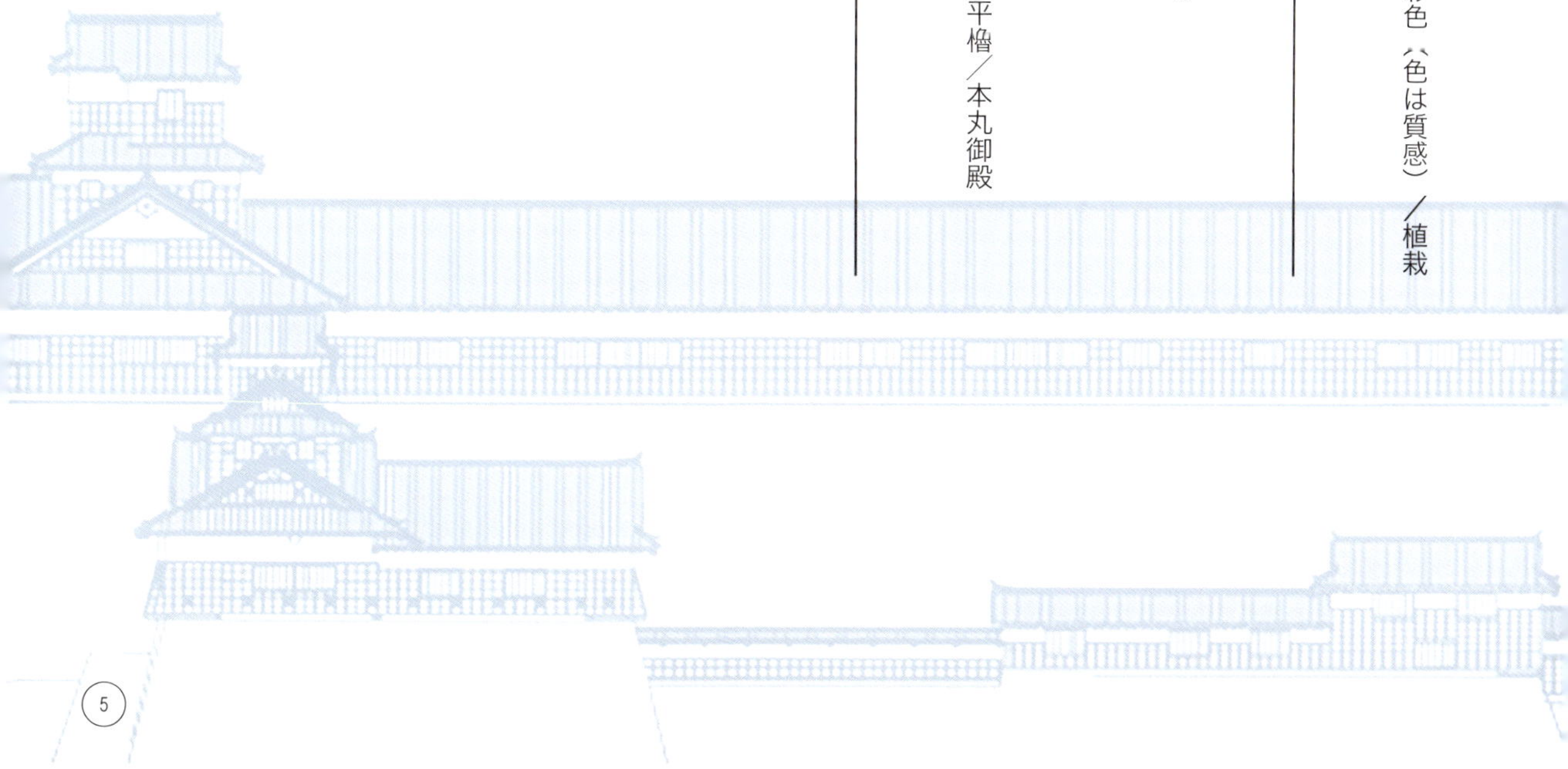

明治三年の熊本城

明治三年。この年は熊本城がその完全な姿をとどめた最後の年である。

城は変わらずそこにあったが、時代が、変わった。人心が、変わった。幕府はすでに無い。

明治三年前後の熊本城を取り巻く状況はめまぐるしい。前の年、明治二年六月十二日、十一代落主細川韶邦《よしくに》は藩籍を奉還し熊本藩知事となった。年が明けて明治三年五月に韶邦は家督を弟護久にゆずり自らは隠居する。

当時藩政の中枢は本丸御殿大広間に置かれていたが、護久は同年七月にこれを城の南、花畑屋敷に移し熊本藩庁とした。ここに熊本城本丸は政務の場としての役目を終えたことになる。

護久は同年九月には熊本城の廃毀《はいき》を申し出ている。熊本城廃毀の意見書の中で護久は、兵制が一変し、火器の使用が専らとなっては「昔時之金城《せきじのきんじょう》」も「今已《すで》に無用の贅物《ぜいもつ》」であり「戦国の余物」であると断じ、「乱世の遺祉」があっては国の統治の妨げとなるからこれを廃毀したいと述べている。

護久にとっても熊本城を廃毀することには決心を要したらしい。「熊本城は加藤清正の築くところ、宏壮西陲《こうそうせいすい》の雄と称す」、「当藩は旧来の名城、是を廃するは忍びず」との弁がそれを物語っている。ともかくもこの上申によって熊本城は廃毀されることとなった。

廃毀を前に、明治三年閏十月から年末にかけて、天守が広く庶民に公開された。菊水の人、五野保萬は、兄の斎記を伴って御城拝見に出かけている。十二月十七日の朝に出発し、京町の布屋平七宅に着いたのは日暮れであった。明くる十八日、朝飯後に城内に入る。

小天守の入口はすでに大勢の人でのぼることもできかねる様子だった。漸く入ることができた小天守では大砲、小銃、大弓、半弓、鎧、兜、長刀、鑓《や》リ、陣太鼓など軍用の道具の「美しき備」

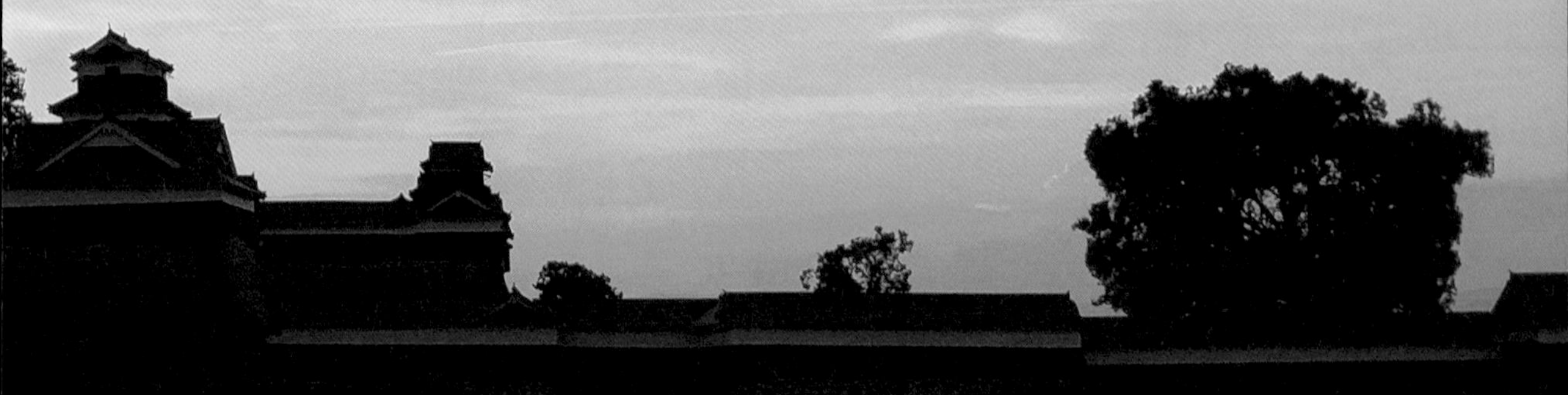

を目にしている。

続いて大天守の最上階から熊本藩中を見物している。「実《げ》に熊本藩中は一目に相見え残らず見物」と彼の日記は興奮を伝える。藩中の庶民にとって、天守は城下から見上げるものでしかなかった。その天守の最上階に人々はひしめき合い、藩主の目線で城下を見下ろしている。「御一新」と人々が呼んだ明治維新の、一つの象徴的できごとである。

ちょうどこの頃、城の南西、古《ふる》城《しろ》一帯では医学校と病院、洋学校の設立が進められていた。年が明けて明治四年、開校した古城医学校の教師として長崎から招かれたのが、オランダ人医師、マンスフェルトである。マンスフェルトの熊本滞在は明治七年までの三年間。彼が持ち帰ったアルバムには熊本城を写したものが多く納められている。その中の一枚、南坂下から本丸を見上げた写真には数寄屋丸五階櫓が写っている。この櫓は明治四年中には撤去されており、その姿を鮮明にとらえた唯一の写真であり、明治四年に撮影されたとみられるこの一連の写真が、熊本城を写した最古のものである。

熊本城が写真に納め始められると同時に、城は少しずつ、その姿を消していった。明治四年七月十四日廃藩置県。鎮《ちん》西《ぜい》鎮《ちん》台《だい》が熊本に置かれ、のちに熊本鎮台と名を変えるが、その大本営は熊本城本丸に置かれた。軍用地となった城は軍用地として整備されていく。櫓は順次撤去された。明治十年二月十九日、熊本城が突如火を発したとき、残存していたのは天守と大広間をはじめ、本丸上段の中枢の建物のみであり、灰《かい》燼《じん》に帰すに数時間しか要していない。

熊本城が熊本城としてその威容を残していた最後の年、明治三年。

その年の熊本城の壮観を、私たちが二《ふた》たび目にすることは、現実には、もうない。

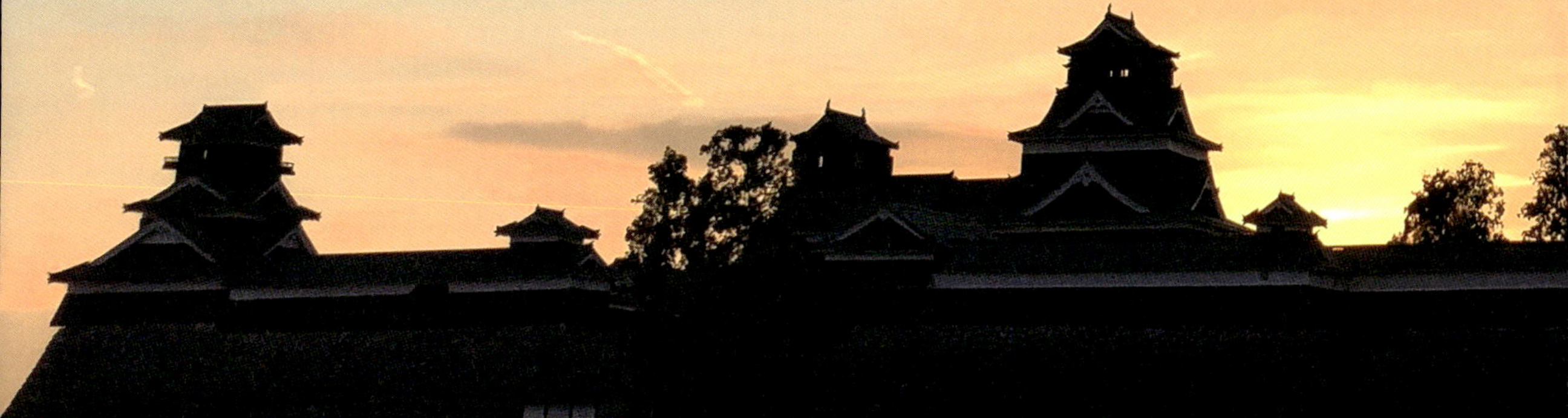

よみがえった熊本城

明治三年の本丸完全再現

壮麗　雲に聳えて
彩燦　南面し
薩摩街道　飽田　宇土　益城の各方面の
村々田々河々山々に輝き
恰かも智勇兼備の名将が莞爾として
敵手の突撃を待ちつゝあるものゝ如し

内柴御風「熊本城追憶拾遺記」

熊本城は南向きの城である。

南から城に面すると、本丸内の主要な建築物が屋根を重ねてひしめき合っている様子が一望できる。中央最奥に天守が聳えている。その天守に向かって、元札櫓門から枡形を連続させた、過剰ともいえる厳重な守りの虎口が開いている。

祖父が御天守方の役人であった内柴御風は、小天守を兜の錣《しころ》にたとえ、大天守の背後にあるものと見ている。

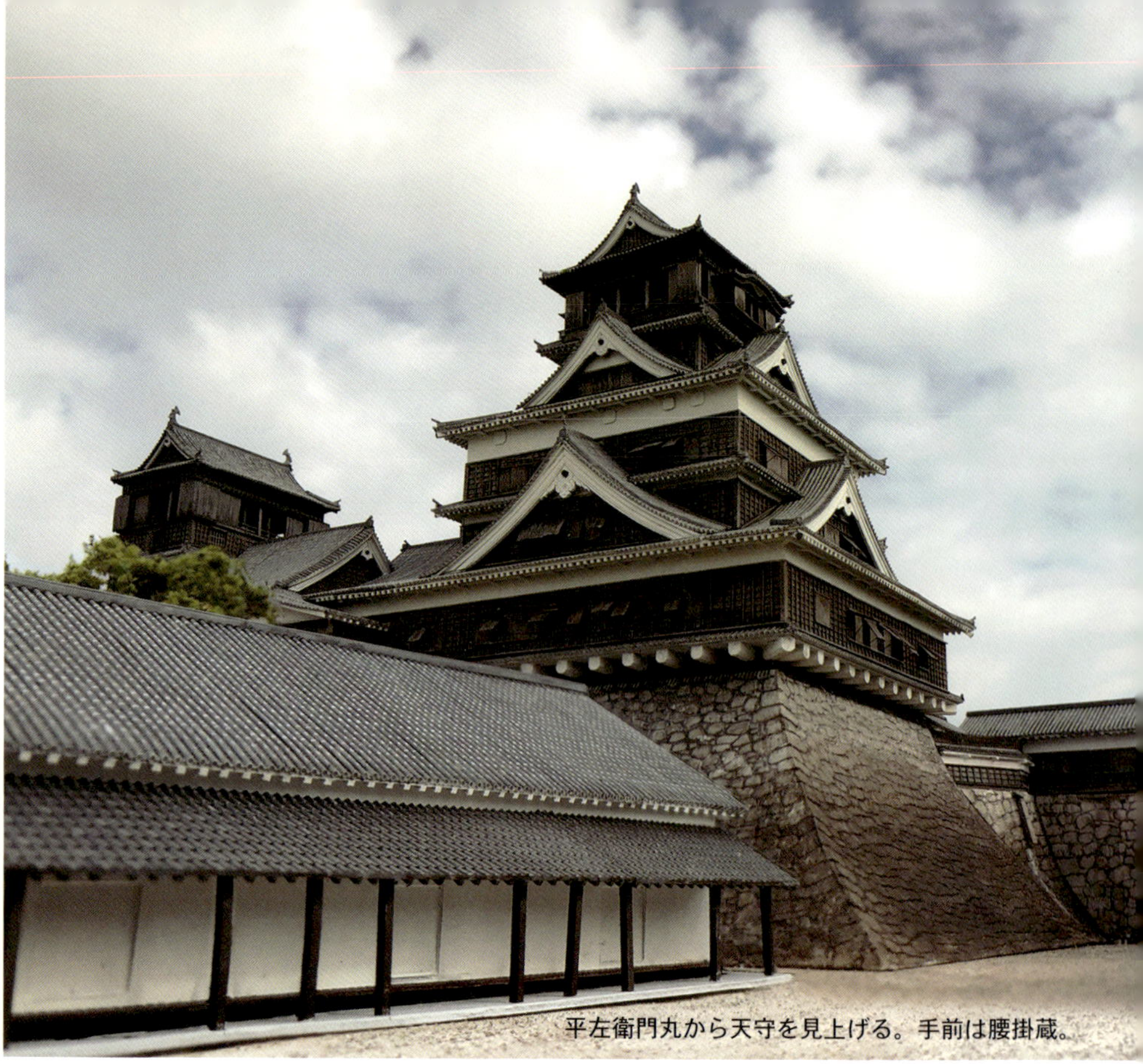

平左衛門丸から天守を見上げる。手前は腰掛蔵。

城の裏側、北東から大小天守を見上げる。

北西から見た大小天守。左奥は御裏五階櫓。

耕作櫓門、御天守廊下の屋根越しに見上げた大天守。
最上階の唐破風が正面を表す。

北東から本丸を望む。

加藤清正は石垣の上手にて
熊本城の石垣を見るに
高けれども こばい なだらかにして
のぼるべく見ゆるまま かえ上るに
四、五間は陟《のぼ》らるるが
石垣の上
頭上に覆りて空見えず

松浦静山『甲子夜話』

二様の石垣と小広間三階櫓。

本丸の南、西竹丸五階櫓を中心とした連続枡形虎口。

元硫黄櫓と田子櫓を見上げる。

南坂（現・行幸坂）から望んだ本丸。
左から宇土櫓、続櫓、数寄屋丸櫓門、長櫓、数寄屋丸三階櫓、数寄屋丸五階櫓、西櫓門、百間櫓。数寄屋丸二階御広間の屋根越しに大天守が見える。右奥は本丸御殿大広間、小広間三階櫓。

北西から望む。
左から御裏五階櫓、御裏五階櫓西平櫓、大小天守、御肴部屋櫓、宇土櫓、続櫓、数寄屋丸櫓門、長櫓、数寄屋丸三階櫓、数寄屋丸五階櫓。樹木の奥に飯田丸五階櫓。
数寄屋丸櫓門へ続く土橋上には番所と類当冠木門。

真北より見上げた本丸北部。

真北より見下ろした本丸上段。

真南、元札櫓門から天守まで直線に抜けた空間。

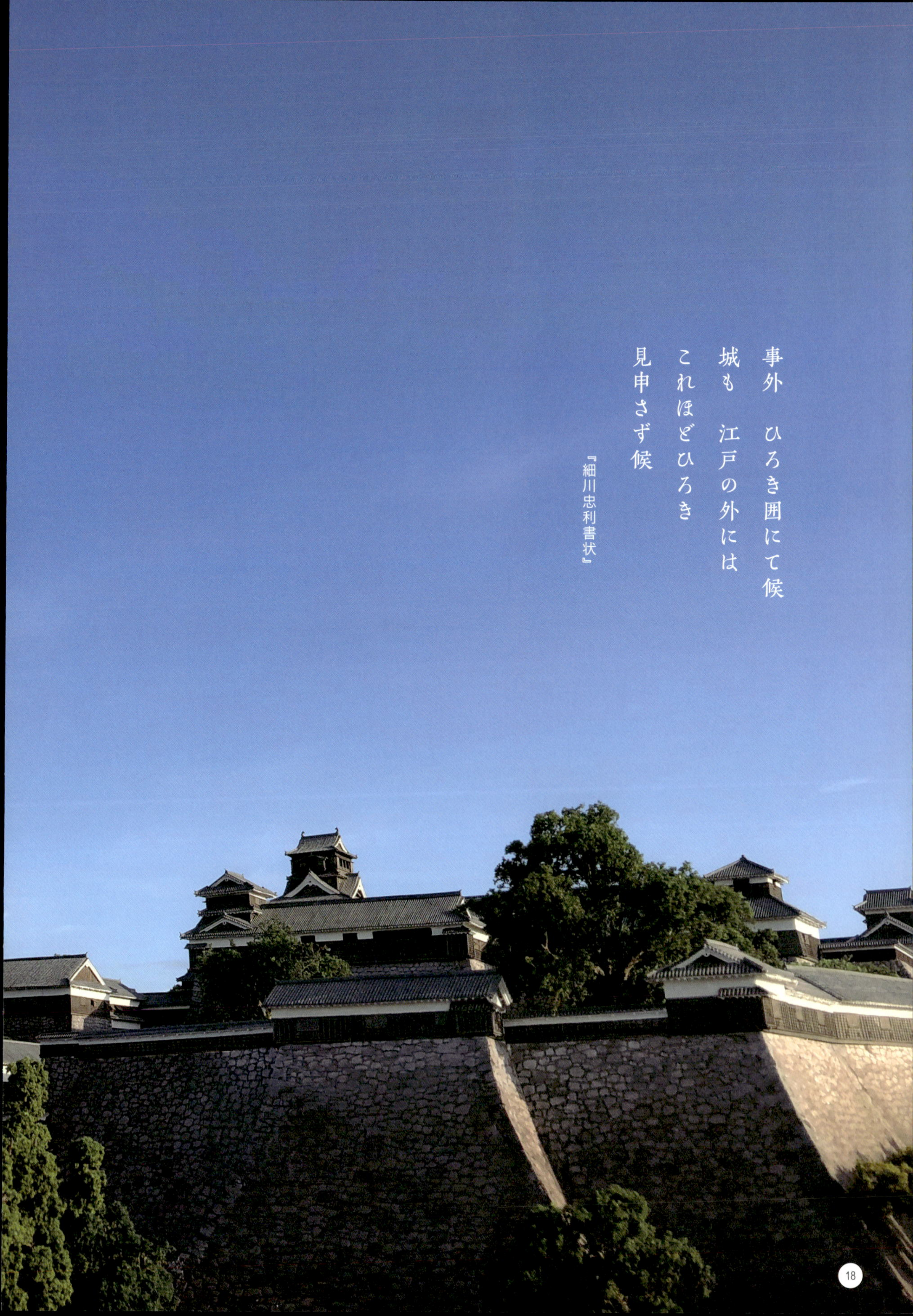

事外　ひろき囲にて候
城も　江戸の外には
これほどひろき
見申さず候

『細川忠利書状』

南東から見上げた本丸の壮観。
現在の熊本市役所前あたりからの眺望。

コラム①

藤岡博士の1/10天守軸組模型

現在の熊本城の天守は、昭和三十五年（一九六〇）八月三十一日に外観復元されたものです。鉄筋コンクリート造で総工事費は一億八千万円でした。復元設計は城郭研究の大家である藤岡通夫博士の手によるもので古写真と絵図に基づいています。

復元に際しては、古絵図をもとに1／10の巨大な模型を作成しています。いったん木造の状態を復元したうえで、鉄筋コンクリートでの設計を行ったのです。藤岡博士が熊本城天守の復元設計を引き受ける条件の一つが、この1／10模型の作成であったといいます。

日本では、建物を建てる際に詳細な図面が引かれるようになったのは江戸中期以降といわれます（城と茶室は例外）。そのかわりに古代から使われたのが模型でした。城の天守も雛形を作成した例が多く見られます。模型は立体であるがゆえに、建築物を検討するには最適の手段なのです。1／30より大きなものになると、材木の継手やほぞ穴まで実物に忠実な構造を取ることができるようです。この模型でも、部材の一つひとつ、内部も床《とこ》に至るまで再現されています。大天守最上階下、五階の四隅の柱は下の階のどの部材にも乗らず宙に浮いています。

昭和の再建天守の復元設計に多く携わった藤岡博士がこのような検討用の模型を作成したのは熊本城と和歌山城の二城でした。格段に思い入れが強かったことがうかがえ、熊本城は「瓦の数まで正確」といわれたほど、古写真そのままの外観をよみがえらせました。将来もし木造復元となれば重要な資料となることでしょう。

（著者撮影）

1 重要資料を読み解く

［資料・写真提供者一覧］

- 熊本城総合事務所
- 熊本城調査研究センター
- 熊本県立図書館
- 永青文庫
- 冨重写真所
- 宮内庁書陵部
- 長崎大学附属図書館
- 国立国会図書館
- 宮内公文館

※本書内の建物名称は『特別史跡熊本城跡総括報告書』（2019）による。一部、便宜上「飯田丸三階櫓」のように曲輪名を付加したものもある。
※資料名の読み方は熊本市の慣例による。

（上）大天守最上階より南方を見る（部分）熊本城総合事務所提供
（下）同一視点模型写真

古絵図を読み解く

其一

御《おん》城《じょう》内《ない》御《おん》絵《え》図《ず》（熊本市蔵）

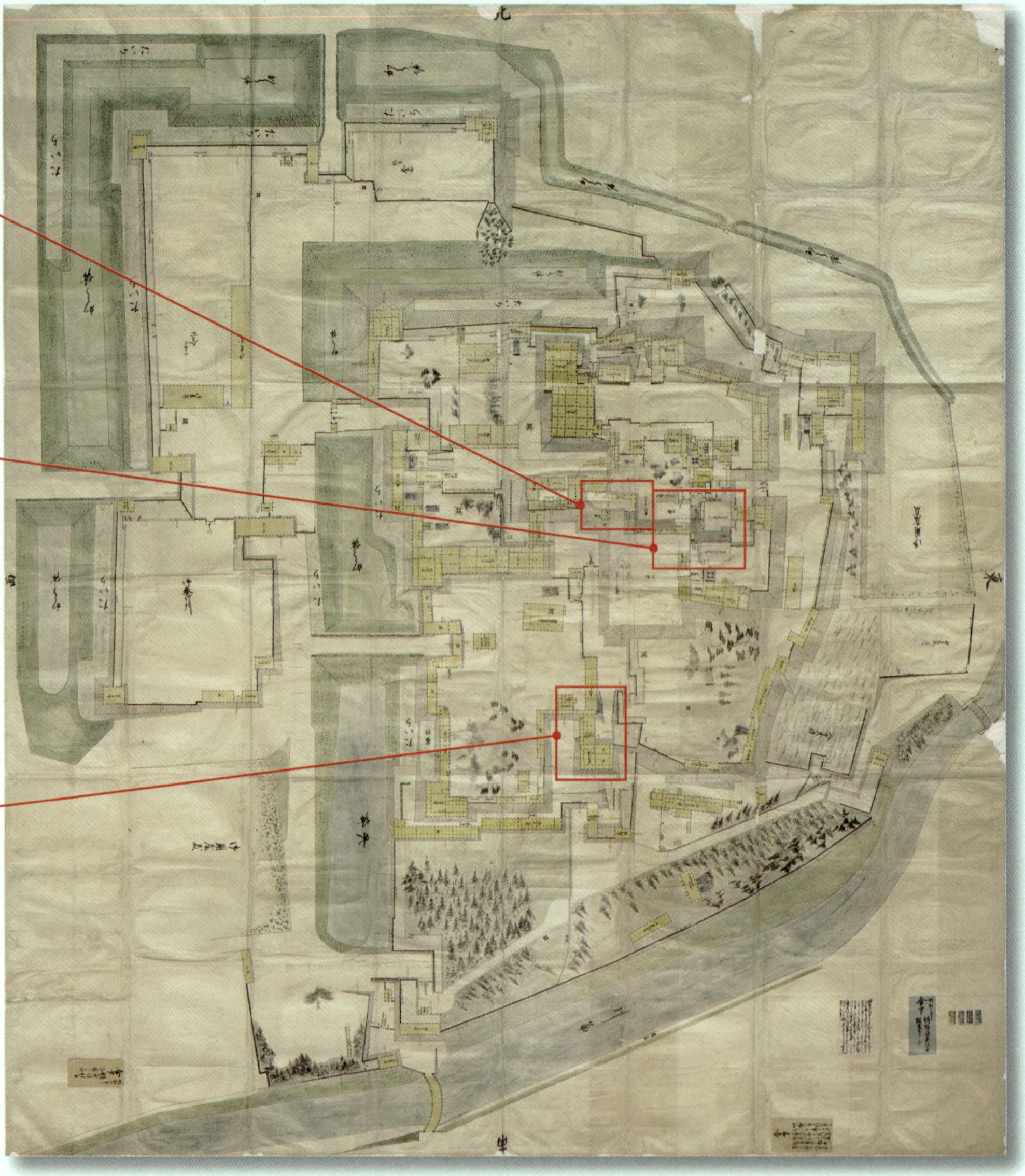

明和六年（一七六九）頃に描かれた本丸および西出丸の平面図です。建物は柱位置と仕切り線で示し、多層の建物は地階から一階平面までを描いています。櫓門は平面を記した上に、上階平面を描いた和紙を糊付けして表現しているのが特徴です。一間を六尺五寸（この寸法の解説は44頁）とみなすと、遺構によく合致することが指摘されており、御大工《おんだいく》棟梁が関わって作図した実測値に基づく図面とされています。実際の復元でも根本資料とされています。この原本では本丸御殿大広間・小広間《こひろま》付近を欠損していますが、複数の写本から失われた部分を確認できます。

熊本城は石垣を乗り越えて建物が連なり、二階が別の建物の一階につながったり、床下にも部屋や通路があるなど、極めて複雑で立体的な構成で、平面を記録するために何枚もの紙を貼り重ねなければならなかったところに熊本城の空間的特徴が如実に表れています。

◆　◆

模型制作に先立つ考証作業は平面を把握することから始まります。御城内御絵図の平面をトレースし、現状遺構に重ねた平面データが、模型の基礎となりました。平面

御城内御絵図の描き起こし

模型制作の考証に先立ち、『御城内御絵図』をパソコンに取り込み、すべてを描画ソフトで描き起こしてデータ化。これを現状遺構の上に重ね、六尺五寸のグリッドを基準にして柱位置を推定していった。

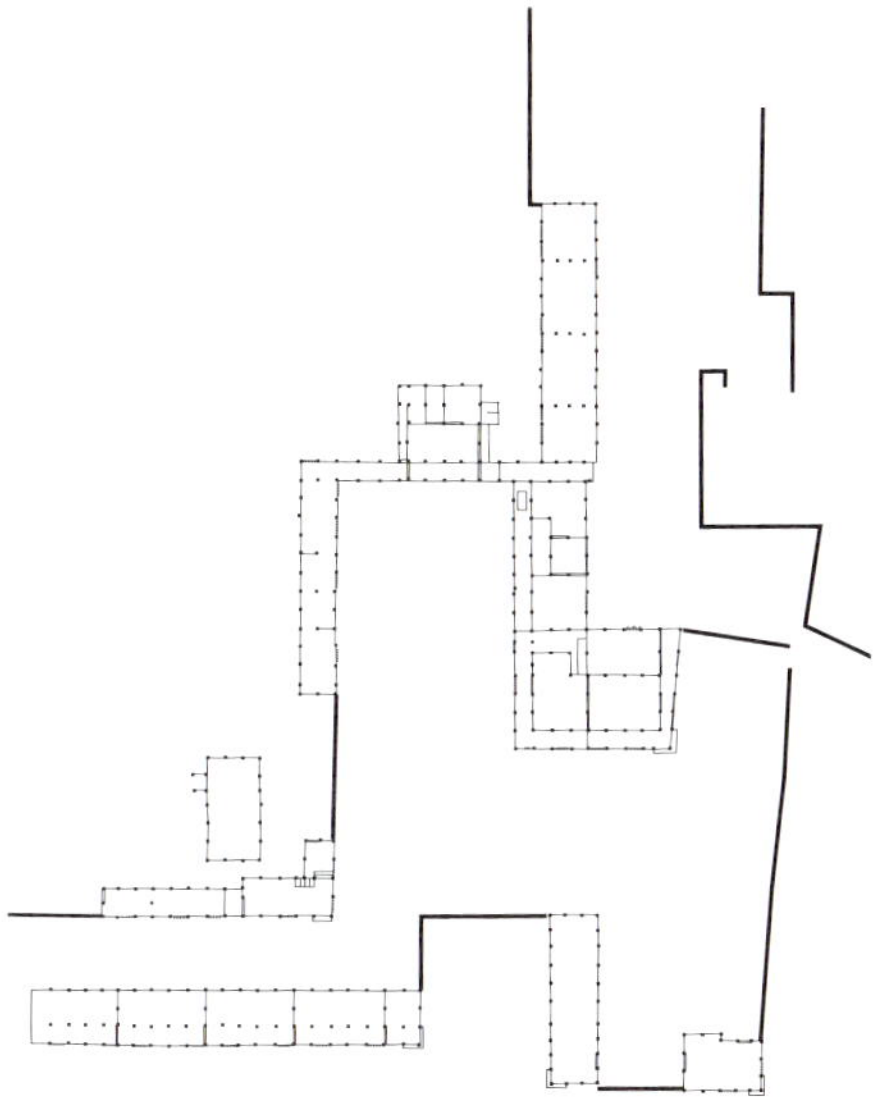

（西竹丸五階櫓《にしたけのまるごかいやぐら》付近）

模型制作視点

実際に石垣遺構に合わせてみると、ゆがみの角度も含め、おおむね良好に合致します。誤差がある場所も石垣遺構に六尺五寸のグリッドを引くと、その位置が無理なく推定できました。

また、この絵図は窓の配置も記録しますが、古写真と照合すると、位置や数に齟《そ》齬《ご》がある箇所もあり、模型では当然写真の情報を優先することになります。

五階櫓をはじめ、多層の櫓は上階を記録しません。そのため、多層櫓の上層の寸法は、瓦の列数から割り出さねばなりませんでした。

【闇《くらが》り御門《ごもん》前の警護所】

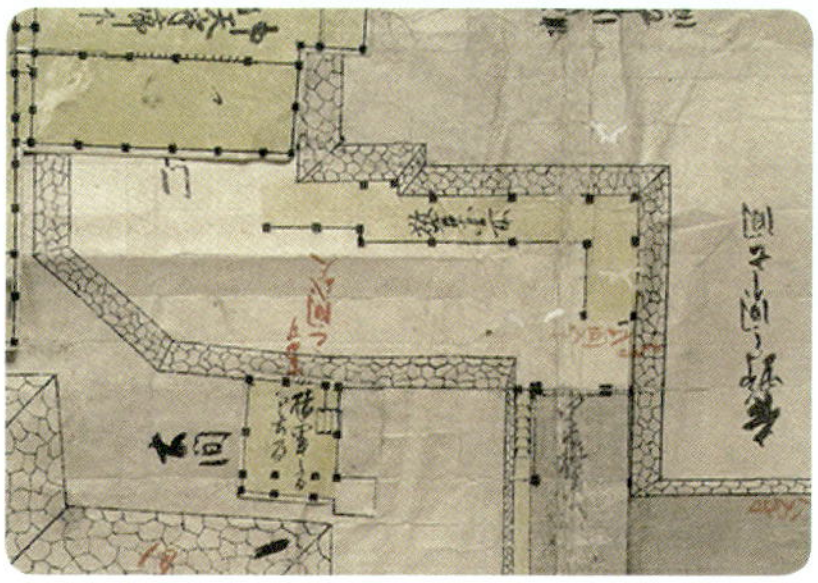

▶耕作櫓門《こうさくやぐらもん》から闇《くらが》り御門《ごもん》にかけての石垣に沿って警護所が設けられている。『御城図』が記録しないため根拠が少なく、今回の模型化は見送った。

【闇《くらが》り通路】

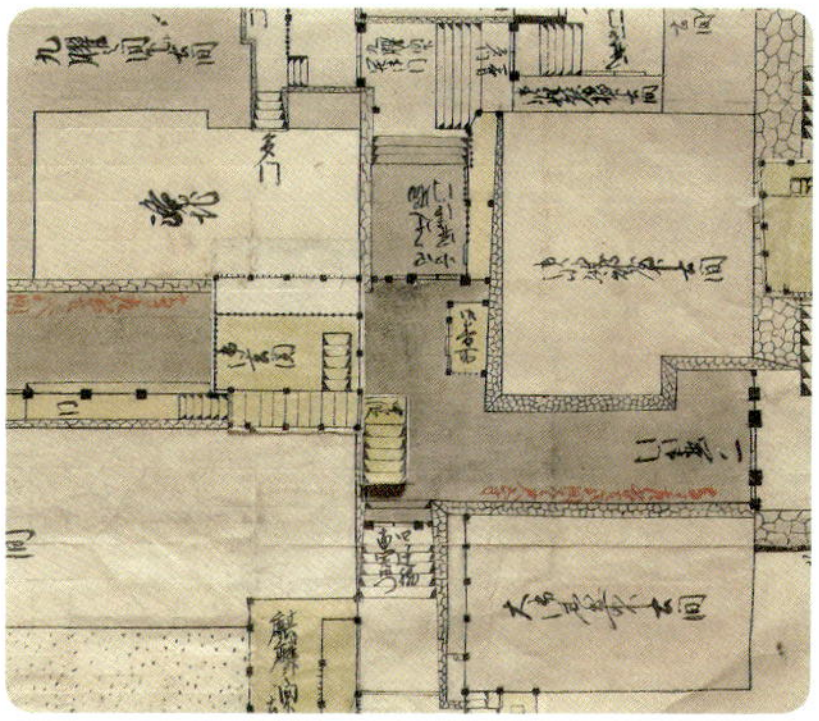

▶本丸御殿床下の地下通路。通路内には三つの門扉と床下の「御玄関」があったが、緊急車両が通行できないため実際の復元は見送られている。

【札櫓門《ふだやぐらもん》】

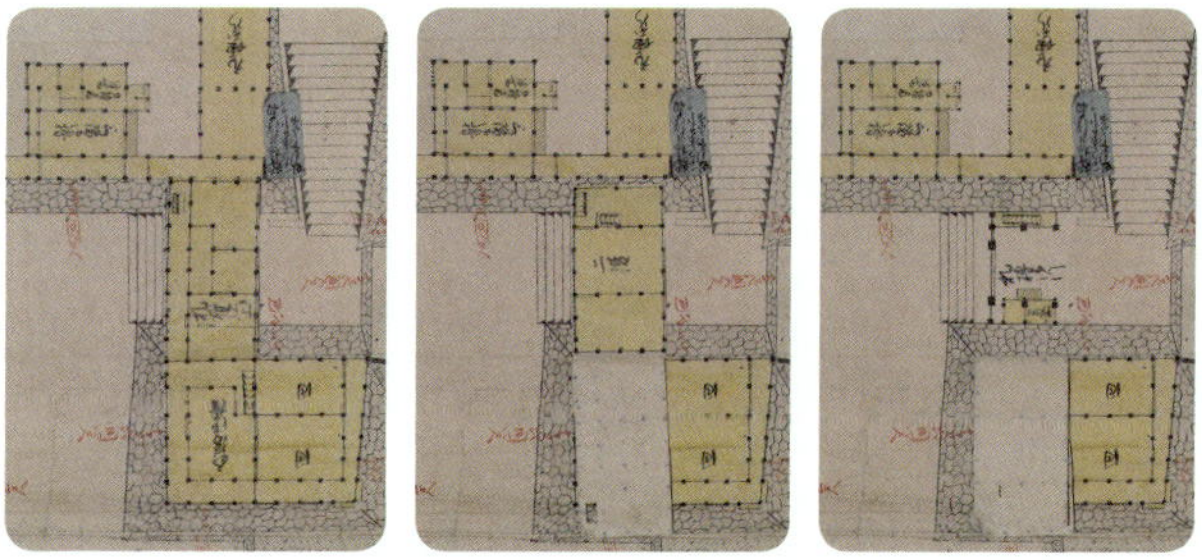

▲三階門であり、門の上の階は紙を貼り重ねて記録する。

は建物の位置関係や規模を示すと同時に、立体にしたときの奥行ですから、これを頭に入れておかないと、次の作業である古写真の読み解きができません。立体で空間を再現するためには、古写真の画面を立体として見なければなりませんから、細かな観察を通して写真の中の手がかりを見抜いていくためにも、奥行である平面の情報が全体の基礎となるのです。

古絵図を読み解く 其二

御《お》天《てん》守《しゅ》方《かた》御《おん》間《ま》内《ない》之《の》図《ず》（熊本県立図書館蔵）

寛政十年（一七八九）の絵図です。数寄《すき》屋丸櫓門《やまるやぐらもん》から大小天守までの一連の建物の平面を詳細に描いています。室名、柱、壁はもちろん、窓の種類、床の段差、建具の仕様まで記録しています。階数がある部分は、上階を描いた紙を張り重ねており、大小天守はすべての階の平面がわかります。

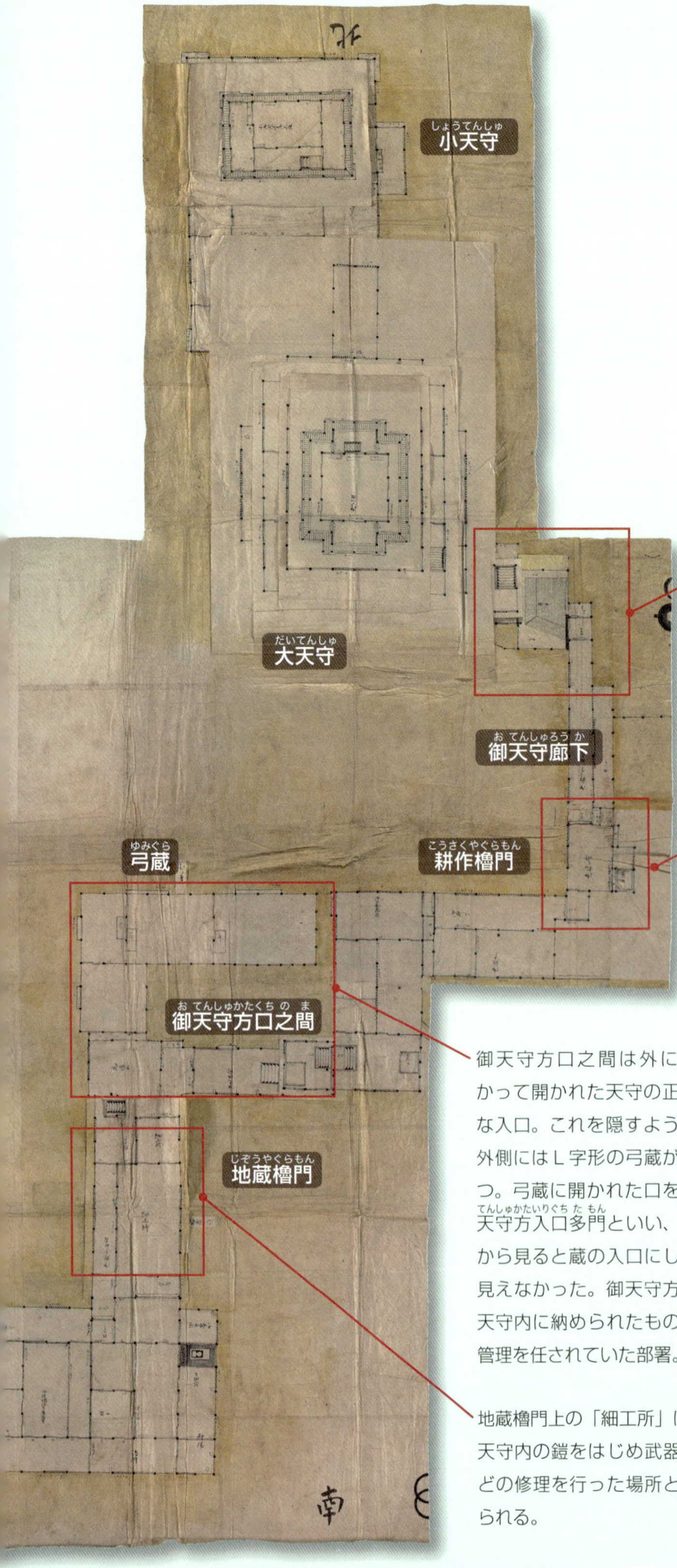

御天守廊下と大天守入口がつながる部分は、この平面と『御城内御絵図』の平面がかみ合わず、『御城図 』の外観形状とも一致しないため、そもそも屋根をもってつながっていたのか、いったん外に出たのかも絵図からだけでは読み取れない。

御札之間《おふだのま》。ここで天守への通行許可証である門札《もんさつ》を改めたと見られる。天守への道筋は４ルートあるが、必ずこの部屋を通る。右側の張り出しは「二階口」とあり、本丸御殿の松之間からの階段口である。

御天守方口之間は外に向かって開かれた天守の正式な入口。これを隠すように外側にはＬ字形の弓蔵が建つ。弓蔵に開かれた口を御《お》天守方入口多門《てんしゅかたいりぐちたもん》といい、外から見ると蔵の入口にしか見えなかった。御天守方は天守内に納められたものの管理を任されていた部署。

地蔵櫓門上の「細工所」は、天守内の鎧をはじめ武器などの修理を行った場所とみられる。

模型制作視点

床面の高さや構成を把握しなければ造形できない部分もあり、とくに地蔵櫓門から御家老之間、耕作櫓門上、御天守廊下までの床高がわかる点で、重要な資料となりました。窓の仕様については、「タツノ口」が突上戸《つきあげど》であること、「塗コマド」「マナカ土戸」は古写真からその仕様がわかる一方で「ハリコマド」「チロリマド」「テツマド」「カナマド」ははっきりとした仕様はわかりません。

【小天守地階　御水屋《おみずや》】

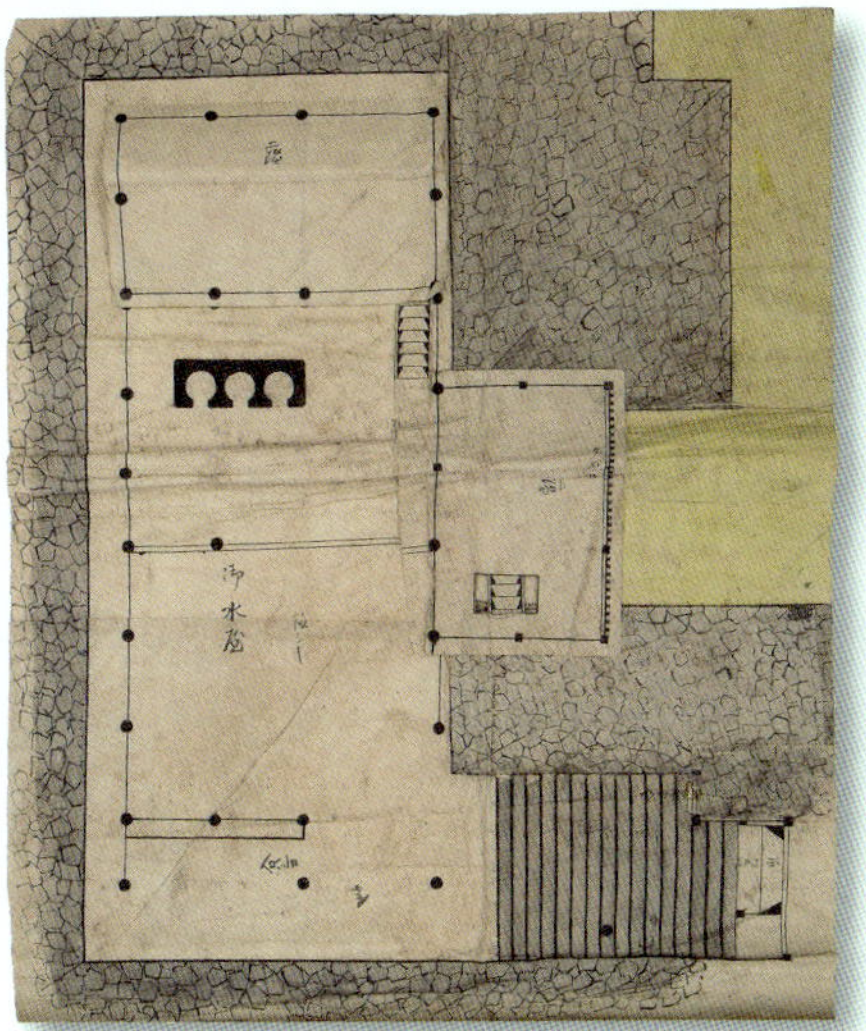

▲小天守地階は井戸と竈《かまど》がある台所となっている。入口の上には中二階がある。

【大天守一階　御鉄砲之間《おてっぽうのま》】

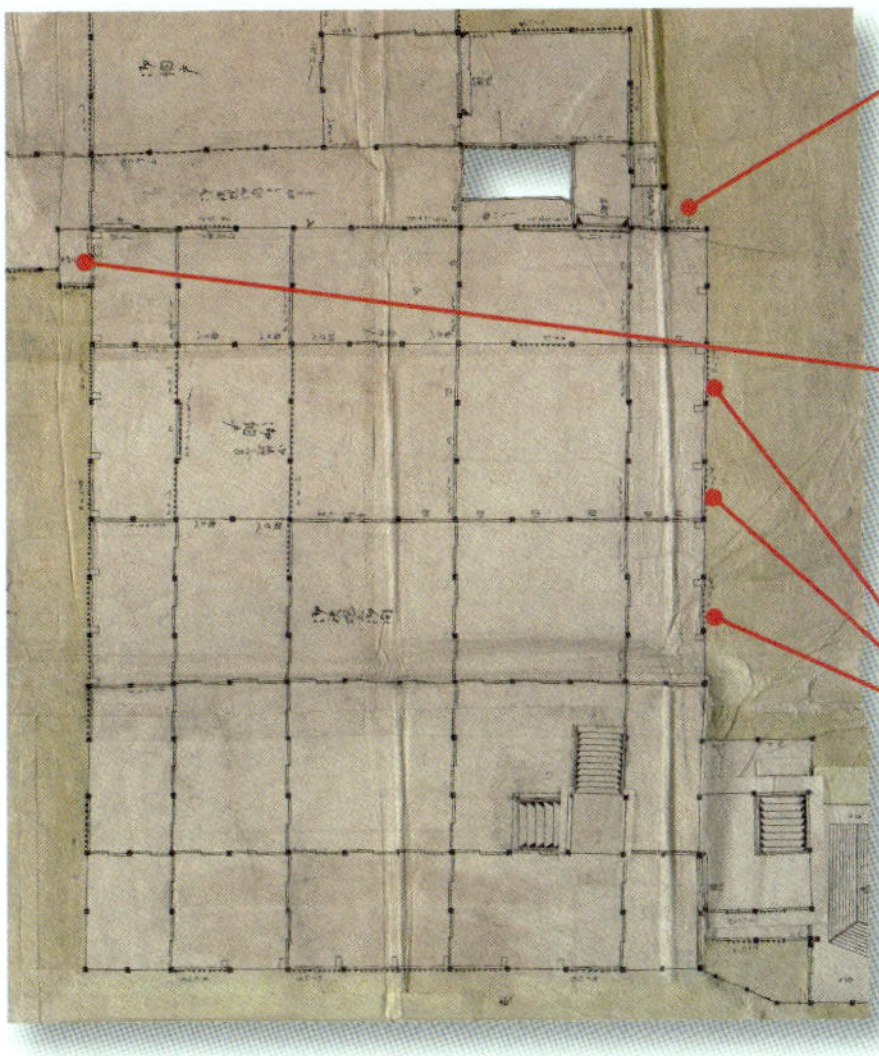

石垣から張り出した「セッチン」（雪隠＝トイレ）。〝空中雪隠〟として有名。

西側の「セッチン」。外壁に段差を描く。

東側の窓は再建された天守と違い三連の窓として描かれる。

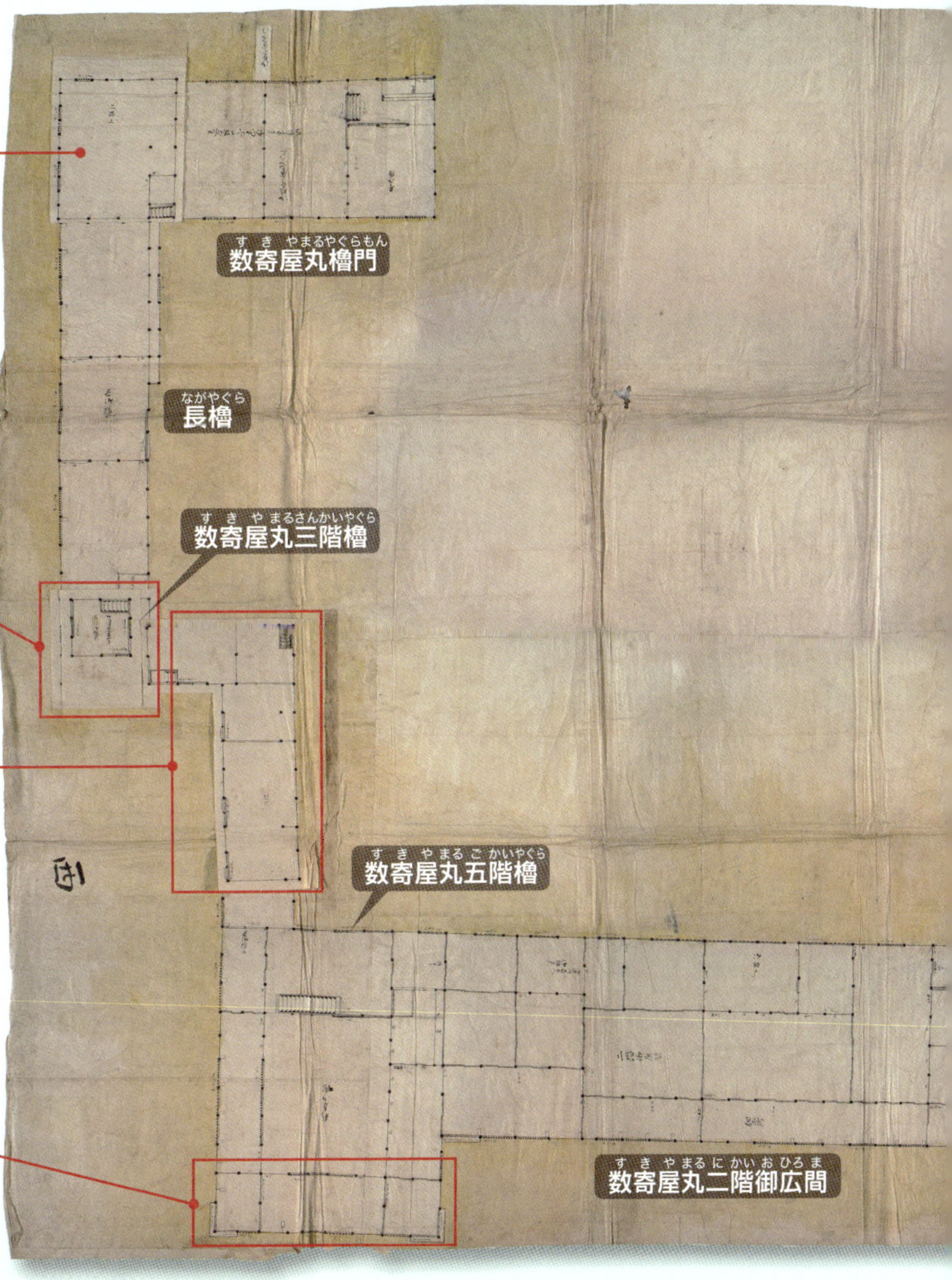

数寄屋丸櫓門の西側には、『御城内御絵図』には描かれていない「二階上」という階があることがわかる。

数寄屋丸三階櫓は上重をこの位置に重ねると古写真通りの外観とならない。

長櫓は一部二階建てになっている。西に向かって「マナカ土戸」と記された窓がある。半間の土戸の意であることが古写真からわかる。

銃眼《じゅうがん》が描かれているが、古写真と対比すると数が少ないことがわかる。

古絵図を読み解く 其三
御《おん》城《じょう》図《ず》（永青文庫蔵）

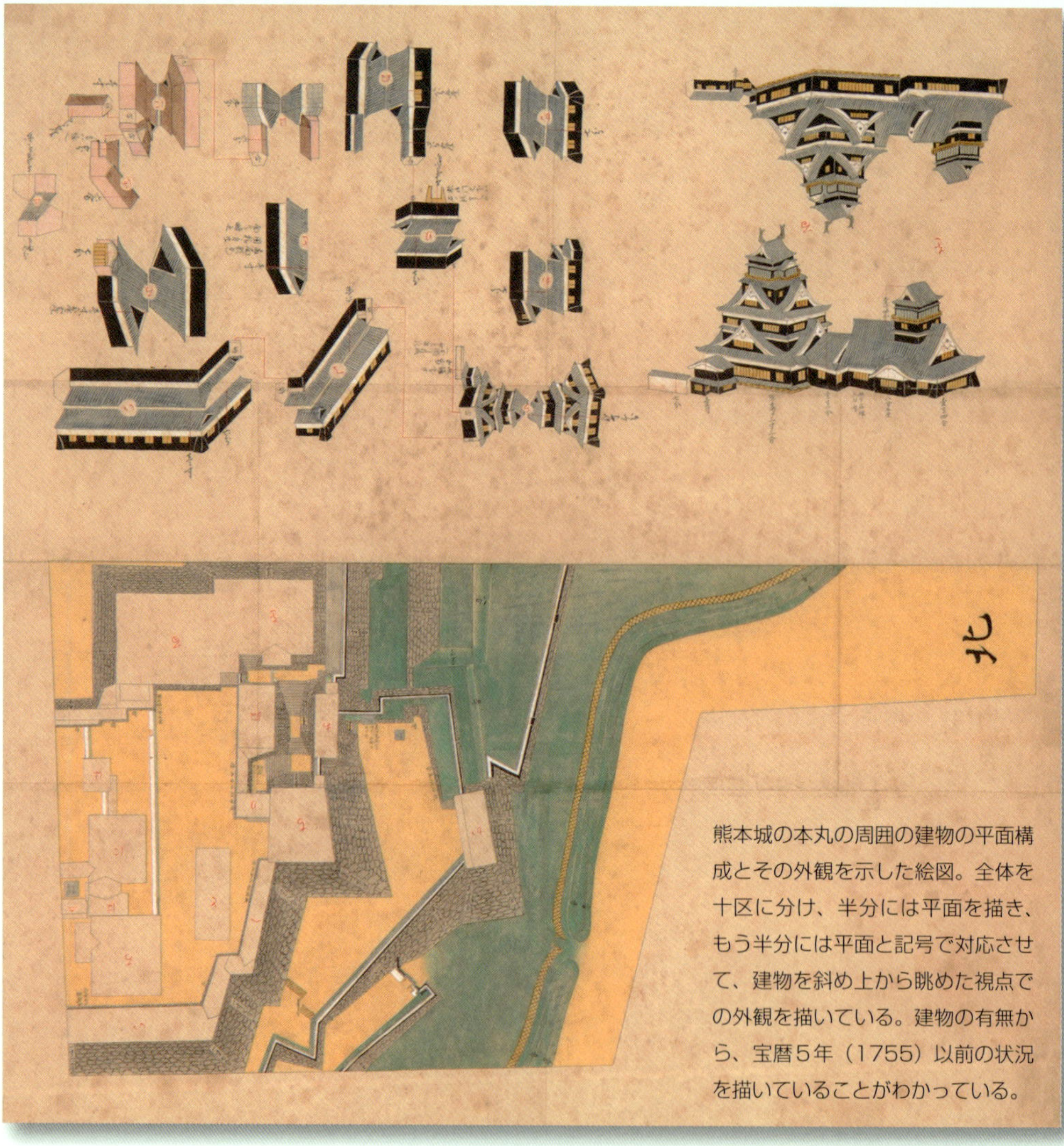

熊本城の本丸の周囲の建物の平面構成とその外観を示した絵図。全体を十区に分け、半分には平面を描き、もう半分には平面と記号で対応させて、建物を斜め上から眺めた視点での外観を描いている。建物の有無から、宝暦5年（1755）以前の状況を描いていることがわかっている。

本丸内の建物の外観を記録した絵図です。一つひとつの建物には高さの書き込みがありますが、天守は「総高サ三寸三分」（99・99㎜）宇土櫓は「二寸五分」（75・75㎜）と寸法が随分小さくなっています。宇土櫓下の石垣高から計算すると、縮尺は1／300見当だとわかることから、木型（模型）の設計図と見られています。

◆　◆

明治期に熊本城内を見た内柴御風は、数寄屋丸三階櫓の最上階に「熊本城設計木刻雛形」があったことを記憶しています。それは「ほゞ一坪程」の大きさで「函式台盤の上に大小天守閣主要部より、御座敷部、櫓々部、堀々、大手搦手の端々も之を漏らす無く、高低長短の比率まで委細に刻み成されありて、そして且つ之を部分に取りはづされるように刻成されたもの」（「熊本城追憶拾遺記」）であったといいます。縮尺1／300だと確かに一坪ほどの大きさで、分割されていたということからも、この絵図はこの「木刻雛形」の模型図面であるかもしれません。従来、この絵図は外観を正確に描いているとされ、熊本城復元の根拠とされてきました。しかし、模型図面であるならばこれを模型として見なければなり

▲耕作櫓門・松之間付近の取り合わせ。

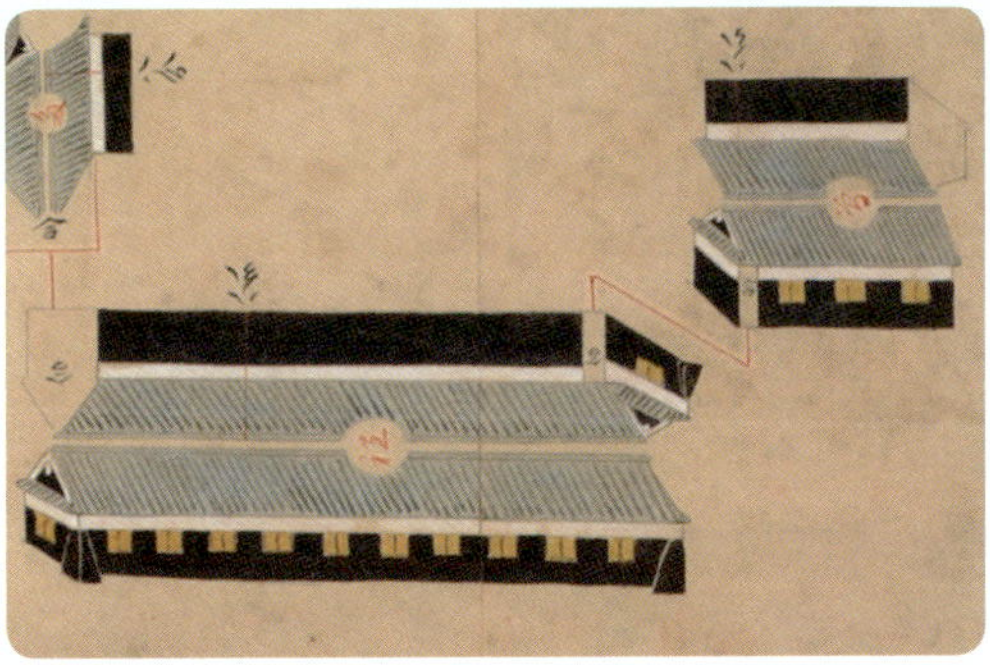

▲要人櫓《ようにんやぐら》が段違いに接続する部分は、『御城内御絵図』の平面と発掘遺構から右上の東棟の西側屋根は切妻であることが推定できる。これを外側から見ると入母屋を繋げたように見えるが、『御城図』はそのように理解しており、このことから内側までは見ていないことがわかる。

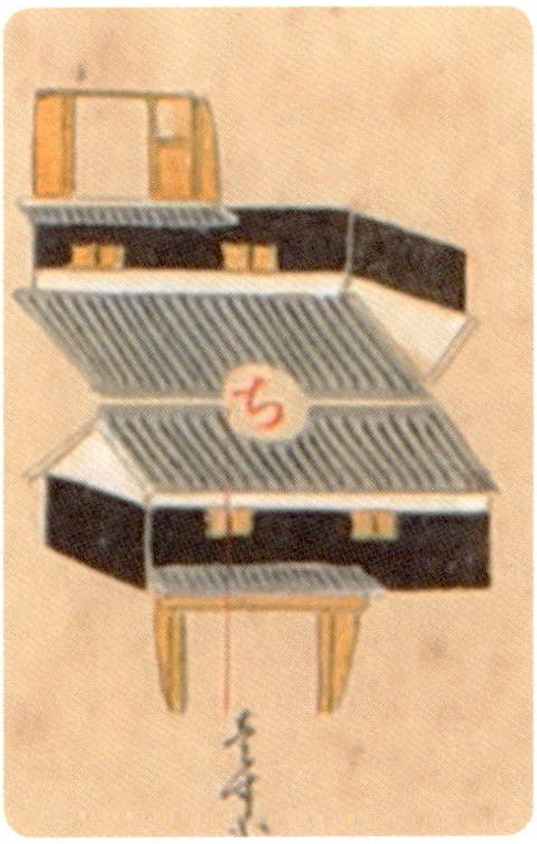

▲写真が存在しない東櫓門。

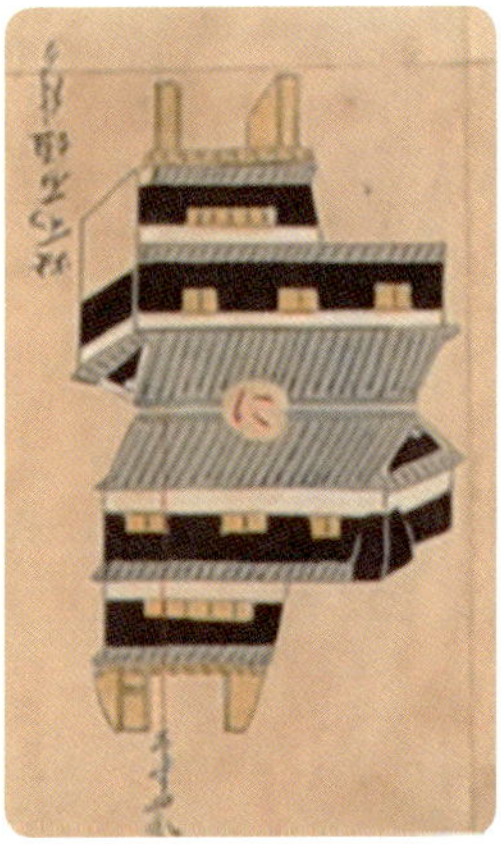

▲古写真には屋根の先端のみが見える元札櫓門《もとふだやぐらもん》。

模型制作視点

写真が残されていない建物や一部しか写っていない建物の全貌がわかる点で重要な資料となりました。

ただし他の資料と組み合わせた時の食い違いもあります。元札櫓門はこの絵図では三階門の外観ですが『御城内御絵図』では二階の平面が無く二階門です。耕作櫓門と御天守廊下・松之間の取り合わせ部分では写真に写る屋根から、この絵図の外観は取れないことがわかります。古写真と対照すると、切妻を入母屋と描いたり、形状をデフォルメしている建物もあり、〝当たらずとも遠からず〟といった表現になっている箇所が見られます。

本丸東側の現存櫓群は幕末に再築されたり大改修が加えられたりしたものと見られるように、作図以降に改修や改変が加えられた可能性もあり、明治期の外観を忠実に写していると無批判に受け入れることはできませんが、他の資料と組み合わせることで、作成者が目にした現実に戻していくことは可能な精度を持った絵図であると感じました。


ません。建物の高さを見ると、小さな建物は大きく、大きな建物は逆に小さめにしていることがわかります。これは模型にしたときの見栄え上の調整を加えていることが考えられます。古写真と照合すると、屋根形状や建物の形状が異なっているものもありますが、かなり忠実に外観を写していることも事実で、立体感覚にすぐれた者が現実に存在した熊本城を調査したうえで再構成しなおしたという点において、当時の城の様子が臨場感をもって伝わってきます。

古写真を読み解く

冨重利平
と
マンスフェルト

今回の熊本城模型の狙いは「熊本城の古写真をそのまま立体化する」ことです。熊本城は明治十年という比較的早い時期に失われたにもかかわらず、古写真が大量に残されています。そこには二人の人物が大きくかかわっています。冨重利平とマンスフェルトです。

冨重利平は福岡・柳川の生まれで、長崎の上野彦馬のもとで写真術を習得し、明治三年に熊本で開業しました。熊本城の古写真というと利平の名がまず挙がります。被写体として城を多く選んだのは、熊本城が名城ということもあるでしょうが、彼は陸軍に依頼された撮影も行ったことを語っており、記録や報告のための写真も多く含まれていると見られています。

マンスフェルトはオランダ人の軍医で、古城医学校の教師として招かれました。北里柴三郎の師としても知られる彼が持ち帰ったアルバムには、数多くの熊本城の写真が含まれます。熊本在任は明治四年四月から明治七年五月までで、この三年間に収集した熊本を写した46枚の写真のうち、実に28枚が熊本城に関連したものです。その中には数寄屋丸五階櫓や西竹丸五階櫓を鮮明にとらえたものも含まれ、彼のアルバムの中の明治四年と見られる写真が、最も古い熊本城の写真だと推定されています。

このマンスフェルトアルバムを長崎大学附属図書館が収蔵したのは二〇一一年のことです。この時すでに、本丸御殿の木造での復元は完了していました。現在、より鮮明な古写真をもとに詳細な考証が可能な状況になっていますが、熊本城については、古写真から本丸内の建物の形状を正確に明らかにする研究はまだまだ進んでいません。

【宇土櫓から見た大小天守】

◉明治8年(1875) 冨重利平 / 冨重写真所蔵

宇土櫓から撮影。撮影位置が高く、天守中央を正面から捉えているため、再建時には重要な資料となった。大天守の屋上には鎮台の旭日旗が見える。管理が行き届いておらず、屋根には雑草が生え、瓦も一部破損している。突上戸は外れかかっているものもあり、小天守の初重大屋根と大天守石垣下には戸板が落下している。天守右方には耕作櫓門と本丸御殿大広間の大屋根が見える。小天守左方には奥から御裏五階櫓、御裏五階櫓西平櫓、御肴部屋櫓が写っている。よく見ると小天守台に人をのぼらせて撮影していることがわかる。大きさの比較のためであろうか。

古写真を読み解く 其一

宇土櫓から見た大小天守（冨重写真所蔵）

【御裏五《おうらご》階櫓《かいやぐら》】

▲視点が高いところから撮影されており、最上階をほぼ真正面から捉えるため、形状割り出しの基準はこの写真とした。階段建物の小さな入母屋なども観察できる。

【小天守最上階】

▲現在の再建小天守最上階にある白壁はどの写真にも見えない。あるとしてももう一段奥である。最上階下の出桁の腕木数などにも若干の相違点がある。

◉明治8年（1875）冨重利平

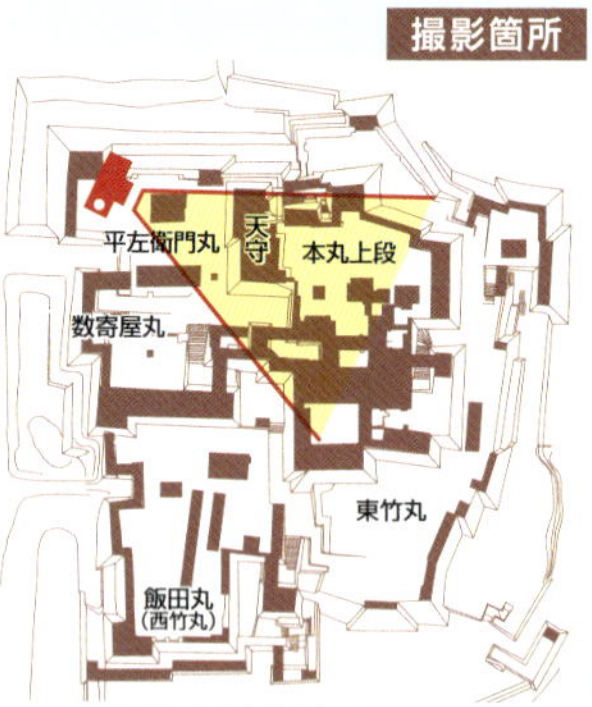

【御肴部《おさかなべ》屋櫓《ややぐら》】

▲出入口上の庇、破風板の意匠などがわかる。接続する土塀の控え柱は、櫓に一番近いものが見えるが、これだけは木製の柱であることが見える。（本丸内他所では石柱）

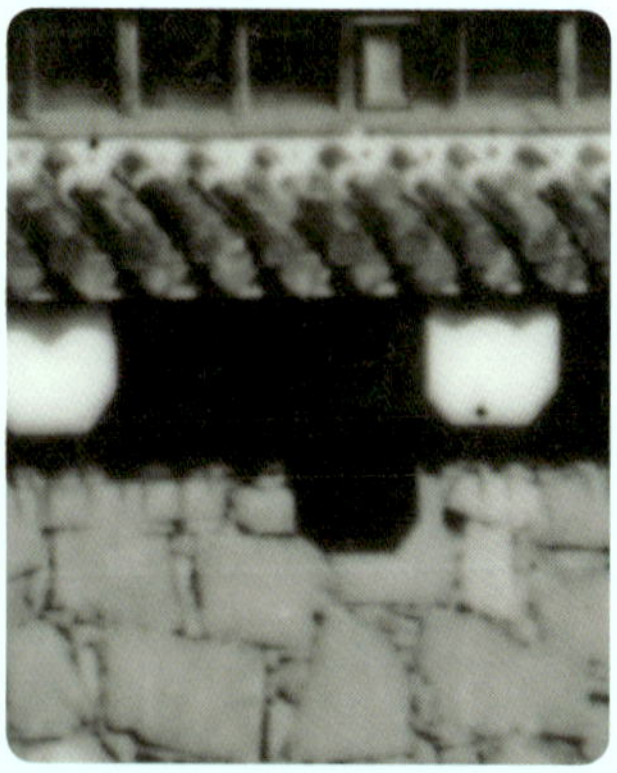

【大天守張出部】

▲忍び返しの鉄串の影が見える。現在、忍び返しは小天守のみに再現されているが、本来は大天守にも取り付けられていたことがわかる。

【耕作櫓門】

▲北向きのため細部は明瞭ではないが、庇《ひさし》の高さや葺材《ふきざい》が確認できる。御天守廊下との屋根の接続状況がわかり形状割り出しの材料となる。

古写真を読み解く 其二
内坪井から見た熊本城（長崎大学附属図書館蔵）

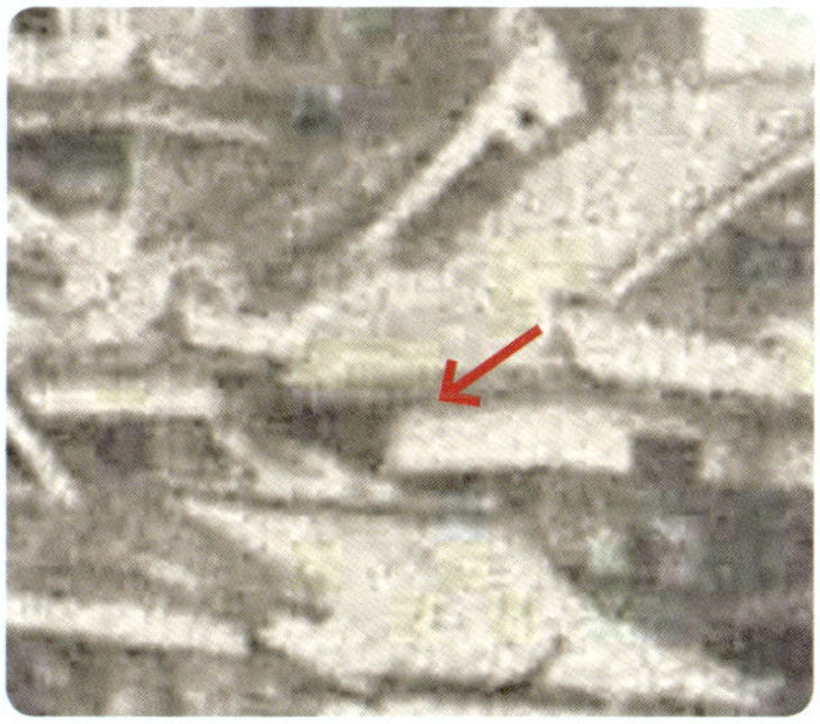

【天守〝空中雪隠〟部分】

▲天守の有名な〝空中雪隠〟部分の屋根は再建されたものと流れの向きが90度異なっていることがわかる。これは北側からの写真でも確認できる。

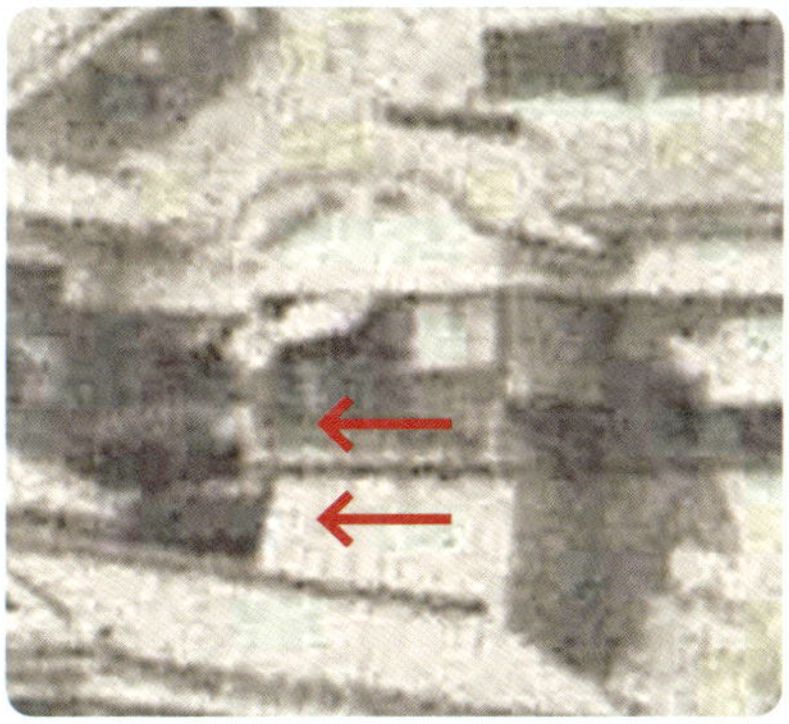

【小天守入口付近】

▲絵図では入口上部には中二階があり、この写真では庇が二重になっているように見える。この周辺には復元されていない窓もある。

◉明治7～8年(1874～75)頃 冨重利平

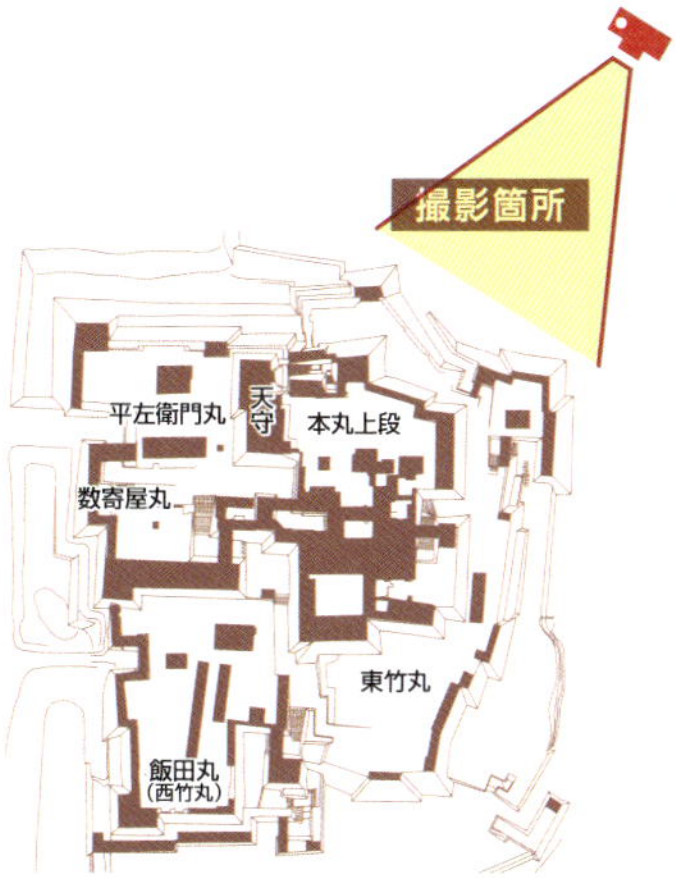

【月見櫓《つきみやぐら》/本丸東三階櫓《ほんまるひがしさんかいやぐら》/二の櫓門】

▲本丸御殿の大台所、月見櫓、本丸東三階櫓、二の櫓門など本丸上段の東側建物を確認できる。二の櫓門は二階と三階部分が見える。その手前、北十八間櫓の屋根の奥に棟だけが見える建物がある。これは櫓番詰所《やぐらばんつめしょ》で、建物が残存していたことがこの写真からわかる。

【長局櫓《ながつぼねやぐら》/本丸北輪居櫓《ほんまるきたわいやぐら》】

▲長局櫓から本丸北輪居櫓にかけての窓が観察できる。北輪居櫓には途中で石垣に段差がついており、現在、石垣上部は撤去されているが、この段差はちょうど樹木に隠れた部分であると推定できる。

数寄屋丸から見た大小天守（宮内庁書陵部蔵）

【西側雪隠部分】

▲雪隠部分の外壁に絵図の通りわずかではあるが段差がある。復元されていない窓もある。より鮮明に確認できる写真も存在する。

【大天守・雨戸】

▲大天守最上階。戸袋には外壁があることが確認できる。（復元考証で戸袋は枠のみとされたこともあり現在の天守は展望台として視界を優先し雨戸を外す）

◉明治8年(1875)頃 冨重利平

【御肴部屋櫓／開御門《ひらきごもん》】

▲御肴部屋櫓の窓の様子がわかる。開御門と土塀の棟には忍び返しがあったようで、これが倒れ掛かっている。奥には廊下塀の屋根が見える。

【井戸屋形】

▲天守下の井戸を覆う井戸屋形。切妻の屋根は桟瓦葺《さんがわらぶ》きである。右側に写る白い柵は明治に鎮台が置かれた際の設備であり、城郭本来のものではない。

【大天守入口／御天守廊下】

▲御天守廊下と大天守のつながり部分は土塀で囲われた上に先を尖らせた忍び返しがめぐらされており中の様子は全くうかがえない。土塀の下には排水の木樋がある。石垣の形状が現在とは相違する。

古写真を読み解く 其四 マンスフェルト邸から見た本丸（長崎大学附属図書館蔵）

【本丸御殿大広間】

▶大屋根の妻面詳細がわかる。幅広の縦方向の影が見え、木《き》連格子《づれごうし》ではなく下見板壁であるようだ。懸魚《げぎょ》は梅鉢《うめばち》懸魚。蓑甲《みのこう》は大天守と同じ独特の変形蓑甲であることがわかる。

◉明治5年(1872)頃 撮影者不詳 / マンスフェルトアルバム収録

アルバムには自筆で「View from my garden, Kumamoto」のタイトルがある。

撮影箇所

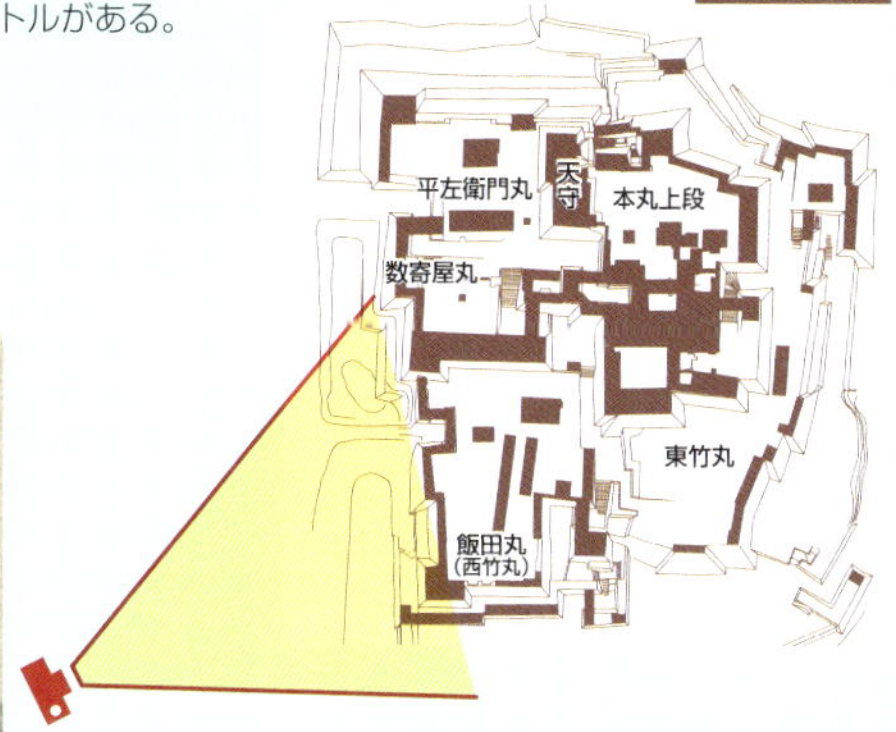

【地蔵櫓門 / 御天守方口之間 / 弓蔵】

◀数寄屋丸二階御広間が撤去された後（硝煙蔵の爆発影響の説もあり）の写真で、本来、城外からは見えない建物が確認できる。地蔵櫓門、御天守方口之間、弓蔵が棟の高さ三段に連なる様子が見える。この写真ではその奥に大天守と御天守廊下のつながり部分が見えており、そこには屋根の谷と見える影がある。これまで死角となり様子がわからなかったこの場所の解明の糸口となる。

古写真を読み解く 其五

南坂下から見た飯田丸

（長崎大学附属図書館蔵）

南坂（現・行幸坂《みゆきざか》）下からの撮影で、本丸西辺のすべての建物を確認できます。拡大すると垂《たる》木《き》の配置（垂木割）や下見板の枚数、押縁の数まで鮮明で窓の位置もはっきりと割り出せます。数寄屋丸三階櫓までは瓦列も数えられ、精度の高い寸法割り出しが可能です。数寄屋丸五階櫓を鮮明に写した唯一の写真です。

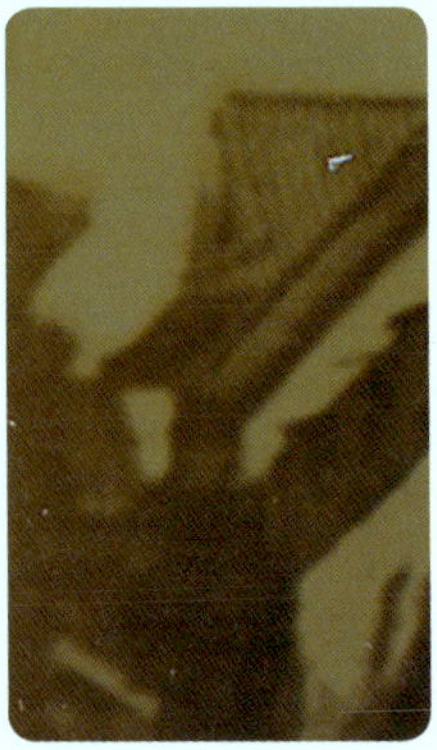

【数寄屋丸櫓門】

▲二重の軒と石落しの影が見える。左は宇土櫓。

【数寄屋丸三階櫓】

▲白壁に空いた格子窓が「塗コマド」。右に続く長櫓の白壁部分に影があり、これが「マナカ土戸」である。

◉明治4年(1871)頃
撮影者不詳 / マンスフェルトアルバム収録

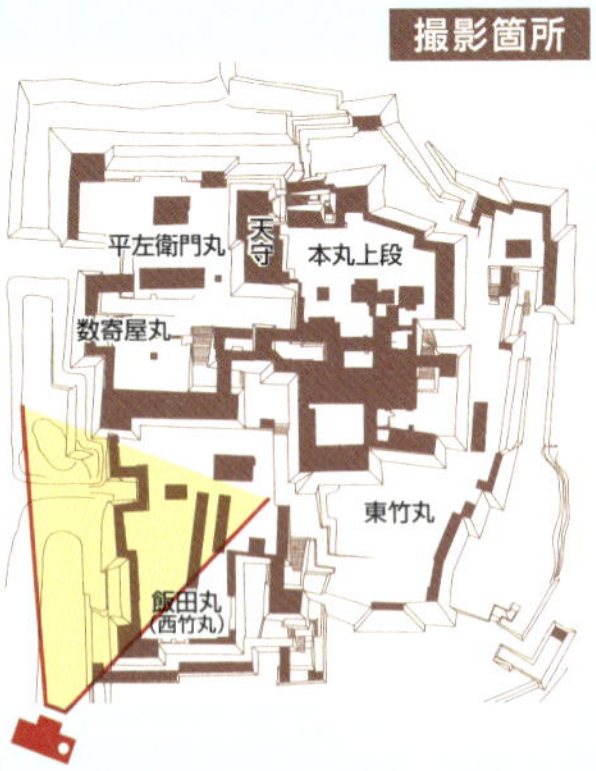

【西櫓門】

▲わずかに覗いた門の上の庇は板庇である。垂木割は一間四ツ割。破風板に反りはない。

【要人櫓《ようにんやぐら》】

▲破《は》風板《ふいた》に反りがついている。垂木割は一間四ツ割。瓦に目《め》地漆喰《じしっくい》を施さない。

【飯《いい》田《だ》丸《まる》五《ご》階櫓《かいやぐら》】

▲二重目と三重目の軒裏に現在の復元建物にはない出桁《だしげた》があることがわかる。

古写真を読み解く 其六

草葉町から見た熊本城（長崎大学附属図書館蔵）

城の東、現在の白川公園あたりから撮影された写真です。遠景ですが拡大すると情報量は多く、月見櫓の形状がわかる他、中奥の御殿の存在が覗えます。御祈祷所《ごきとうしょ》の左には不鮮明ながら樹木の間に煙出しのある屋根が見え、囲炉裏之間《いろりのま》であろうと推測できます。御祈祷所の手前が御小姓部屋《おこしょうべや》で屋根の形状が復元された建物とは異なっています。

【 本丸御殿大台所 】

▲手前は本丸東三階櫓。大台所の軒下白壁には復元されなかった窓があるようだ。

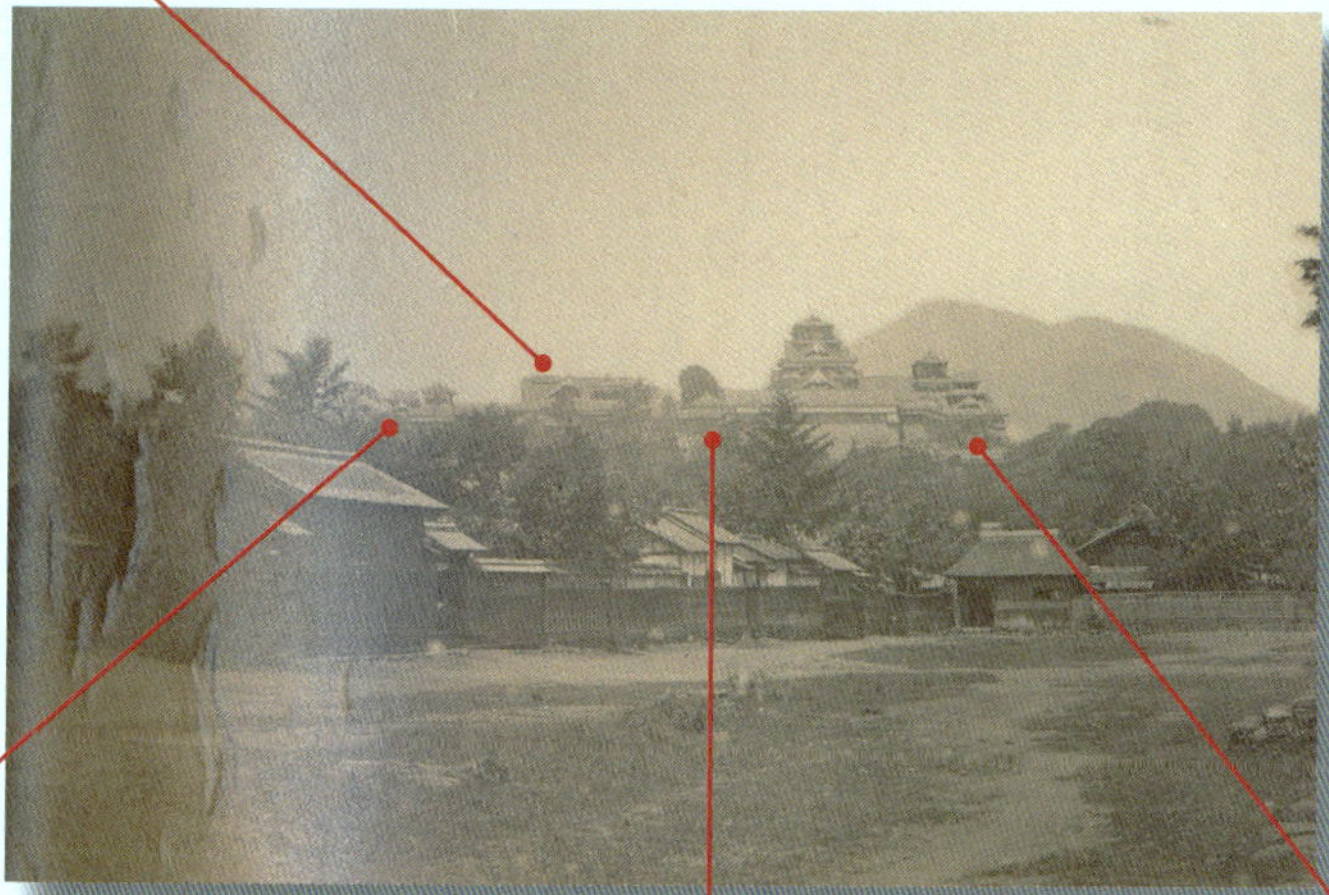

◉明治４年(1871)頃
撮影者不詳 / マンスフェルトアルバム収録

撮影箇所

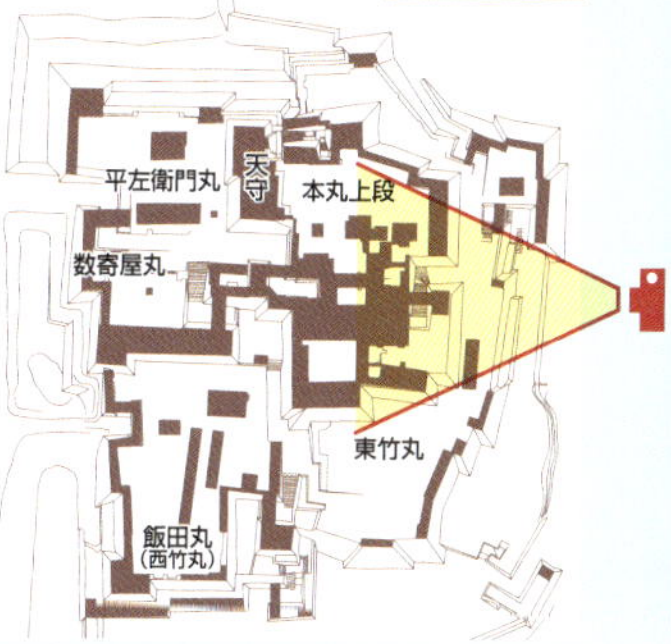

【 月見櫓 】

▲奥に見えるのは小広間三階櫓。この写真から月見櫓は上重よりも初重屋根の方が急勾配であることがわかる。

【 御祈祷所 】

▲奥に見えるのは大銀杏。その手前にある寄棟《よせむね》の屋根は御祈祷所。この写真から中奥の建物の存在がわかる。

【 御裏五階櫓 】

▲城内側（南側）の千鳥破風が写る唯一の写真。

古写真を読み解く
其七
花畑屋敷越しに見た熊本城

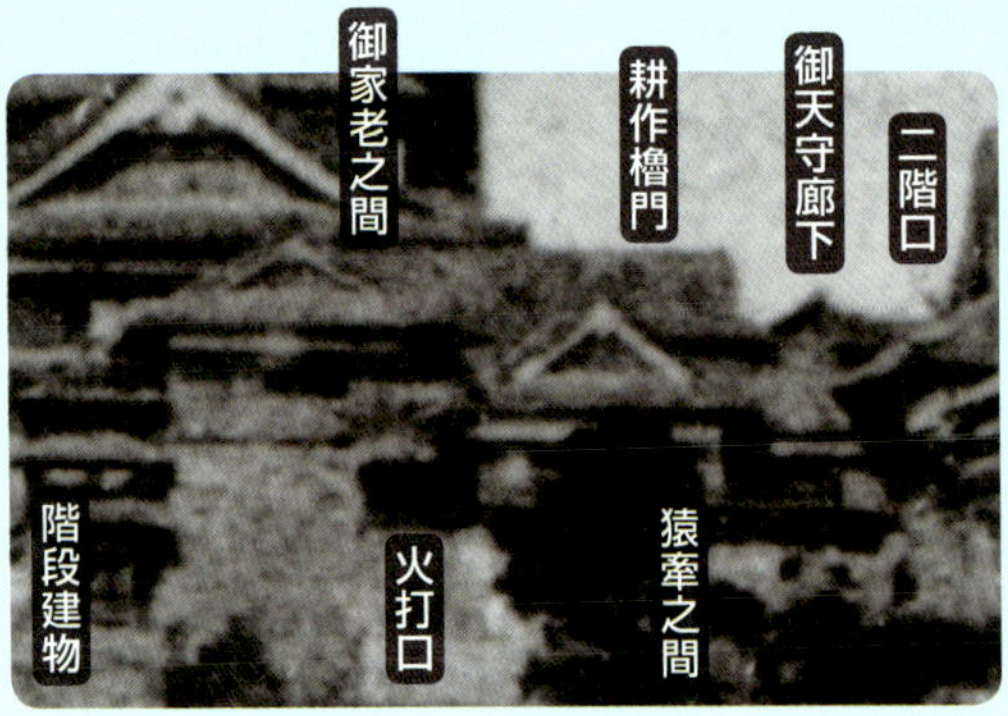

▲天守の前に広がるいくつもの屋根。耕作櫓門、御天守廊下とそれに取りつく二階口の屋根など、シルエットから多くの情報を得られる。火打口《ひうちぐち》の状況も読み取れる。

【小広間三階櫓】

▲軒の高さ関係など全体像をつかむことができる。小広間《こひろま》南面の窓が確認できることも重要。

◉明治５年（1872）頃　冨重利平か
『本丸御殿復元整備報告書』より転載

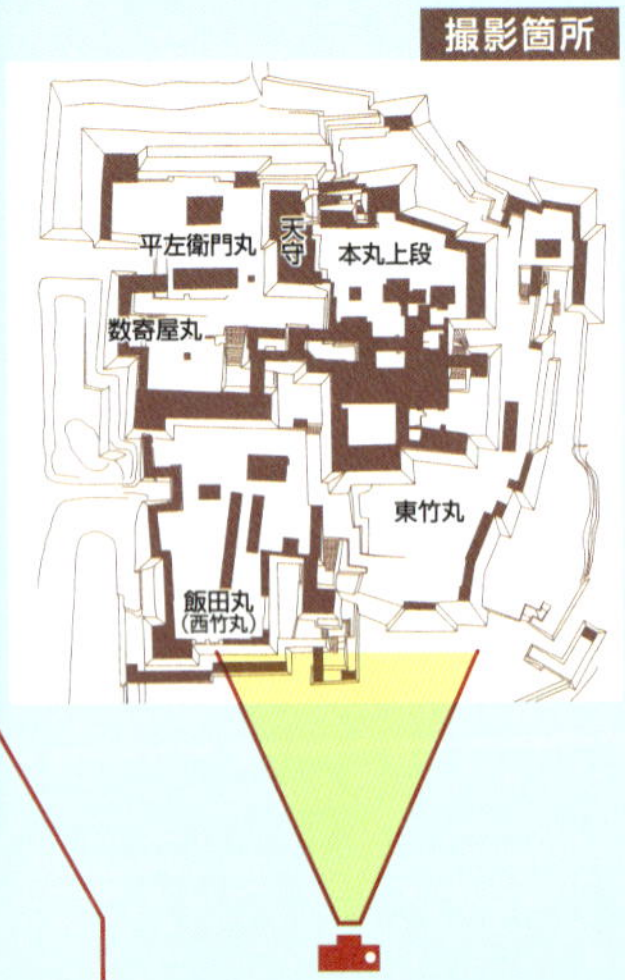

【隅櫓】

▲二階分の壁面を立ち上げ、窓が二段になるなど外観が『御城図』とは異なっていることがわかる。石垣天端は土塀部分と段差があることがわかる。西南戦争で石垣上部に改変が加えられた。現在、段差はなく、同高で復元されている。

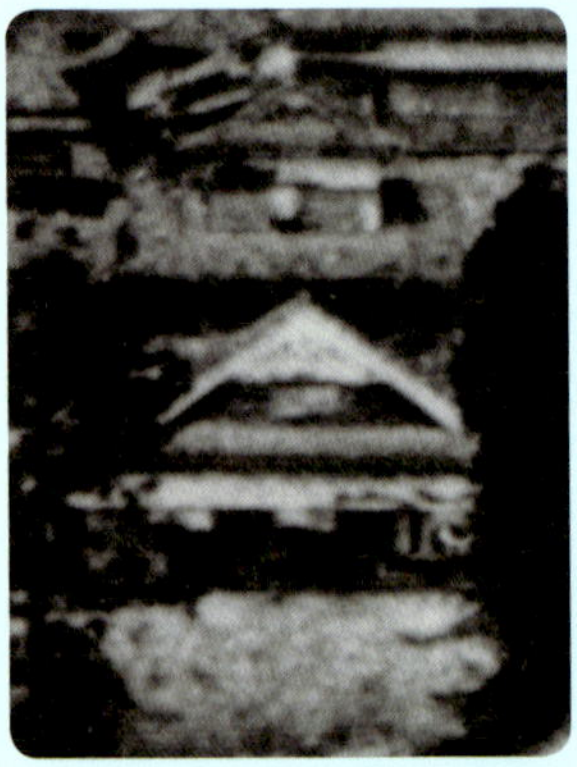

【西竹丸五階櫓】

▲南面の全貌がわかる唯一の写真。軒の高さ関係、破風の勾配などの検討材料となる。

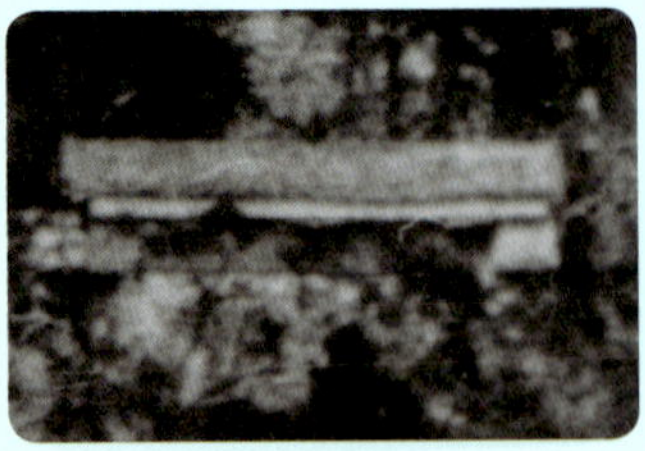

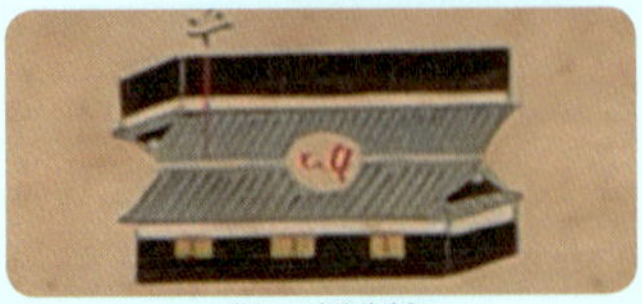

【元硫黄櫓《もといおうやぐら》】

▲屋根の形状が『御城図』とは異なり切妻である。影から南西の隅は石垣から張り出していたことがわかる。

古写真を読み解く 其八
大天守最上階から南方を見る

右頁写真の正反対の視点から写されたもので、表裏一体となっています。マンスフェルトアルバムにも同じ写真がありますが、この写真は焼付範囲がわずかに広く、読み取れる情報が増えます。

【茶櫓《ちゃやぐら》】

▲西竹丸五階櫓の奥に茶櫓が確認できる。元札櫓門の東に建つ平櫓である。

【隅櫓 / 飯田丸平御櫓《いいだまるひらおんやぐら》】

▲隅櫓の城内側の様子が観察できる。平御櫓は屋根勾配が急で南側は切妻であることがわかる。

◉明治4年(1871)頃 撮影者不詳
熊本城総合事務所提供

撮影箇所

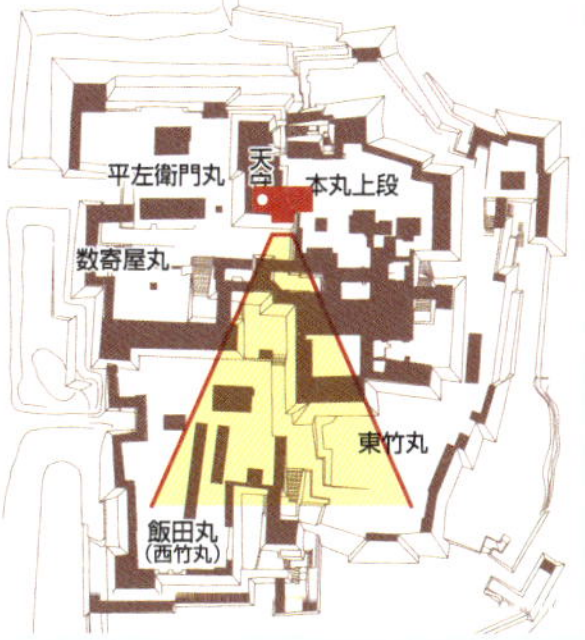

【札櫓門《ふだやぐらもん》 / 元塩蔵《もとしおぐら》】

▲札櫓門の北側は桟瓦葺であることがわかる。元塩蔵は破風板と妻壁に距離があることが影の出方から読み取れ、切妻であると推測できる。

【飯田丸三階櫓《いいだまるさんかいやぐら》】

▲上重に切妻の出窓を持つが、この棟が上重の隅に取りついていることが見える。

※詳細 110頁

【土塀】

▲隅櫓と平御櫓間の土塀は一部屋根が破損落下している。よく見ると控柱ではなく庇をのせた壁で支える形式であるようだ。(マンスフェルトアルバム版)

其九 復元建物の再検証

熊本城は復元整備計画に沿って、これまで、明治以降に失われた建物を復元・再建してきました。

今回の模型制作にあたっては、すでに復元された建物にも再検証を加えています。それは復元考証時点よりも現在、さらに鮮明な古写真を見ることができるからです。1枚の写真がもたらす情報は膨大で、解像度が少し上がるだけで読み取れる手がかりは一層増えます。同時に、たとえ写真や資料が揃っていたとしても、立体である建築物を寸分たがわず再建築することがどれほど難しいかがわかります。

昭和の天守再建にあたっては、藤岡通夫博士の考証のもと、1／10の模型がつくられ、検討されました。模型は立体物であるがゆえに、それだけ実証的なものなのです。立体でつくってみて見比べる方法は原始的に見えても、効果は大きいと感じています。

【馬具櫓】

◉平成26年(2014)に木造で復元

(長崎大学附属図書館蔵、部分)

(熊本城総合事務所提供)

▲鮮明な古写真があったにもかかわらず、軒裏の仕様が古写真と異なっている。古写真では出桁の腕木以上を素木のままとするが、再建された馬具櫓はすべて漆喰を塗《ぬり》籠《ご》めている。報告書によると高さや外観は古写真をもとに忠実な復元を行う方針であったようだが。(馬具櫓は模型の範囲外で今回は制作していないが、考証作業中に発見したため記す)

【須戸口脇の平御櫓】

◉昭和35年(1960)にコンクリートブロックで再建

(長崎大学附属図書館蔵、部分)

(熊本城総合事務所提供)

▲改めて古写真と対照させると、軒裏の仕様、白壁幅、窓のかたちなど多くの要素が古写真と違っている。再建時にはもちろんこの古写真は資料として存在しなかったため、実際には模擬建物に近く、この違いはやむをえない。

【本丸御殿大広間／猿牽之間《さるひきのま》】

◉平成20年(2008)に木造で復元

（著者撮影）

▲現在の大広間と古写真の大広間を並べたもの。一見して、現在の建物の方が屋根の勾配が緩やかになっていることがわかる。古写真の屋根勾配は、私の目には七寸がらみの勾配であるように見えた。ところが、現在の大広間の屋根勾配は六寸五分で施工されている。また、破風飾りの懸魚は、現在の大広間西面では三花懸魚が採用されているが、古写真では梅鉢懸魚であることがわかる。現在の妻壁は木連格子となっているが、古写真では間隔のある縦方向の影が見え、この間隔は下見板の押縁間隔に近く、板張りの壁であるようだ。模型では復元された大広間の図面をもとに、古写真の意匠を反映させ、屋根勾配は七寸五分としてみたが、それでも古写真よりやや緩やかに見える。

猿牽之間・数寄屋付近

大広間に隣り合う猿牽之間と数寄屋部分。再建建物では一番東（図面内❹）の窓は半間幅で突上戸は1枚であるが、古写真を見るとこの窓は一間幅であり突上戸が２枚あることがわかる（写真内❹❺）。猿牽之間付近は発掘調査では礎石が攪乱されており良好に検出できなかった。そのため平面の確定には詳細な考証が重ねられている。『御城内御絵図』の平面をそのままに再建したが、古写真を見ると若干の違いがある可能性がある。

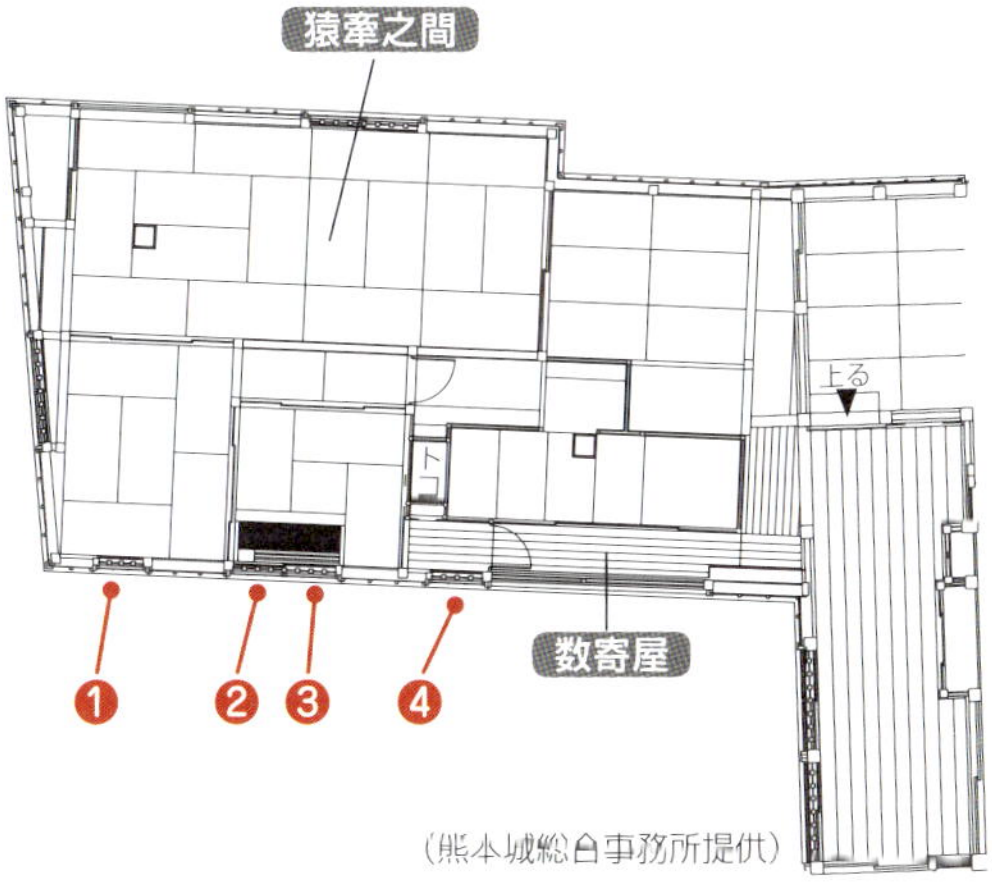

（熊本城総合事務所提供）

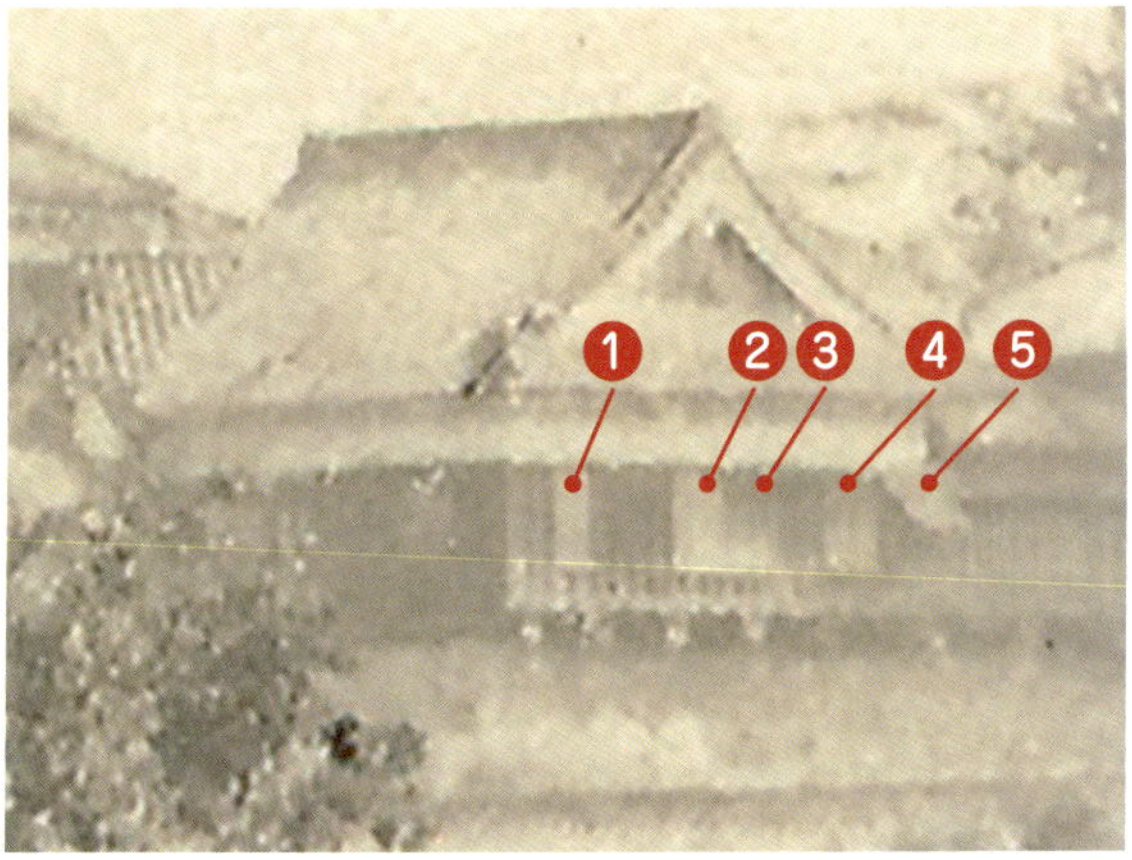

古写真を読み解く 其十 軒を連ねた建物たち

古写真には、他にも失われた建物の姿が鮮明に写されています。石垣上に建つ櫓で、その姿が全く確認できないものは東櫓門と三間櫓のわずか二棟しかありません。熊本城の建築は、柱位置（平面）、軒高と屋根勾配、軒の出がわかれば、そこに古写真の細部意匠を反映することでかなり正確な形状での再現が可能です。

いつの日かこれらの建物が原寸大でよみがえる日を願い、この本では先駆けてその姿を紐解いていきます。

【トキ櫓／御裏五階櫓西平櫓】

（長崎大学附属図書館蔵、部分）

▲❶トキ櫓と❷御裏五階櫓西平櫓。瓦列や垂木割まで確認できる。トキ櫓は台形平面のため、瓦が放射状になっている。廊下塀の石落しも観察できる。

不明建物

飯田丸には『御城内御絵図』には描かれていない二棟の長大な建物が確認できる。これは明治９年の城内図にもあり、板材のようなもので屋根を葺いた簡素なもので、軒高も低い。葺材は比較的新しいようにも見える。明治４年段階ではすでに存在しており、これが江戸期までさかのぼる建物かどうかは不明。

【長局櫓／本丸北輪居櫓／六間櫓】

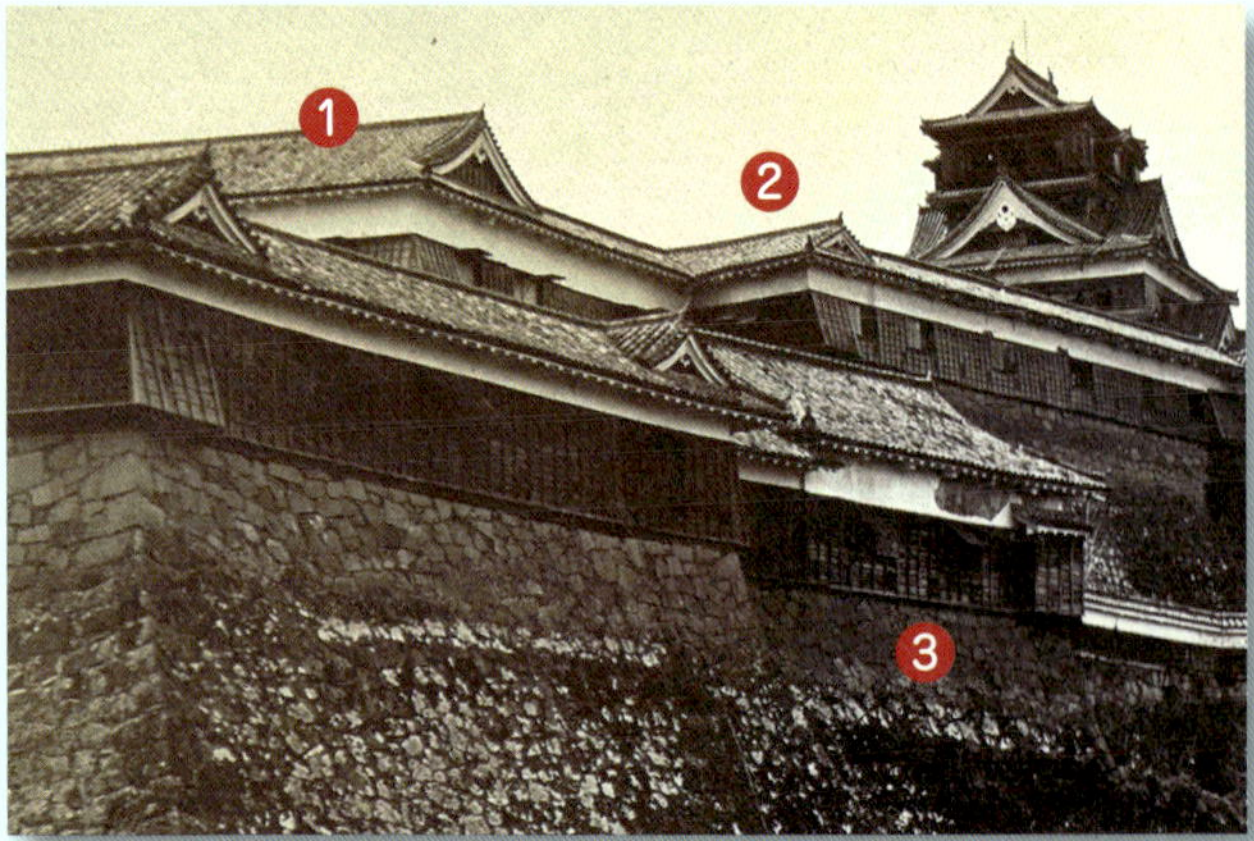

（長崎大学附属図書館蔵、部分）

▲❶長局櫓、❷本丸北輪居櫓、❸六間櫓。
六間櫓と長局櫓は破風板に反りがあり蓑甲が大きく、屋根面が破風近くで曲面となっている。大天守に似た印象を受ける。

【数寄屋丸の井戸屋形】

（平凡社『大日本全国名所一覧』73頁収録、部分）

▲数寄屋丸の井戸屋形。西南戦争中の城内を写した写真の中に発見した。宝形造《ほうぎょうづく》りの大変珍しい井戸屋形である。

古写真を読み解く 其十一 模型参考建物

写真が残されていない建物も、城内にあった同様の用途や形状の建物を参考とすることで実像に近い姿で造形できると考えました。熊本城らしさは熊本城にしかありません。他の地域の城郭を参考にせず、熊本城の根拠は熊本城に求める姿勢で臨みました。

【西《にし》御《お》蔵《くら》】

（長崎大学附属図書館蔵、部分）

▲西出丸の西御蔵。本丸内の平左衛門丸台所《へいざえもんまるだいどころ》、飯田屋《いいだや》敷台所《しきだいどころ》、腰掛蔵《こしかけぐら》などは写真が残っていないが、『御城図』ではこの西御蔵とほとんど同じ外観として描いているため、参考とした。

【藪弥次右衛門預櫓《やぶやじえもんあずかりやぐら》】

（長崎大学附属図書館蔵、部分）

▶古城の武家屋敷内の隅櫓。銃眼が見え城郭の櫓であるが、一見すると蔵のようにも見える面白い建物である。寄棟の形状など弓蔵の造形の参考とした。

【新三丁目門《しんさんちょうめもん》】

（長崎大学附属図書館蔵）

◀熊本城の惣構《そうがまえ》に開かれた門で、瓦には天守と同じく朝鮮式の滴水瓦《てきすいがわら》が使われており、その格式の高さが知れる。人の大きさと比べるとその巨大さがわかる。門の構造がわかる他、門高を口幅よりも高く取ることなどが本丸内の大きな城門を造形する際の参考になった。

明治三年にどれだけの建物が残っていたのか

　古絵図、古写真資料をもとに、明治三年時点での建物の残存状況を確認しました。それをまとめたのが下の図です。現存しているものは黒、写真から残存が確認できるものは水色、明治九年頃の城内図である『城郭之図』から存在が確認できるものは黄色、写真からも城内図からも確認ができないものは赤で示しています。存在が確認できない建物は、平左衛門丸と東竹の丸の東辺に集中しています。このうち平左衛門丸は、明治四年七月に加藤清正をまつる錦山神社が遷座し、本丸内では最も早く建物の撤去が進んだため写真が残っていません。本丸東辺の建物については、樹木で遮られ、様子が覗えません。

　一方で、たとえば東十八間櫓の内側にある櫓番詰所や飯田屋敷台所、鉄炮《てっぽう》蔵《ぐら》などの城郭付属施設が残っていたことが写真や絵図から確認できますので、明治三年の熊本城廃毀時には、『御城内御絵図』にある建物は、ほとんどそのまま残存していたと判断しました。

　今回の模型制作にあたっては考証に三か月余りを要しました。一棟一棟に対して、石垣遺構と古絵図、古写真を対応させ、その姿を割り出し、図面化していきました。とくに古写真の読み解きは念入りに行い、数えられる瓦はすべて数え、線を引いて屋根勾配を近似値で推定し、垂木割、下見板の押縁の数、窓の配置まで、写真から読み取れることはすべて手がかりとし、建物の形状を割り出していきました。結果、瓦の数は、その誤差を丸瓦2列以内に納めることができました。本丸内のすべての櫓を、石垣遺構に合致するかたちで立体化しています。これが可能であったのは、熊本城が質の高い古絵図と良好な石垣遺構、そして多くの鮮明な古写真と、三拍子そろった稀有な城郭だからです。

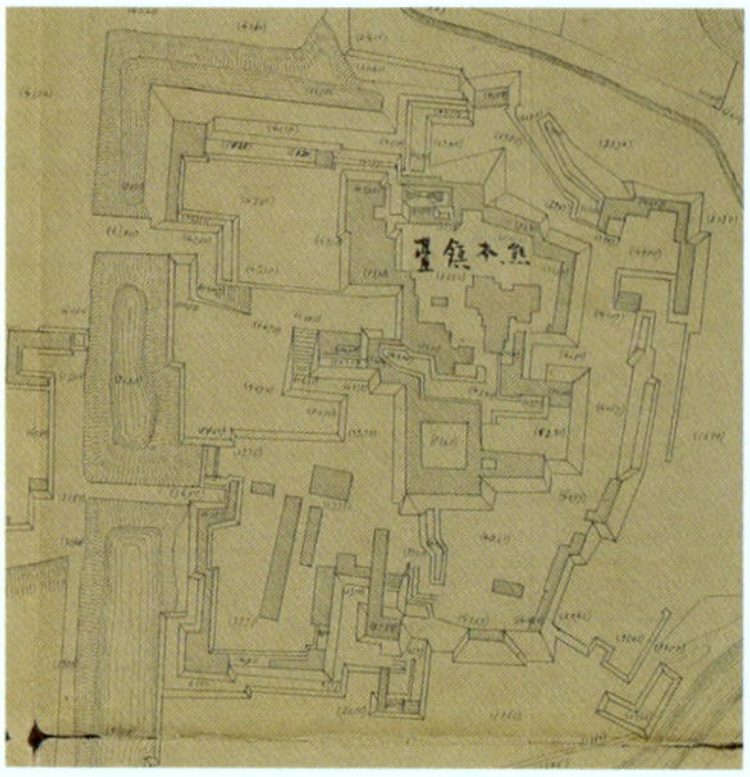

『城郭之図』（国立国会図書館蔵）

▲明治14年（1881）に作成された城内図。写本であって、建物の状況から、原図は明治9年の8月頃から10月下旬頃の測量と製図であったと見られている。明治9年時点での本丸内の建物の残存状況が確認できる。

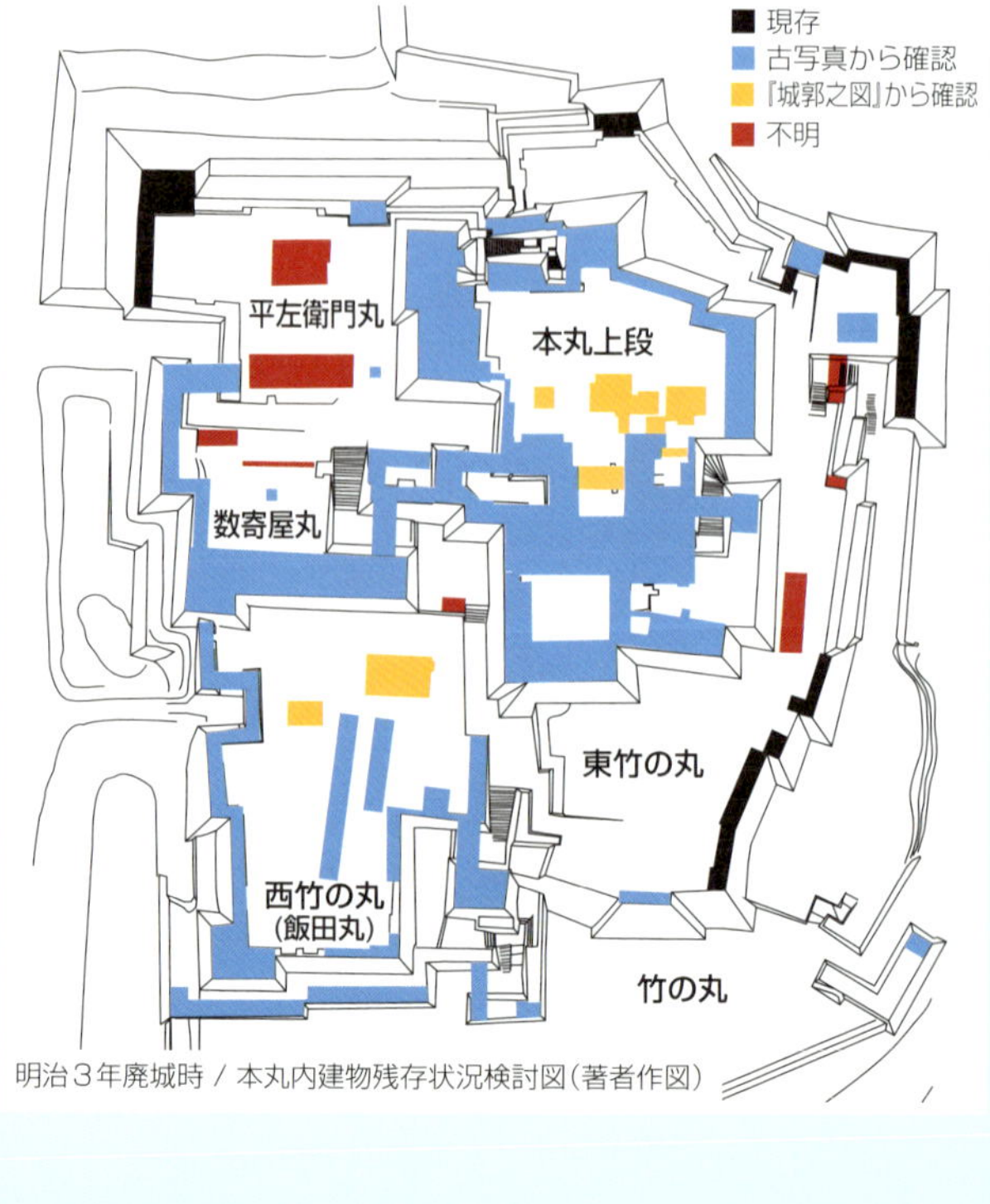

明治3年廃城時／本丸内建物残存状況検討図（著者作図）

2

熊本城 模型考証記

～失われた建物を徹底解明～

名城、といいます。

名所、名画、名山、名刀、名人……
この〝名〟という字を冠した「名物」という語こそ、
マスターピースの概念に対して
もっとも適当な日本語であろう、といったのは高階秀爾でした。

マスターピースとは「傑作」と訳されますが、
その意味するところは、
天才芸術家の手による芸術作品であり、
それは芸術家自身の時代の表現でなければならず、
そして普遍的価値を持つべきものであると高階は理解します。

これに従うならば、熊本城は、築城の名手と名高い加藤清正という
一人の天才が、彼の生きた戦国から安土桃山という時代のただ中で
己が理想をかたちとして生み出したものであり、
そして幾多の災難を乗り越え、
かつその城本来の役目を終えたこの現代においても、
見るものの心を動かしつづけているのであって、
確かにマスターピース―名城―というにふさわしい城でしょう。

ではその名城熊本城が一体どんな姿だったのか。
これを正確に知る人はほとんどいません。

（上）南坂下から見た飯田丸（長崎大学附属図書館蔵）
（下）同一視点模型写真

形状を割り出す

其一 重要な基本要素

熊本城は残された古写真が多い上に、信頼度の高い絵図もあるため、失われた櫓の姿を把握することは比較的容易です。破風の配置や窓の位置、外壁の仕様といった概要を示した外観図を引くことは難しくないでしょう。ところが模型となると一つの完結した立体物として成り立たせなければいけませんから、これらの資料を読み解いていくには少し違った思考を必要とします。写真も独特の見方をせねばなりません。

この章では、明治三年の熊本城を模型で再現するために、古絵図や古写真を解析し、建物の〝立体形状〟を割り出す過程の一部をご紹介します。この章を理解していただくためにも、重要になる基本要素をはじめにまとめてみます。

熊本城の一間

絵図から柱の位置がわかっても、これがどんな間隔で並んでいたのかを知る必要があります。日本建築では、柱と柱の間隔を「一間《いっけん》」の単位で表します。この一間は時代や地域によって変動が見られますが、熊本城では基本的に一間を六尺五寸とします。これは現存建物や礎石間隔などから明らかです。ただし、城内で一部ばらつきも見られ、不開門《あかずのもん》は一間を六尺、続櫓《つづきやぐら》の二階は六尺六寸、数寄屋丸二階御広間は六尺五寸四分などとなっています。

石垣遺構に六尺五寸のグリッドを合わせると大部分において良好に一致します。石垣の設計段階から、この柱間《はしらま》は意識され、じっさいにその設計を実現していることがわかります。

熊本城の瓦

『御城内御絵図』は一階の平面までしか記録していませんので、多層の櫓は上層の平面と屋根の大きさを把握する必要があります。基準となるのが丸瓦の数です。熊本城の丸瓦は五寸（およそ15㎝）を基本としています。丸瓦と平瓦を組み合わせた本瓦葺きの場合、平瓦の幅を丸瓦よりわずかに狭くすると美しく見えるとされます。熊本城では丸瓦の中心と中心の距離（芯々距離）を九寸五分ほどで取っていることから、瓦の数をもとに近似値で屋根の寸法が割り出せます。例えば丸瓦が29列前後だと三間、24列前後だと二間半、21列前後だと二間を割り出すことができます。瓦を数えられる鮮明な古写真があれば、寸法を割り出すことが可能です。模型制作に先立ち、屋根制作の効率化のために、軒瓦を一定間隔で再現できる金属パーツを特注しました。これは丸瓦の芯々距離を九寸五分の1／150、つまり1・9㎜間隔に揃え、全体の基準として使いました。現実には瓦はでき上がった屋根に応じて瓦師が葺きますから、ここまで厳密に揃うことはありません。

熊本城の屋根勾配

建物を造形するときの重要な要素に屋根勾配があります。勾配とは水平距離10に対して垂直距離がどれだけ上がるかという比率で、日本建築の場合、寸の単位が使われます。一尺（十寸）に対して何寸上がるかという表し方をし、熊本城の櫓は六寸前後の数字が多くつかわれています。数寄屋丸二階御広間も屋根勾配を六寸として復元しています。屋根勾配は六寸を基準に、それよりも緩やかに見えるか急に見えるかで判断しました。

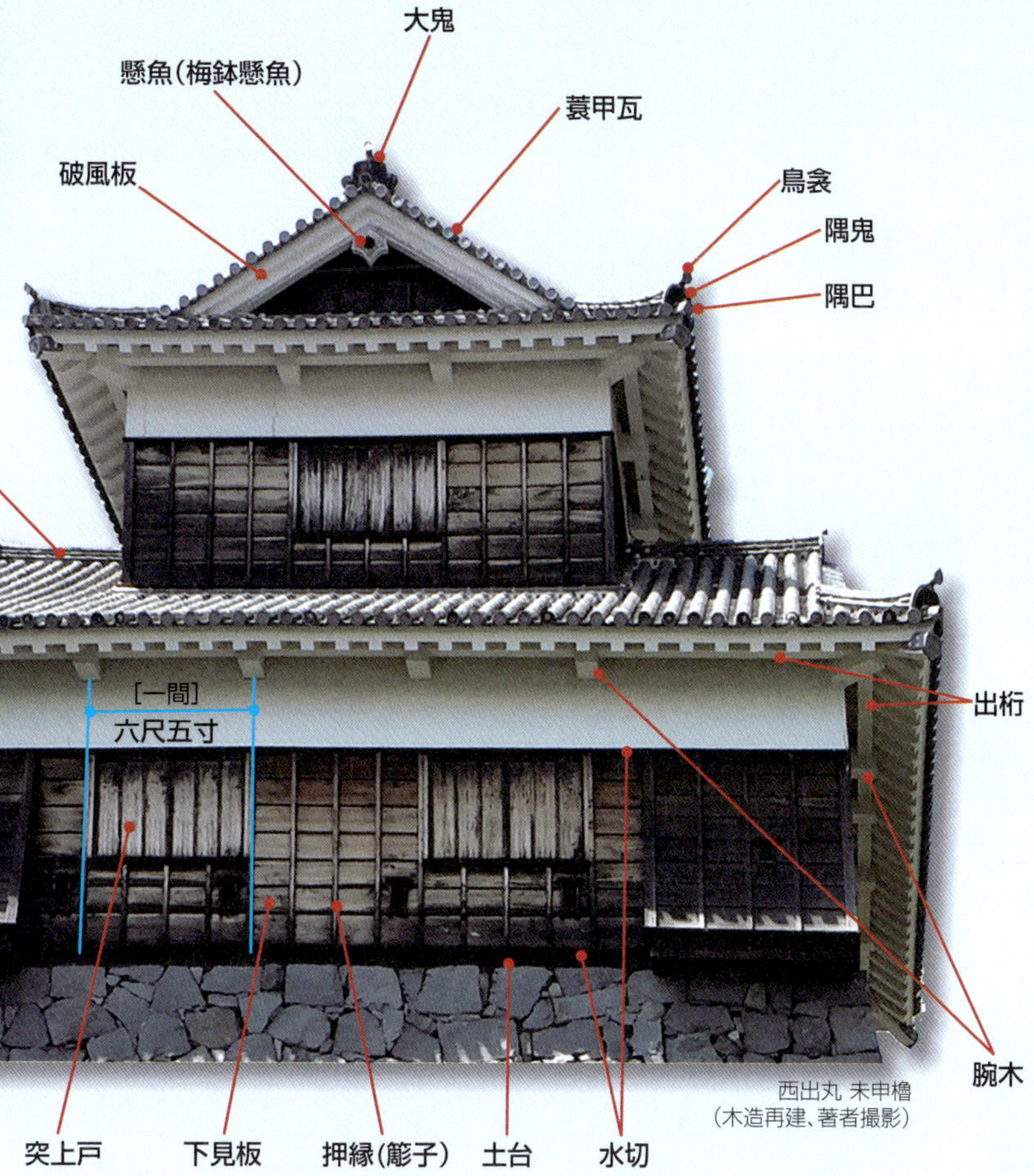

西出丸 未申櫓
(木造再建、著者撮影)

(著者撮影)

現存櫓の屋根勾配

●宇土櫓	初重	6寸
	二重	5.7寸
	三重	5.7寸
●続 櫓		6寸
●北十八間櫓		5.8寸
●東十八間櫓		6寸
●源之進櫓		6.8寸
●十四間櫓		6.4寸
●田子櫓		6.1寸
●平 櫓		7.2寸

(実測図より著者割出)

【5寸勾配】
[角度]
26.5650°

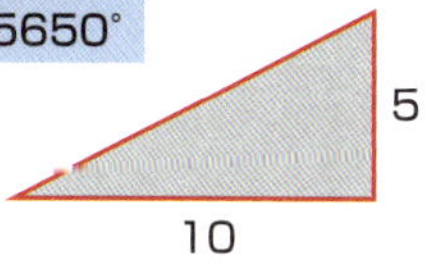

【6寸勾配】
[角度]
30.9638°

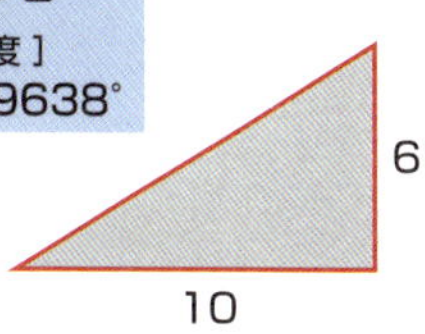

【7寸勾配】
[角度]
34.9920°

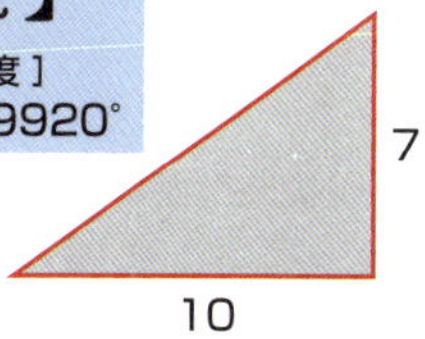

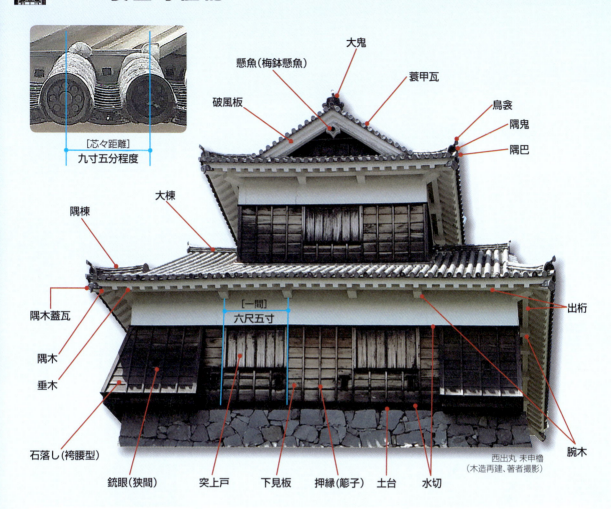

形状割り出しの基本（本丸東三階櫓）

建物の立体構成を資料から読み取り、模型原寸図に記録する実例として本丸東三階櫓を見てみましょう。

資料は2枚の古写真と石垣の測量図、『御城内御絵図』の平面です。

◆

1 古写真Aから丸瓦28列を数え、上重は一辺が三間の正方形であることがわかります。そしてこの写真で、二の櫓門の棟の接続位置が確認できることに注目します。次に古写真Bでは、二の櫓門と本丸東三階櫓の軒には段差があるように見えます。門は少し奥に入った位置にあるので、これは遠近で段差があるように見えている可能性もあり、不確定事項として軒高は同高であると仮定して進めます。

◆

2 測量図に六尺五寸グリッドを引き『御城内御絵図』の平面を重ねます。二の櫓門の棟ラインを引き、古写真Aの棟の接続点から上重が一階のどの位置に重なっているかを確定します。

◆

古写真 A

二の櫓門棟接続位置

（長崎大学附属図書館蔵、部分）

古写真 B

軒の段差の有無不明

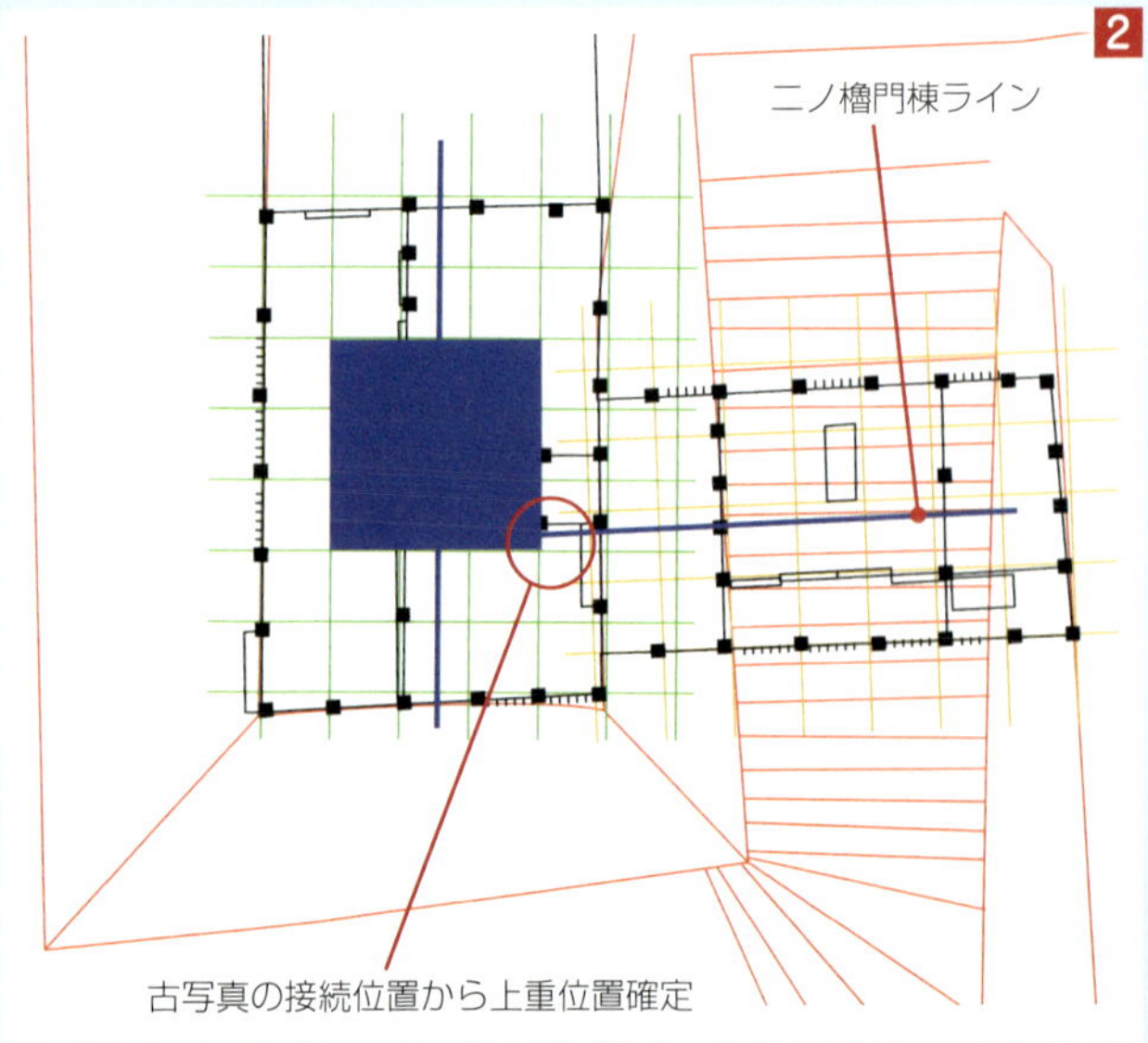

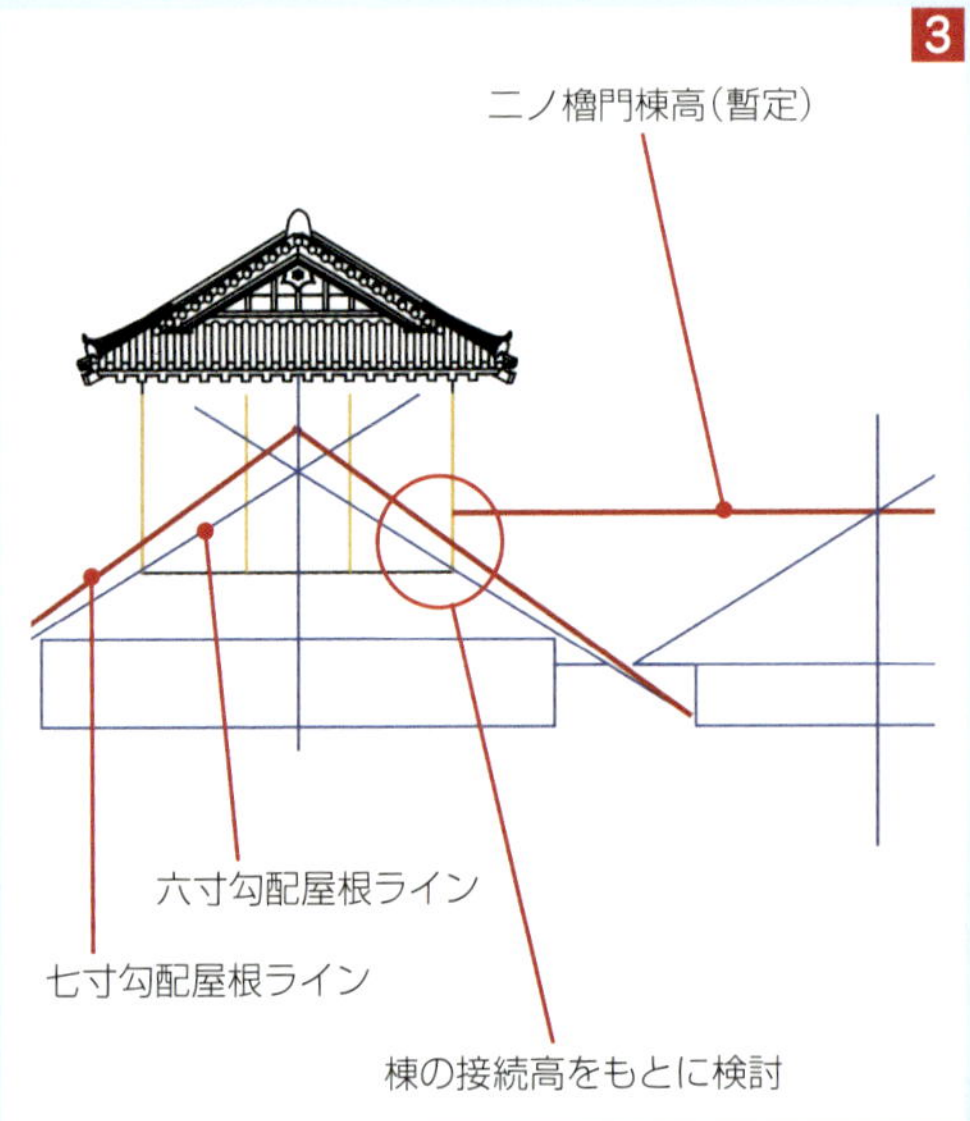

3屋根勾配を推定します。まず、勾配六寸と仮定して二の櫓門の棟高を決めます。その上で、本丸東三階櫓の勾配も六寸であると仮定し、古写真の中の棟の接続位置を検討します（青線）。すると、二の櫓門の棟は本丸東三階櫓の上重壁面のかなり高い位置に接続することとなり、古写真Aとかみ合いません。そこで本丸東三階櫓の初重の屋根勾配を七寸としてみます（赤線）。これで二の櫓門の棟が古写真Aに近い位置にきます。それでもまだ高い位置ですので、古写真Bで段差はないと仮定した本丸東三階櫓と二の櫓門には軒の段差があると判断しました。

◆　◆

このようにして全体像をつかみ、微調整を加えながら作図したのが下の模型原寸図です。

とくに屋根勾配は、その建物の印象を決定づけますので、古写真から可能な限りの情報を読み取って、古写真の姿に近づけていきます。

【模型原寸図】

模型制作では必ず模型原寸図を作図します。
城郭建築の模型では平面形状、軒高、軒の出、屋根勾配がわかれば充分である場合が多く通常は簡単な骨組図のかたちを取ります。（76頁参照）
本書掲載の模型図面は、制作した模型の大きさを実感していただくために比較的詳細に描きましたが、本来は制作者自身がわかればいい覚書のようなもので、細部の描き洩らしもあり、そのまま立体で成り立つように記録したものでもなく、建築図面や復元図面とは性格が異なります。

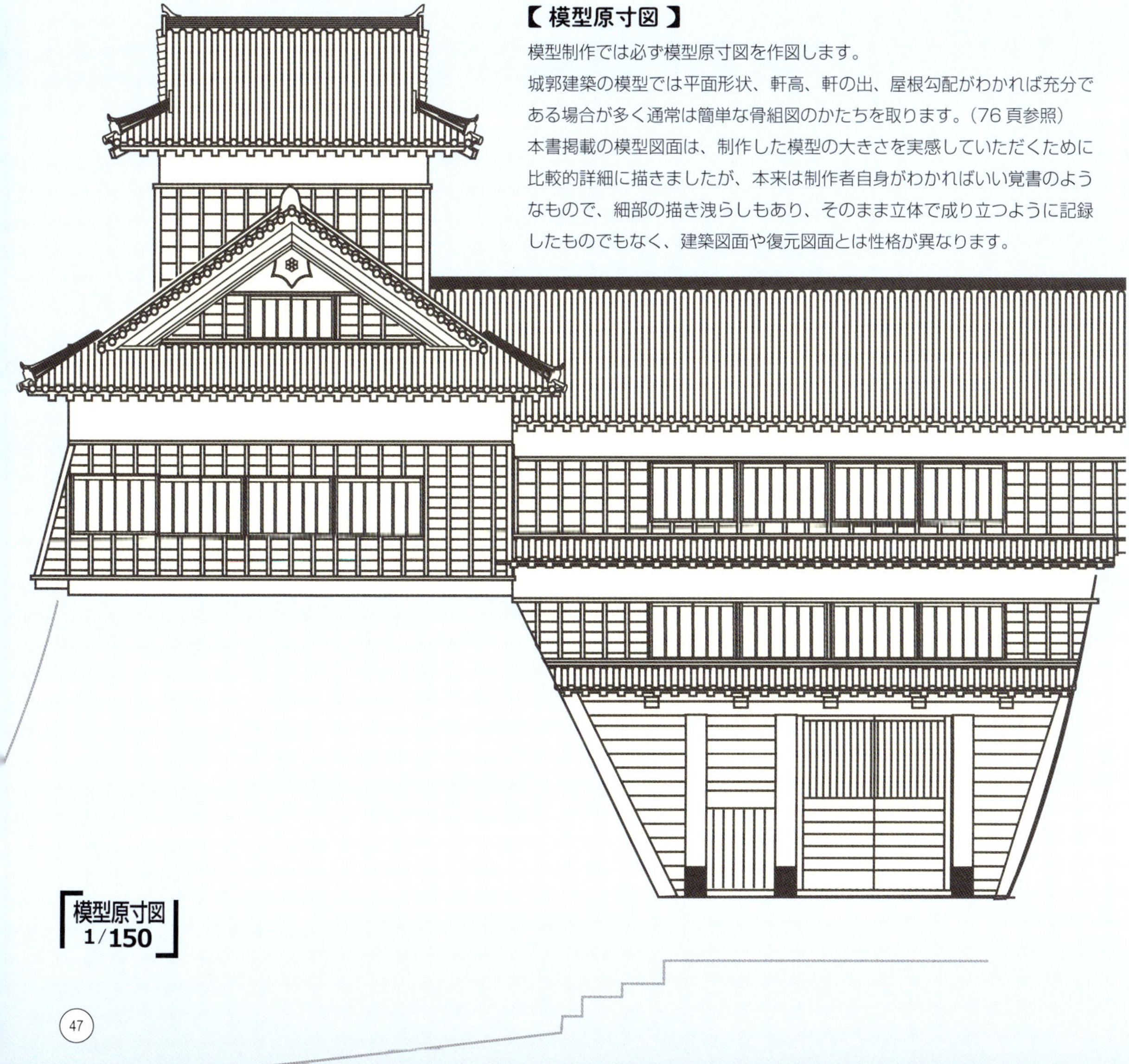

模型原寸図 1/150

屋根のかけ方 I

熊本城には測量図から起こした櫓の一階平面が、いびつな不整形をしているものが多くあり、立体で納めようとすると困難を極めるものが少なくありません。とくに三重の屋根をもつ五階櫓は、立面構成は一見すると素直に見えますが、立体で成り立たせようとすると、屋根の納まりが問題として立ちはだかります。いったいどのように屋根を納めていたのか、全体が一つの立体としてどのように完結していたのかを古写真に探ることになります。

この過程を見ていく前提として、まず、屋根のかけ方を解説しましょう。

◆　◆

屋根とは建物の傘にあたる部分です。日本は雨が多く、傾斜をつけて雨水を流すようになっています。断面が三角形になるのが基本です。

まず単純なかたちから思い浮かべてもらいましょう。最初は、(図❶)のように、きれいな長方形の箱に屋根をかけてみます。この時、三角の一番高い部分を「棟」、一番低い部分を「軒」といいます。そして、長方形の箱の長い方を「桁《けた》」短い方を「梁《はり》」といいます。梁と桁を支えるのが柱です。この一番基本的なかたちをしている櫓は元硫黄櫓です。屋根も単純な切妻《きりづま》屋根になっています。

次に少し変形し(図❷)のような台形の箱に屋根をかけてみましょう。この場合も、きれいな長方形と同じように屋根をかけることができます。両側の桁どうしが平行になってさえいれば、たとえ側面が直角でなくても、棟と軒が水平の屋根をかけることができるのです。この形状の典型的な例は小天守の真下にあったトキ櫓です。台形の平面をしていますが、桁どうしが平行であるため、難なく屋根をかけることができます。このような場合、古写真や模型の通り、瓦は放射状に葺かれます。現存の宇土櫓もわずかながら台形平面で、北側の加藤神社からは放射状に葺かれた瓦を見ることができます。

◆　◆

桁どうしが平行であること、これが整った屋根をかける時には重要になってきます。つづいて(図❸)のように桁が平行にならない場合はいったいどのような屋根になるのでしょうか。

◆　◆

桁どうしが平行にならず広がってしまう場合、三角の屋根をかたちづくる底辺となるⓐの長さとⓑの長さに差が出ます。ということは、ⓐを底辺とした三角形と、ⓑを底辺とした三角形では、高さが違ってしまいます。このような平面形状の建物の屋根は次の3種類が考えられます。

⑴ 軒を水平にすると棟の片方が上がる。
⑵ 棟を水平にすると軒の片方が下がる。
⑶ 棟と軒を両方水平にすると屋根がねじれる。

通常、桁が平行にならない建物をわざわざ設計することはありません。しかしながら、熊本城には桁どうしを平行にしない不正形の平面を持った櫓がいくつもあるのです。その一例、百間櫓を次頁で詳しく見てみましょう。

【元硫黄櫓】

【加藤神社から見上げた宇土櫓】

隅が直角にならない場合、瓦は放射状に葺かれる。加藤神社から見上げる宇土櫓の初重屋根でこの放射状の瓦を見ることができる。(著者撮影)

図③

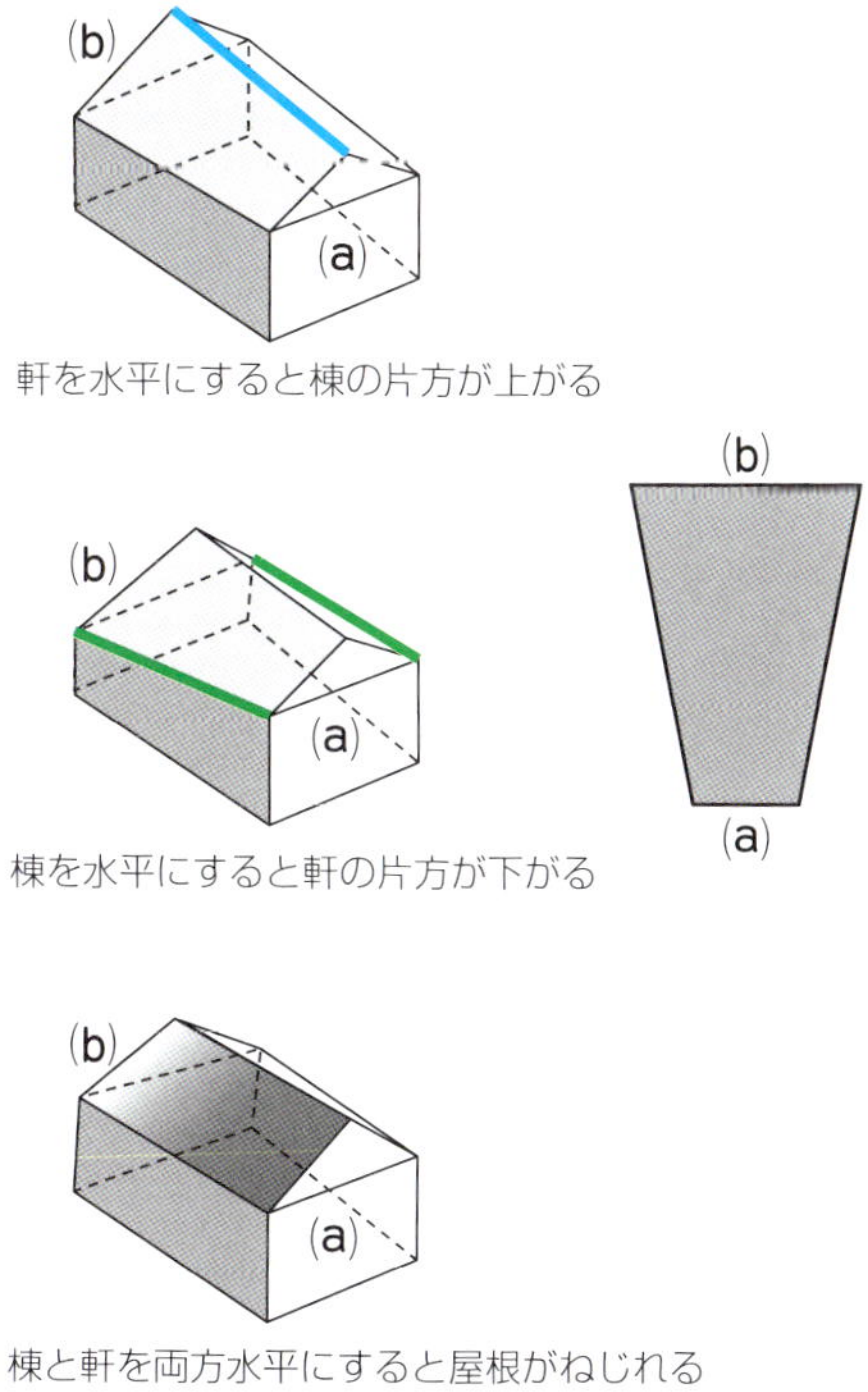

【トキ櫓】

真上から見たトキ櫓。

図①

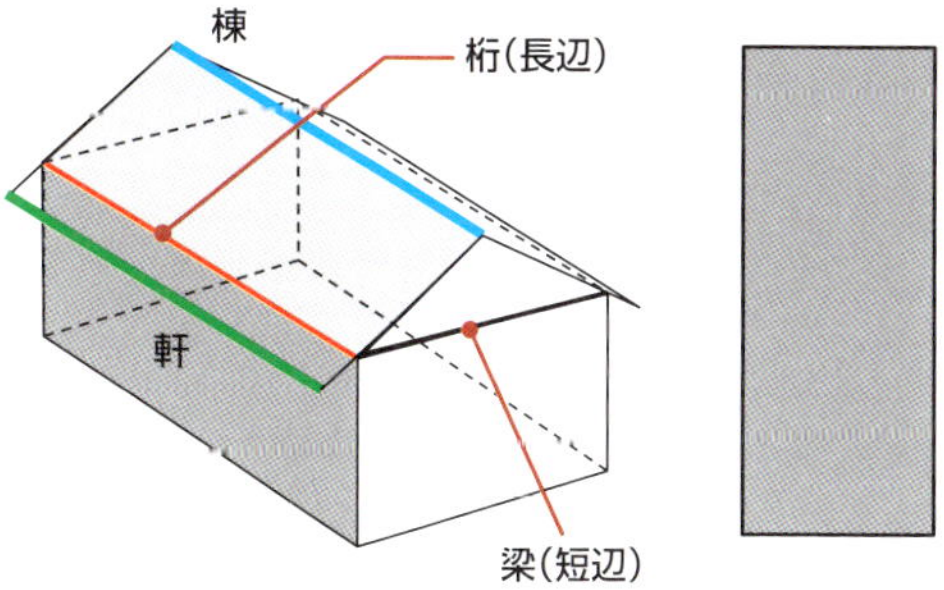

図②

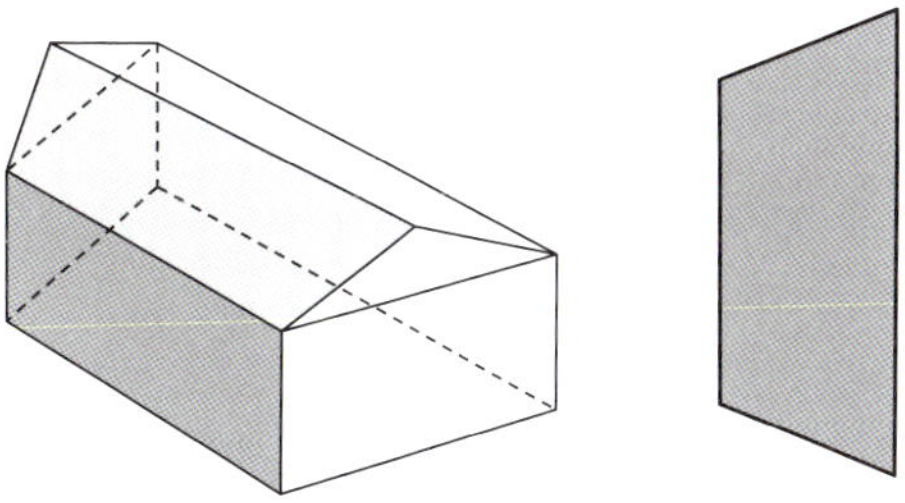

（長崎大学附属図書館蔵、部分）

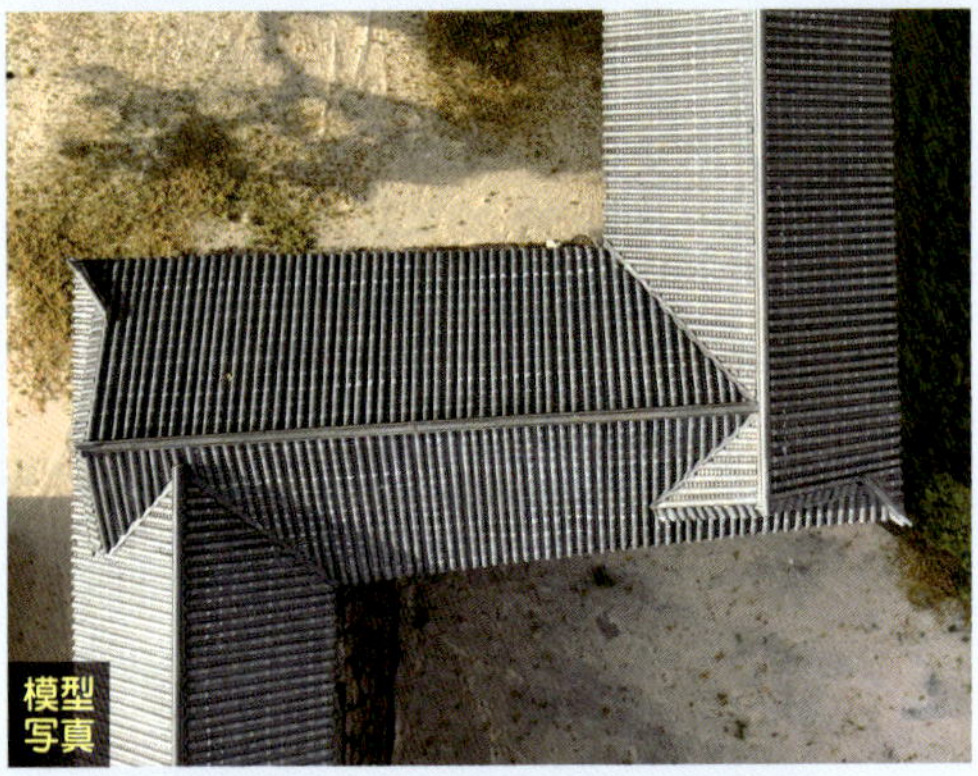

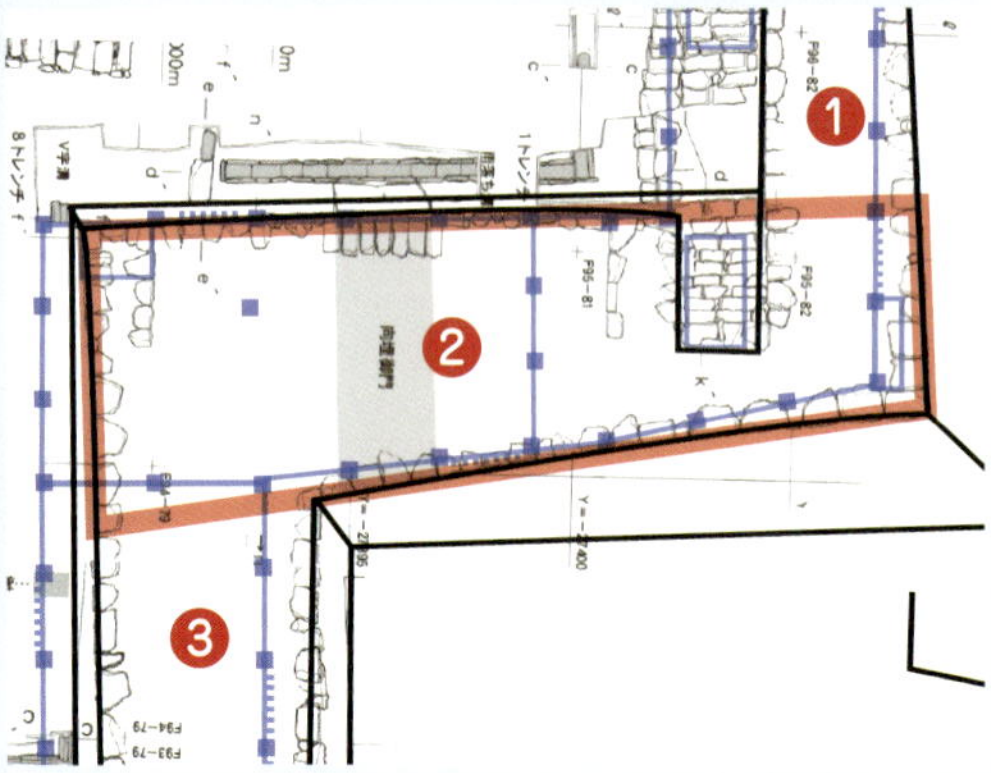

▲遺構絵図重ね合わせ。（柱位置未調整）

▲棟が傾斜している百間櫓の一画。

形状を割り出す 其四

屋根のかけ方Ⅱ（百間櫓）

百間櫓《ひゃっけんやぐら》の一画の平面は石垣に合わせて東に向かってだんだんと広がった形状で、桁どうしが平行になりません。この一画の屋根は、前頁で解説した三つの方法のうちどのかたちだったのか、古写真に探ってみましょう。

◆　◆

天守から城下を写した古写真があります。かろうじて写真の下端にこの部分の棟が写りこんでおり、そこに注目します。平面が広がった❷の建物の棟は、❶の建物の棟と同じ高さから始まっています（青矢印）。ところが、❸の建物の棟と❷の建物の棟接続部分（白矢印）では、段差ができていることがわかります。❶と❸の建物の幅はほぼ同じで、棟の高さも同じです。ということは、❷の建物の棟は片方が上がっていたことがこの写真からわかるのです。

念のため簡単な断面図をつくって検証してみましたが、これだけの建物の広がりだと、ちょうど写真に写る分だけの高低差が出ることがわかり、写真を根拠に、この一画の屋根は棟が傾いたかたちであると確信を持って造形することができました。

◆　◆

このように、古写真に写っている建物の姿から、立体形状の割り出しの根拠となるかたちを読み取っていきます。桁どうしが平行にならない建物は五階櫓に多くあり、重層の建物だと形状はさらに複雑になります。

形状を割り出す 其五

写真を描き起こす（御裏五階櫓）

御裏五階櫓の形状割り出しでは、冨重利平が宇土櫓から撮影した大小天守の写真に写りこんでいる姿が基準になりました。この写真は撮影地点が高く、御裏五階櫓の最上階をほぼ真正面からとらえています。櫓の半分は隠れていますが、最上階の大棟の両端が確認できることから、全体の寸法が高い精度で割り出せると判断しました。作業は1／100で行いました。

◆　◆

1 発掘調査で検出された礎石を石垣の測量データに重ね、六尺五寸のグリッドを引き『御城内御絵図』の一階の平面を重ねて、柱位置を推定します。

2 一階の窓幅に注目し、そこに六尺五寸のグリッドを重ねて写真のサイズを調整します。そして丸瓦の芯々距離を九寸五分と仮定し、この理論値で丸瓦を等間隔で連続コピーし描き起こすと写真とぴったりと重なりました。同じように垂木と下見板の押縁も理論値で良好に重なります。

3 破風の描き起こしから初重の屋根勾配六寸五分を抽出、同じように二重目は五寸、三重目は六寸五分を割り出しました。

4 丸瓦の本数を見ながら写真通りになるよう全体をまとめました。このとき、写真に写っている部分を基準に全体の調整を行ったにもかかわらず、写真では隠れている櫓の南側において、初重と二重目がちょうど一間の幅で逓減《ていげん》（上の階が細くなること）する数字となりました。

◆　◆

作成した西面の立面を基準にして、他の面を作図しました。

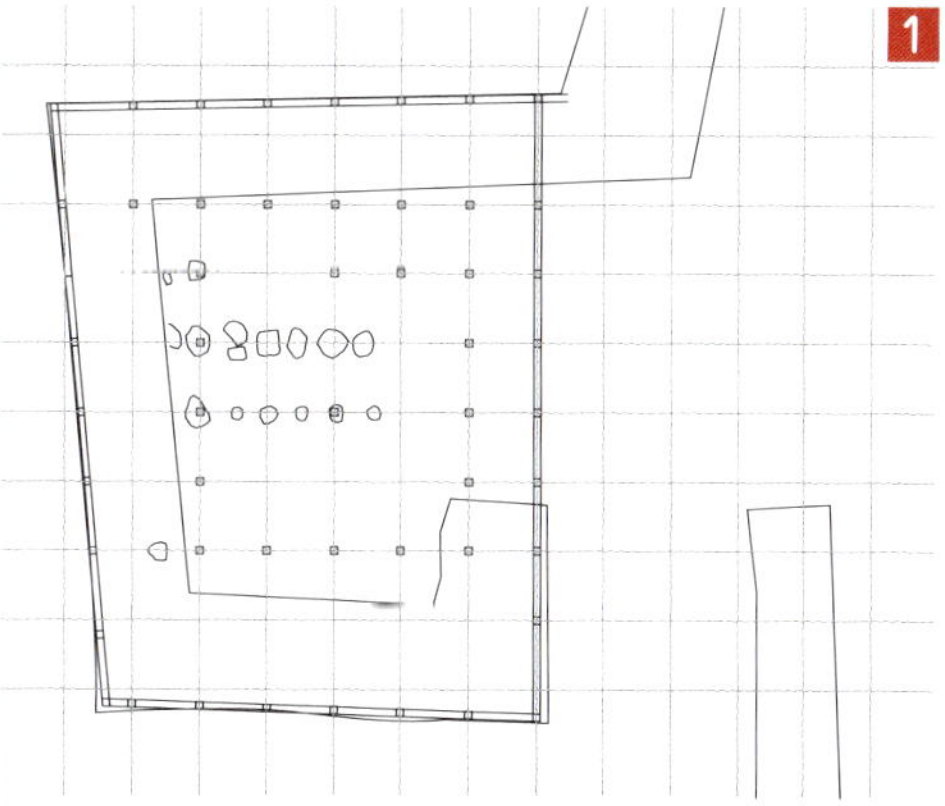

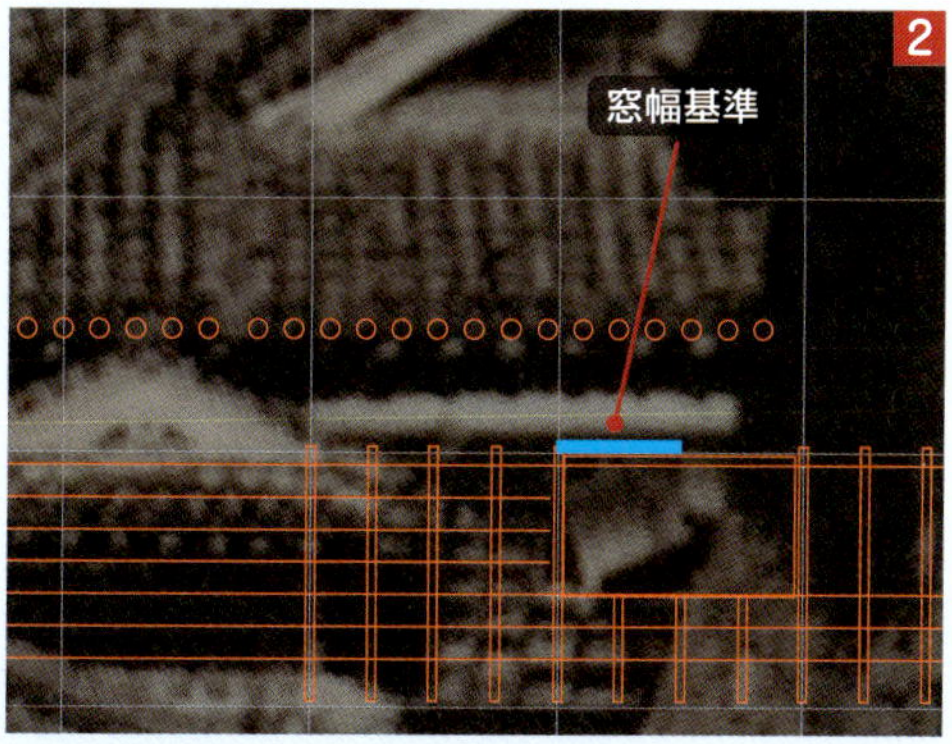

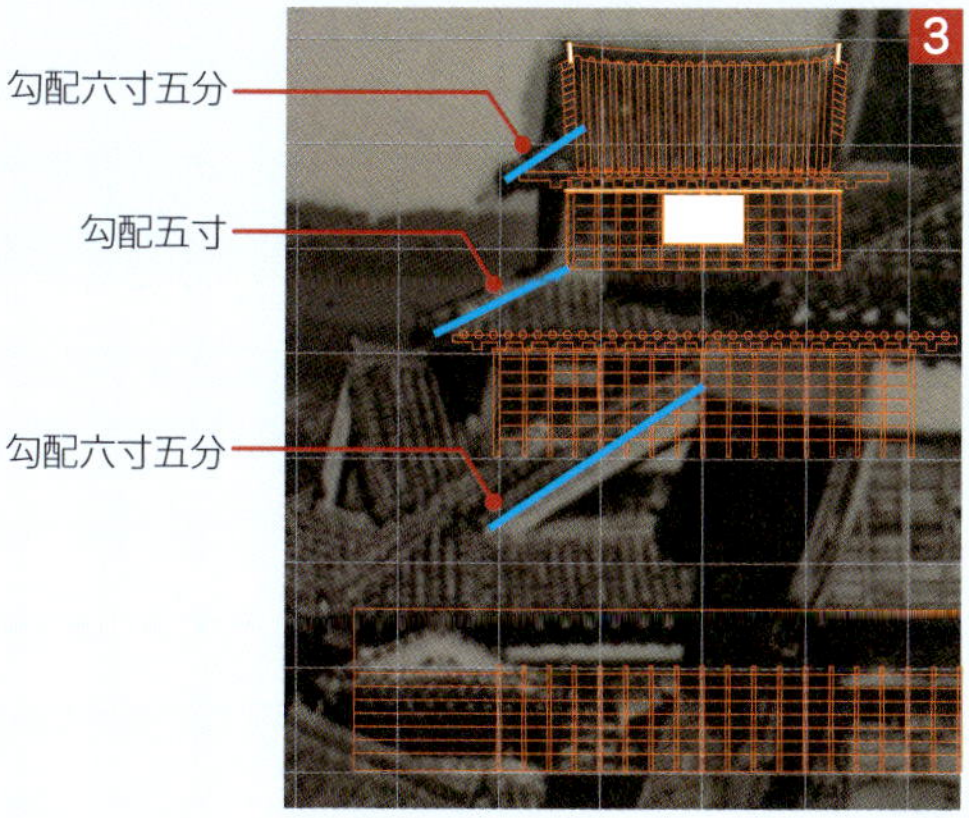

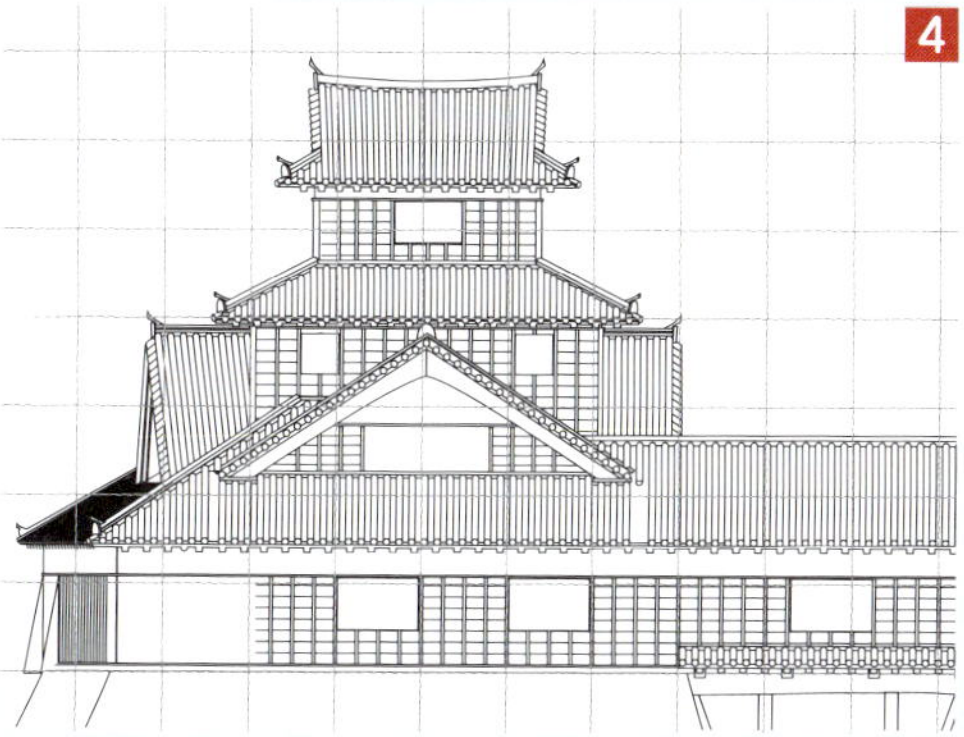

遺構に痕跡を探る（御裏五階櫓・階段建物）

御裏五階櫓は、一見、複雑なかたちをしているように見えますが前頁で解説した西面の立面図ができた段階で、ほぼ全体像を把握することができました。ところが、どうしても構造がわからない部分がありました。

それは御裏五階櫓とその西の平櫓をつなぐ階段を覆った建物でした。

◆　◆

『御城内御絵図』を見てみると、御裏五階櫓と平櫓はおよそ一間半四方の小さな付櫓内の階段でつながっています。ところがこの小さな階段建物は、どの石垣にも乗らない場所、つまり完全に宙に浮いた場所に描かれています。西から写された古写真にも、北から写された古写真にも、この階段建物は、『御城内御絵図』が示すその場所に確かに写っているのですが、この部分は御裏五階櫓側で約10mの石垣となっており、その上空に浮かんだ位置に建てられているのです。

ここで石垣自体を改めて確認したいと思いましたが、この石垣は熊本地震で崩壊し、埋もれてしまっていました。そこでインターネットの画像検索でこの場所の写真がないかと探していると、1枚の写真に目が釘付けになりました。それは観光客が小天守からこの周辺の石垣を写したもので、ちょうど階段室の真下あたりに、何か建物の基礎となるような石の構造物が写っていたのです。よく観察すると、さらにその上方の石垣面にも、人工的に加工したほぞ孔《あな》のような四角い影が映っています。この構造物を石垣平面図上に配置し、階

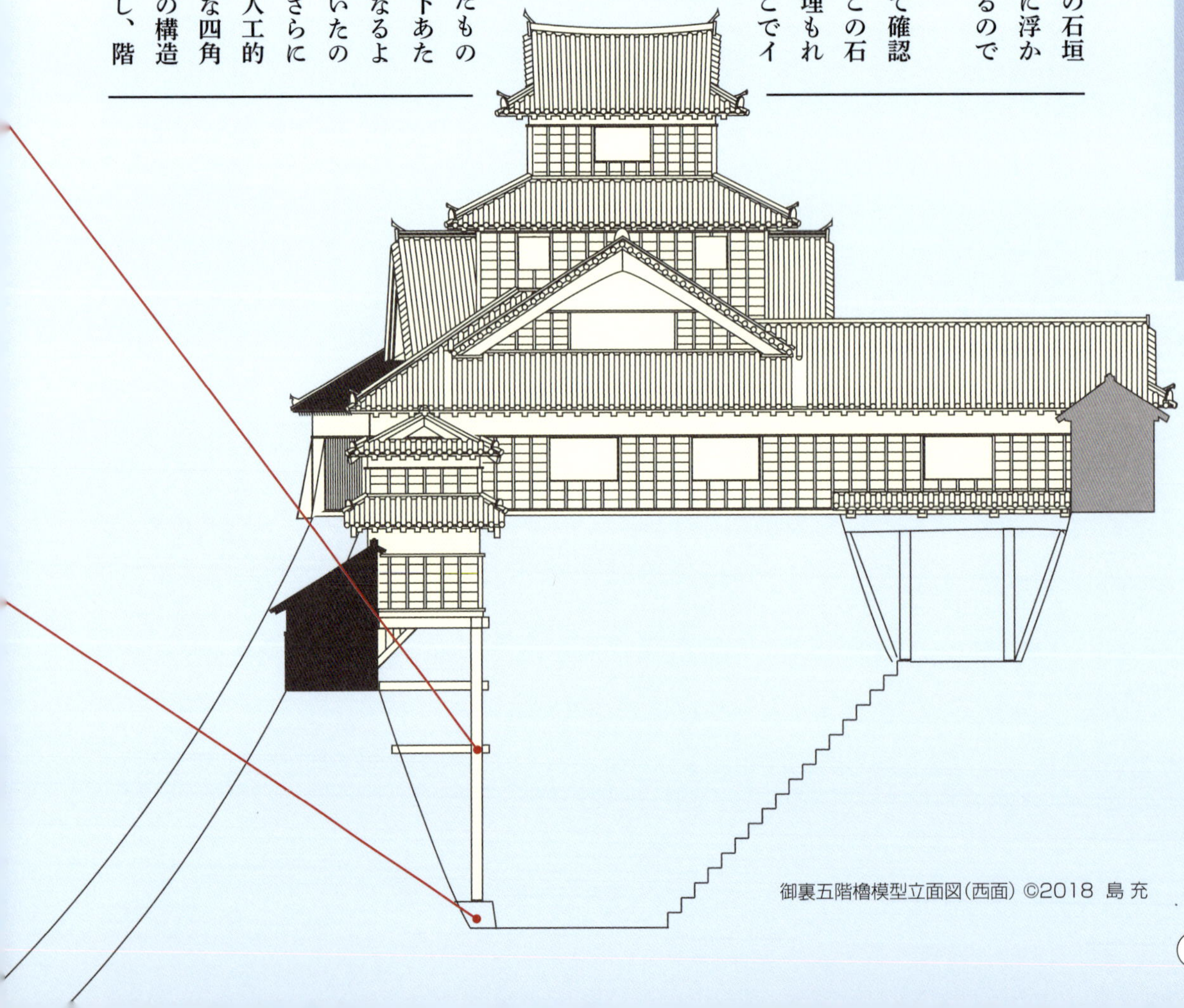

御裏五階櫓模型立面図（西面）©2018 島 充

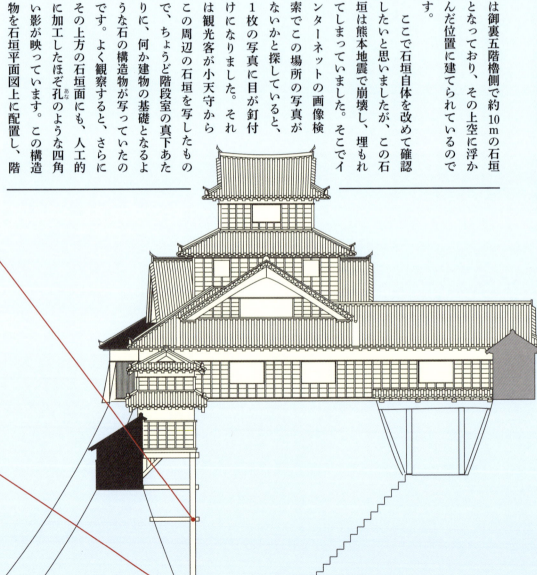

段室の平面を作図すると、この石組が、階段建物の南西の隅の柱の位置にピタリと合いました。

　後日、熊本城調査研究センターに問い合わせ、詳細な写真を閲覧させてもらうことができました。基礎状の石組は、上部に四角い切り孔を持っており、その周囲を二段の石積みで囲っていました。その上方の石垣面の加工痕は、私が最初に見つけた写真ほどはっきりとは写っていませんでしたが、何か石垣に沿わせた材を受け止める役目はありそうです。

　このようにして、私はこの基礎状の構造物、石垣面の加工痕と、その上にある階段建物には関係があると結論付け、空中の建物が成り立つ姿に造形することができました。

◆　◆

　階段の下に続く建物の形状でも興味深い結論が出ました。この廊下状の建物は『御城内御絵図』によると一間の幅で、石垣遺構の幅も一致します。古写真通りに棟を階段建物に繋ぐと、屋根が片流れになることがわかったのです。写真では隣の二間幅の平櫓の屋根とこの一間幅の平櫓の屋根は、櫓自体の幅が倍違うのに屋根は同じ幅に見えることからも、片流れであったと結論づけました。もっとも、片流れにすることで階段の上部空間を確保でき、合理的なかたちであることがわかります。

▲階段建物の真下に位置する石組構造物と石垣面の加工痕。現在、熊本地震によりこの周辺の石垣は崩落しており、復旧後の調査が期待される。

（熊本城総合事務所　提供）

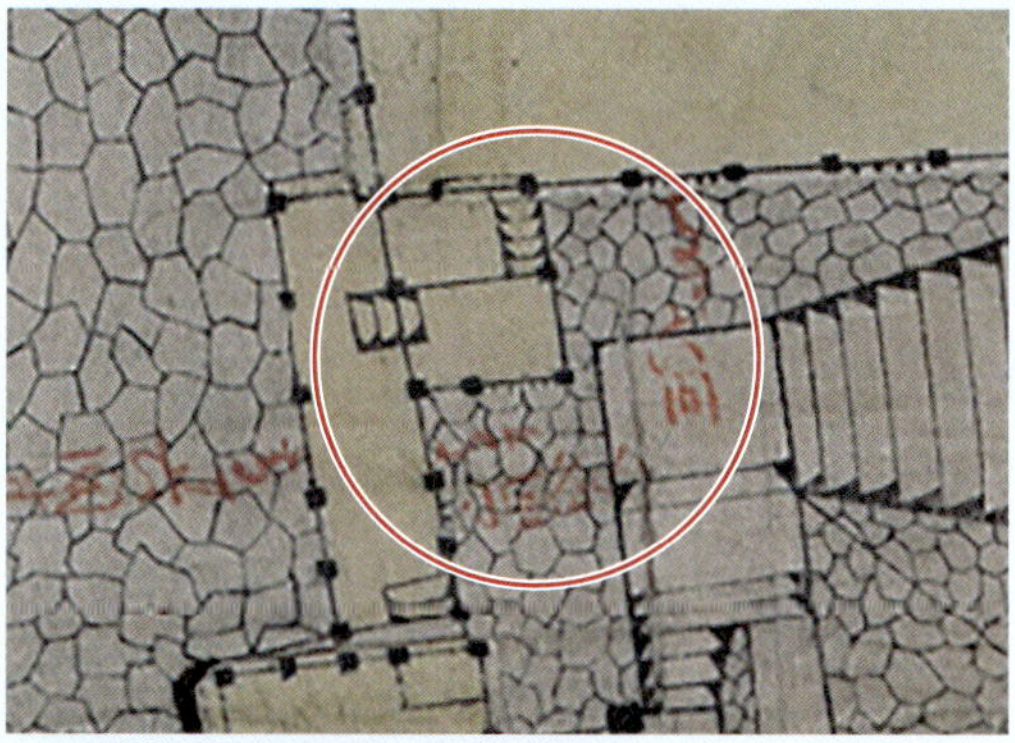

◀『御城内御絵図』の階段建物部分。（上）とその古写真。（下）

（長崎大学附属図書館蔵、部分）

古写真に写りこんだ立体構成（西竹丸五階櫓）

五階櫓の中で、その形状を割り出すのに最も複雑な思考を必要としたのが西竹丸五階櫓です。

この五階櫓の古写真は遠景で南面の全体像をとらえたものと、そのちょうど反対側の視点となる天守最上階から写したものの2枚があります。一見するとわかりやすい外観構成ですが、これを石垣遺構に当てはめると、櫓台の平面が不正形であるため、簡単には一つの立体物として納まらないことがわかります。

正確な立体化のためには、❶二重目の平面の大きさと初重への重なり位置、❷初重から二重目にかけての屋根の納まり、の二点を明らかにする必要があります。

◆ ❶二重目の平面の大きさと初重への重なり位置を割り出す ◆

西竹丸五階櫓の櫓台の発掘は行われていないため、正確な礎石位置はわかりませんが、櫓台の平面に『御城内御絵図』を重ね、さらに六尺五寸のグリッドを重ねます。南側では柱がぴったりとグリッド上に一致しますが、北に行くに従ってグリッドを外れていきます。建物の設計基準線は南辺であろうと思われます。

次に北面を写した古写真の丸瓦の数に注目し、二重目の桁行が五間であることを割り出します。

そして、この壁面が、初重の平面上のどの位置に立ち上がっているかを写真から探ります。基準となるのは、札櫓門の棟が五階櫓二重目の壁面に接続する位置「Ⓐ」です。写真に写るこの一点から、二重目北の壁面は、初重の六尺五寸のグリッド線にぴったりと重なる位置に立ち上がっていることがわかりました。さらにこのことから、二重目の梁行は四間であると推定することができ、同時に二重目の重なり位置も割り出すことができました。

◆ ❷初重から二重目にかけての屋根の納まりを探る ◆

西竹丸五階櫓の一階は桁どうしが平行にならない不正形平面ですので、49頁で解説したように屋根をかけることが難しくなってきます。さらに、二重目は一階の中央に重なっていません。これをどう解決しているのかを写真から読み取っていきます。

まず初重の大入母屋は、棟が東西で1本の線の上にはないことがわかります。また蓑甲瓦の数を数えると、東西の破風の大きさがそれぞれ違っていることがわかります。西側の破風の付け根の谷は二重目の隅に来ません。北側の二重目の壁面では当然の帰結として初重の屋根の上端が西に向かってだんだんと切れ上がっていきます。これを隠すために、切妻の出窓を設けていることがわかります。

これらの情報をもとに屋根の納まりを勘案すると、この櫓は南と西から見た時に整った外観を見せるように設計されていることがわかります。西面の大入母屋破風を据え破風状にすることで二重目壁面の中心に破風を配置することができているからです。いっぽう反対側の東面はこれを一つの入母屋としてかたちづくるので、破風の中心線が二重目の中心に来ないことになり北東から見た時には不均整な外観となります。このように大入母屋の中心軸がずれるのは広島城大天守にも見られます。

（長崎大学附属図書館蔵、部分）

▲大天守最上階から見た西竹丸五階櫓。（北面）

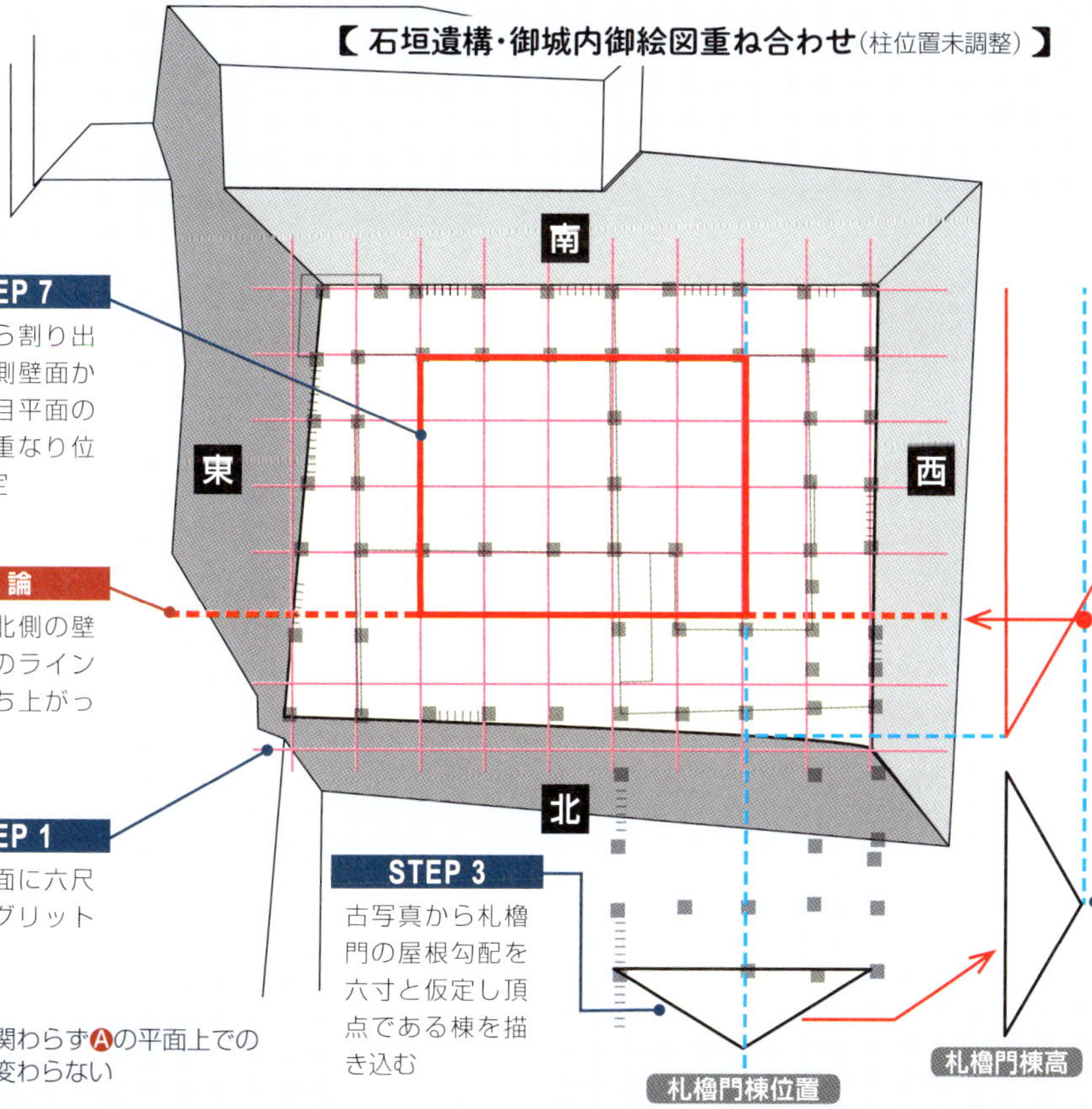

STEP 1
遺構平面に六尺五寸のグリットを引く

STEP 2
古写真から棟の取り付き位置を読み取る

STEP 3
古写真から札櫓門の屋根勾配を六寸と仮定し頂点である棟を描き込む

STEP 4
札櫓門の棟との接続部分での五階櫓の屋根勾配六寸を引く

STEP 5
ステップ3で描いた屋根の断面をステップ4の屋根断面と並べて棟をラインで結ぶ

STEP 6
古写真の棟の取り付位置を図の上に反映する

STEP 7
写真から割り出した北側壁面から二重目平面の規模と重なり位置を確定

結論
二重目北側の壁面はこのライン上に立ち上がっている

※勾配に関わらずAの平面上での位置は変わらない

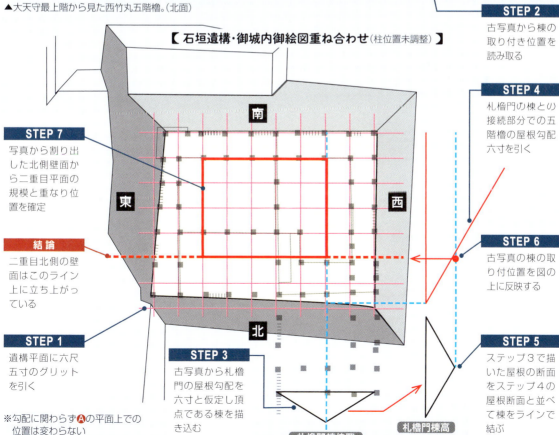

其八　変化する白壁幅の発見（数寄屋丸五階櫓）

数寄屋丸五階櫓は形状割り出しにはさほど困難を伴わないと予想していました。最上階が個性的な形状をしているものの、写真が鮮明なため瓦列から寸法は割り出せますし、二重目が正方形であることからも全体の構成は単純であると踏んでいました。

一つ気にかかっていたのは櫓台の南西隅が鋭角になっていることぐらいでしたが、西竹丸五階櫓のように、軒は水平にして大入母屋の棟の高さを南北でわずかに変えれば納まると予想していました。二階御広間と長櫓が接続することからも、歪みはそこに逃がせるだろうと簡単に考えていました。

この建物は、長大な一続きの建物の一角にあって、壁面と屋根が一連になっています。櫓台の標高値を見てみると、御天守方口之間から数寄屋丸櫓門までは標高差がなくほぼ水平に造成されています。古写真を見るとその上の建物も、軒に段差はなく、一続きになっています。当然、壁面の下見板と白壁の比率もどの場所でも同じ、ということになります。

しかし、古写真をよく見ていると、数寄屋丸五階櫓一階の白壁幅とその延長にある数寄屋丸三階櫓の白壁幅が微妙に異なっていることに気づいたのです。どの位置でも段差は認められないのに白壁の幅がだんだんと広くなっているのです。この変化する白壁幅に困惑しました。まるでだまし絵のようだと写真を眺めつづけました。そこで改めて石垣平面を見てみると、南西隅の鋭角に目がとまりました。――軒が傾斜しているのだ、とその時気づきました。

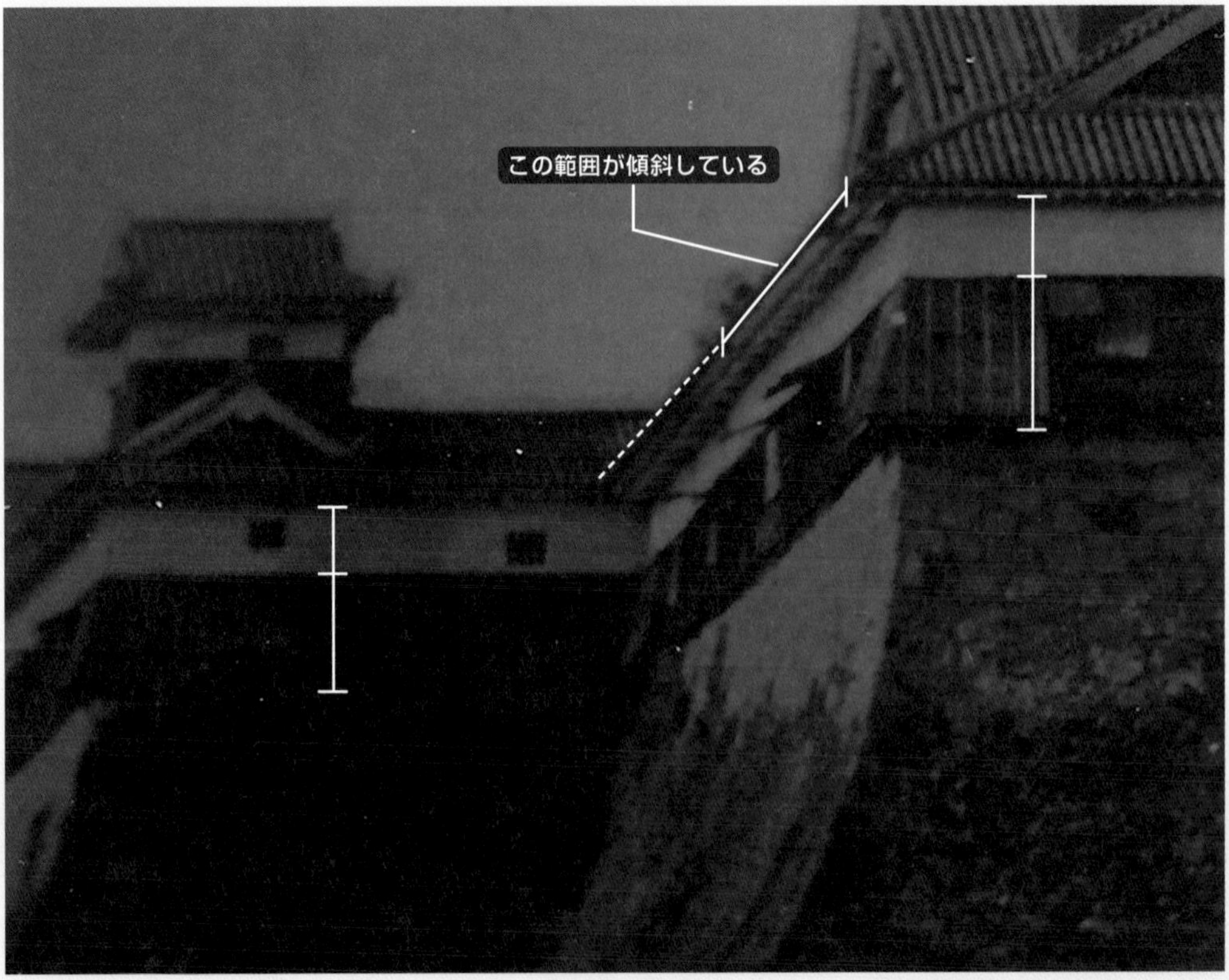

（長崎大学附属図書館蔵、部分）

熊本城の他の建物では、軒は水平にして、棟を傾斜させることで屋根を解決していました。この数寄屋丸五階櫓は、反対に棟を水平にして軒を傾斜させています。「熊本城の軒は水平である」との思い込みが写真を読めなくしていました。

この屋根の納め方の根本的な発想の違いが、建築時期や大工の違いによるものなのか、「数寄屋丸」という立地から来る着想によるものなのかわかりませんが、似通った様式で建てられているように見える熊本城の建築が、いかに一つひとつ念入りに造形し分けられているかを感じさせました。

こうして、模型化した数寄屋丸五階櫓は、古写真と同じように、変化する白壁幅を再現できましたが、写真と比べると、一階の壁面が写真よりどうやら高いようです。これは現在木造で再建されている二階御広間の図面をもとに、これを延長するかたちで造形したことが原因です。

二階御広間が復元された時、この古写真はありませんでした。高さは『御城図』の書き込みの数値が根拠とされています。絵図の誤差がそのまま現実に表れているようです。模型から見た限りにおいては、本来の高さは、今の復元建物より一尺から一尺五寸ほど低かったようです。熊本城の櫓群は大部分が繋がり合って一連となっていますから、飛び飛びに復元していくと、あとで写真通りにつながらない、ということが出てきます。

復元の際には、まず全体を明らかにしてから、部分的復元を行うことが重要だと感じました。

▲作図途中の数寄屋丸五階櫓。パソコンに古写真を読み込み、遺構平面上に立面を描く。丸瓦の列数を基準にして寸法を割り出していく。

【石垣測量図『御城内御絵図』重ね合わせ】

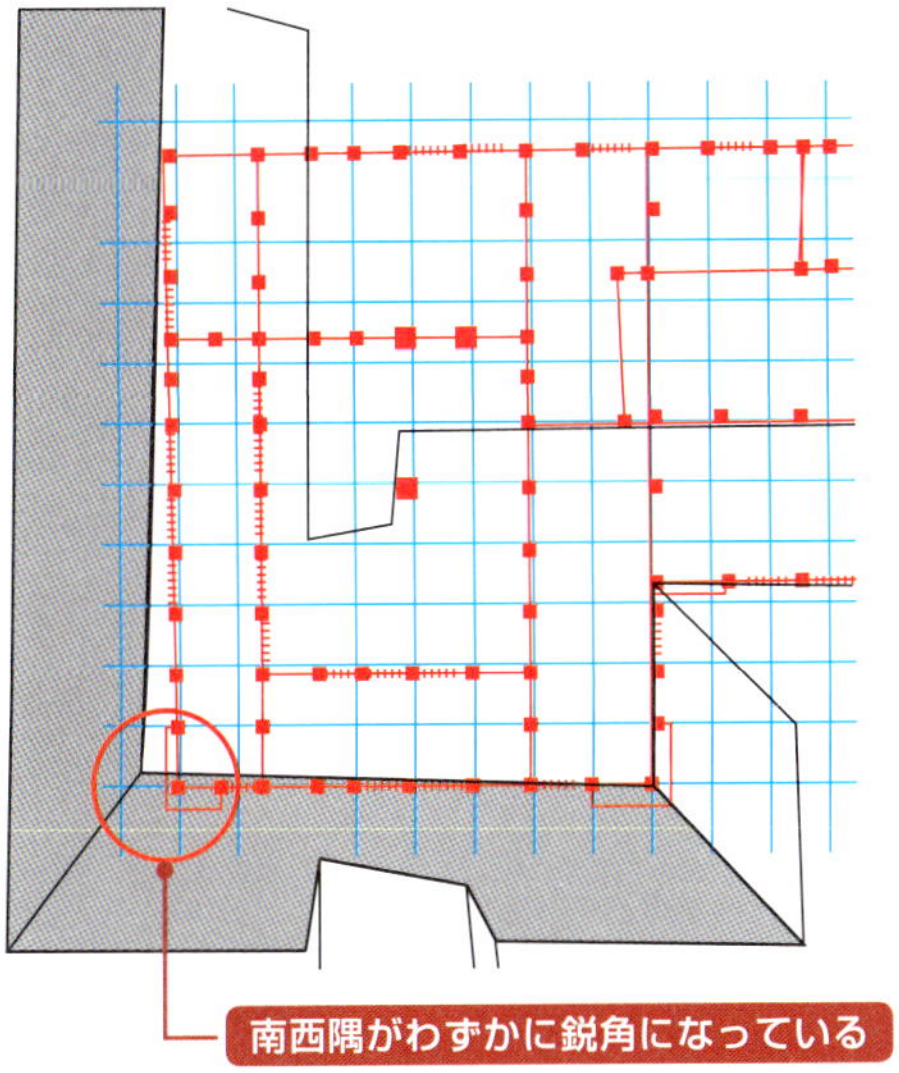

▶数寄屋丸五階櫓部分と数寄屋丸三階櫓部分では、下見板と白壁の比率が違っている。しかし、軒にも石垣にも下見板にも、どこにも段差はない。写真をよく見ると、数寄屋丸五階櫓の西側の軒が傾斜していることがわかる。

形状を割り出す 其九

南北で段差がつく屋根（小広間三階櫓）

▲軒の高さが南北で異なっていることがわかる。

【小広間三階櫓】

▲南から。

（長崎大学附属図書館蔵、部分）

▲北から。（2枚合成）

五階櫓では、平面が複雑で立体構成の把握に手間取っても、一つ糸口が見つかると、全体の形状がまとまりました。

小広間三階櫓は、平面も、古写真の外観も明快であるにも関わらず、一つの立体としてまとめるための糸口自体に、なかなかたどりつけなかった建物です。

◆　◆

古写真は南と北の両方向からの2枚があり、遠景の南面での軒線、破風の描き起こしから概略を掴み、北面の古写真で瓦列を数え、細かな寸法を割り出して総合させる手順をとりました。

ところが、南北の立面が全くかみ合わないのです。南の破風を写真通りに配置すると北の破風が納まらず、北を基準にすると南の破風が配置できません。いったい何が起こっているのか、すぐには理解できませんでした。南と北で全く違う建物に見えました。

解決の糸口は、今思えば単純なことでした。

二重目の屋根に、南北で段差がついていたのです。軒に線を引いてみると明らかですが、通常の重層建物の常識ではなかなか考えられないことから、写真をありのままに見ることができなかったのでした。角度の違う二つの石垣が一体になった二様《によう》の石垣上の櫓も、二つの建物が合わさった〝二様の櫓〟ともいうべき姿をしていたです。

形状を割り出す 其十

全体像を推定する（数寄屋丸櫓門）

写真で全体像が不明な建物も多く存在します。そのような場合は、石垣遺構と『御城内御絵図』の平面に『御城図』の外観を重ね、内部の床高や構造を想定し、写真に写っている一部や他の参考になる建物から肉付けし、全体像をより実像に近いと思われる姿に造形していきます。

▼『御天守方御間内之図』では『御城内御絵図』にない「二階上」があり、複雑な床面構成になっていたことがわかる（赤線が床面）。若干高さが高いのは木造復元された数寄屋丸二階御広間を基準にしているため。一連の建物なので影響はここまで及ぶ。

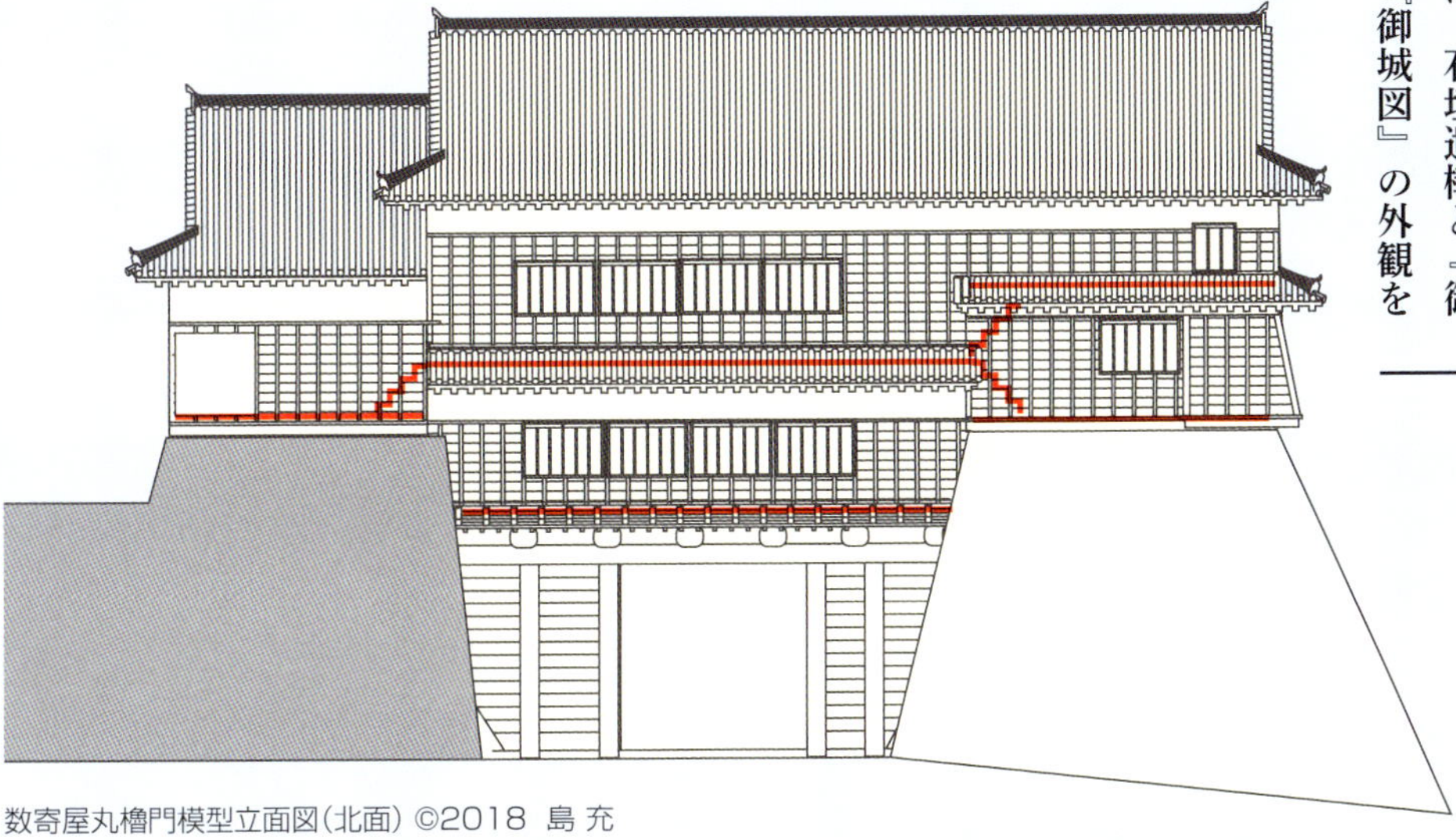

数寄屋丸櫓門模型立面図（北面）©2018 島 充

【御城図】

【御城内御絵図】

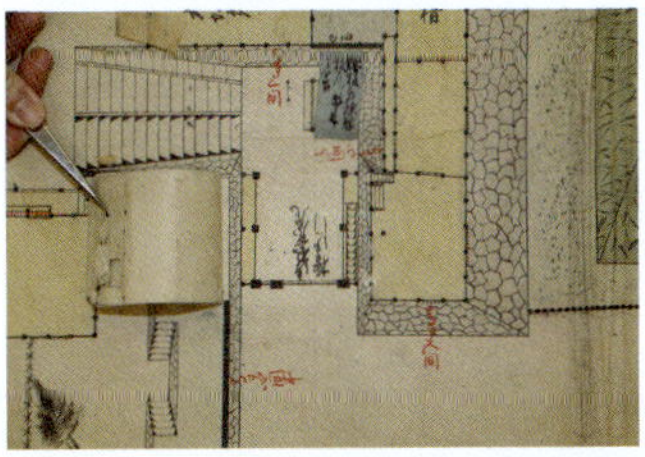

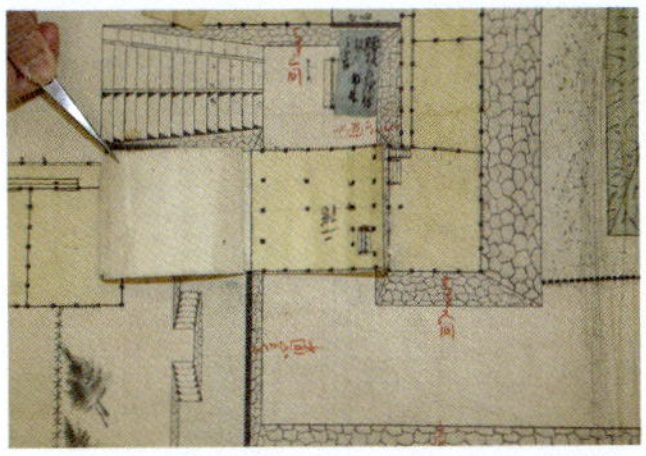

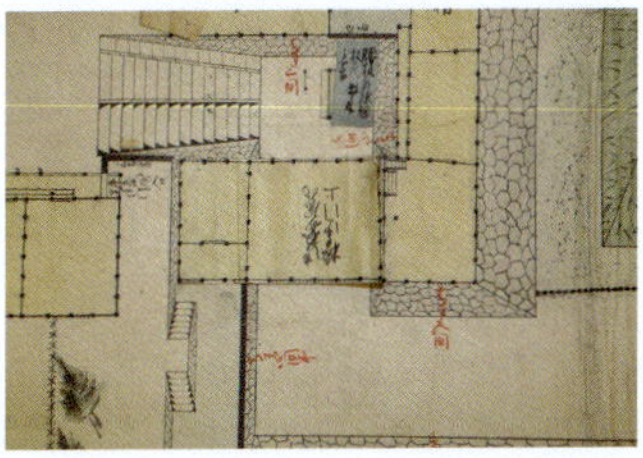

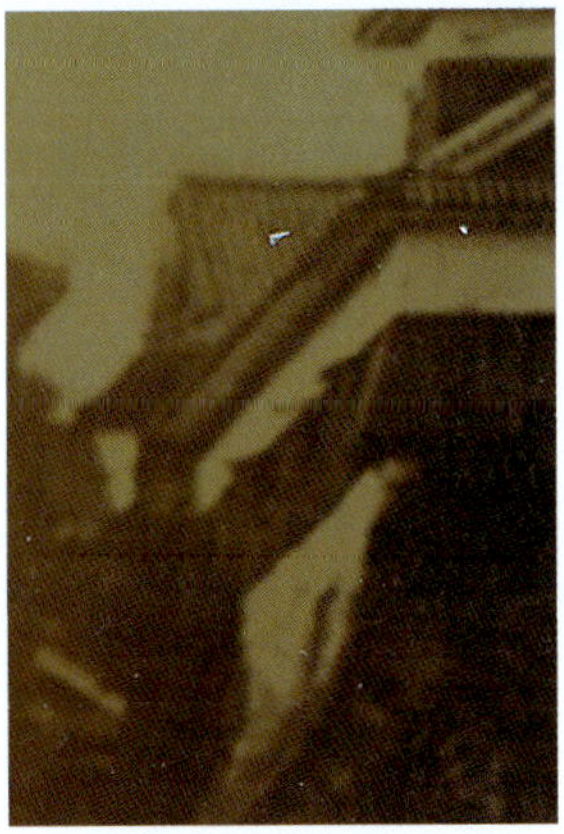

（長崎大学附属図書館蔵、部分）

数寄屋丸櫓門は古写真ではかろうじて二重になった軒が確認でき高さ関係の根拠になる。『御城内御絵図』に石落しは描かないが、石垣から張り出した影が見え『御城図』のとおり石落しがあったことがわかる。

形状を割り出す 其十二 三階門の姿に迫る

熊本城の特徴的な建築に三階門があります。門は石垣の間に設けられており、外からは見えにくく、写真は断片的なものしかありません。三階門全体がうかがえるものは唯一「耕作櫓門」のみです。しかし、北向きの門であるため、全体が影になっており、庇の高さや突上戸の様子がわかる程度です。門礎の発掘は耕作櫓門以外では行われておらず、柱位置の確定も絵図に頼りました。二の櫓門など石段の途中に開かれた門は、現状のままだと門扉が石段にぶつかってしまうため、絵図に従って門の位置だけ平地にするなど地面に変更を加えた箇所もあります。

◆　◆

三階門を造形するにあたっては、庇の位置が課題となりました。マンスフェルトが城を遠くから撮影した1枚に、突上戸が二段に開く三階門が写っているのを発見しました。それは二の丸の北側に開かれた「埋《うずみ》門《もん》」で、二重目の庇は三階の窓の直下に取り付いています。これは三階の床を支える床梁そのものを腕木とするか、もしくはその近辺から腕木を出して庇を支えているからであろうと思われました。

耕作櫓門の写真では、二階部分の壁面幅が広く、アンバランスに見えます。耕作櫓門の二階は本丸御殿一階の床面、三階部分は御天守廊下の床面となっており、この床の高さが庇の高さを決めているとすれば不均整な壁面の配分にも納得がいきます。

もう一点疑問となったのは庇の葺材です。耕作櫓門の写真を見ると、門の直上は板庇となっており、二重目の庇は瓦葺きになっていることがわかります。西櫓門の古写真を見ても門の直上は板庇です。現存する不開門は、城外側は板庇、城内側は瓦葺きとなっています。いっぽう『御城図』の外観では、すべての門の庇は瓦葺きに描かれています。さらにこの庇に垂木を描くものと描かないものがあることが気になりました。板庇には垂木がありませんから、「垂木を描くものが瓦葺で、描かないものが板庇」という解釈もできますが、古写真では板庇と確認できる西櫓門は垂木を描いており、かみ合いません。

◆　◆

今回の模型では、古写真からはっきりと様子がわかる耕作櫓門を根拠に、門の直上は板庇、二重目は瓦葺きとして造形しました。ただ、門によってはどちらとも瓦葺きである可能性もありますので、最も巨大な地蔵櫓門だけはすべて瓦葺として表現しました。この地蔵櫓門は脇石垣がとくに高く、建築としてのバランスを取ることが難しかったのですが、同じように門高が高く巨大な新三丁目門の古写真や復元建物である西出丸の大手門などを参考に造形しました。

他の門も、『御城内御絵図』の平面通りに窓を配置して設計しました。姿がはっきりわからないとはいえ、脇石垣の高さや接続する櫓の高さなど、周囲の状況は現実のかなり近似値をとっていますから、本物に近い外観イメージとなっていると思います。

（長崎大学附属図書館蔵、部分）

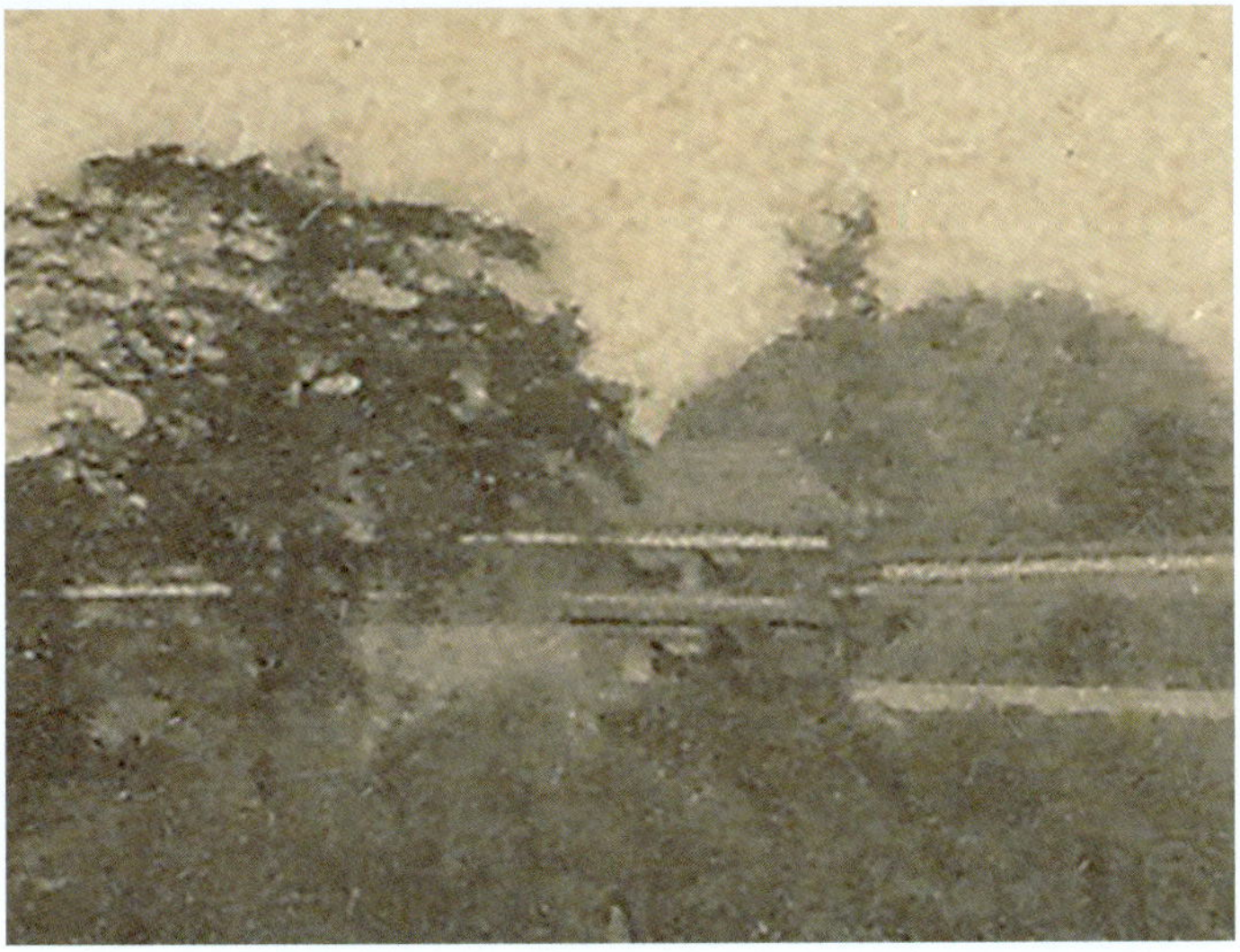

【埋門】

▲二の丸北部にある埋門。突上戸が二段に開き三階門であることがわかる。模型制作の考証中に発見したが、本丸以外で三階門を確認するのは初めてのことである。庇の位置から構造が推測できる。

【二の櫓門】

【地蔵櫓門の上部櫓】

数寄屋丸二階御広間が撤去されたため幸いにも写りこんだ地蔵櫓門の上部櫓。取り壊し痕が黒々としている。

【耕作櫓門】

▲耕作櫓御門の古写真。三階門の全貌をとらえた唯一の写真。門の上は板庇であり、二重目の庇は瓦葺きであることがわかる。発掘調査では幅 74cm におよぶ鏡柱の痕跡が確認されている。

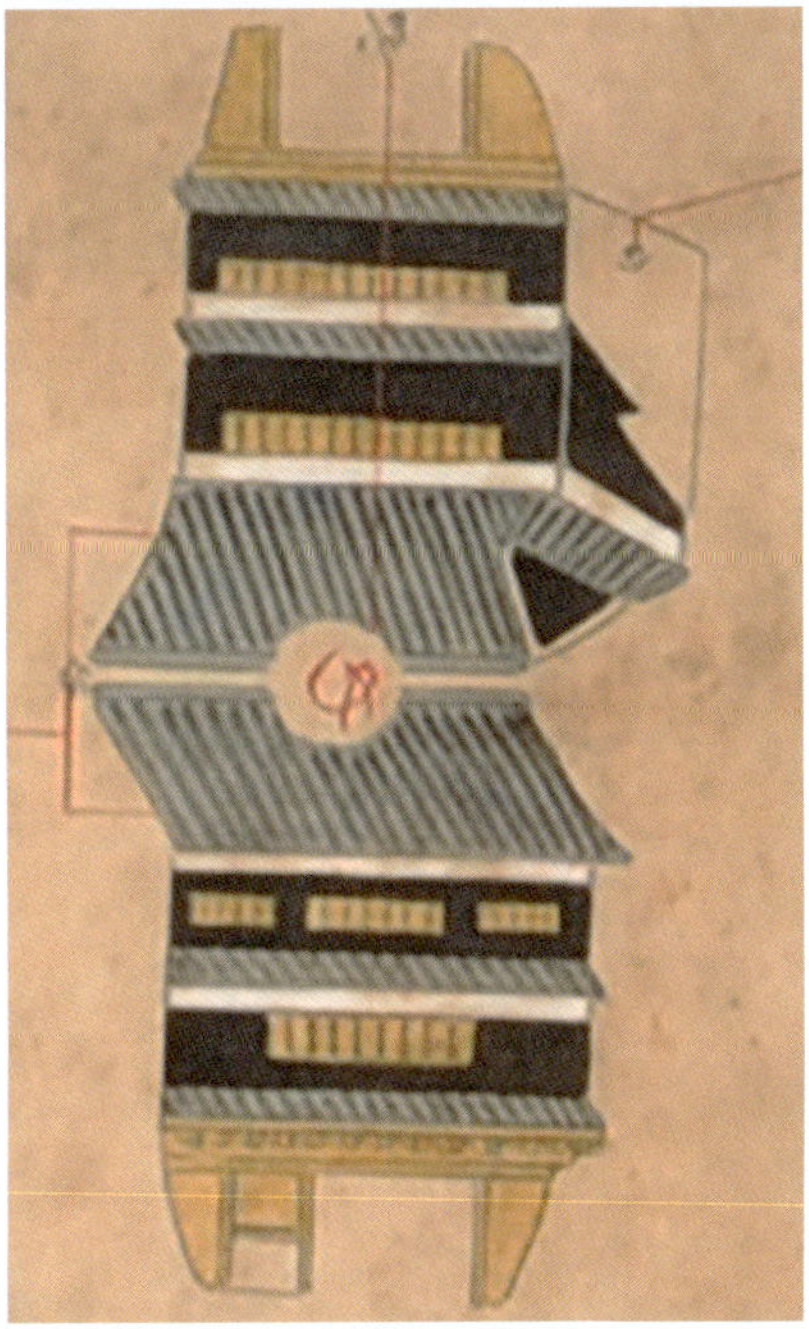

【地蔵櫓門】

▲『御城図』では門の庇の垂木の有無にばらつきがある。

形状を割り出す　其十二

複雑極まる立体交差（御天守廊下と耕作櫓門）

熊本城の本丸内では、石垣がつくり出す複雑な空間として南の連続枡形虎口（13頁）と小天守入口に至る石門周辺の空間（111頁）がある一方、建築がつくり出す最も複雑な空間として、耕作櫓門付近があります。耕作櫓門は一階が本丸御殿の床下通路の入口である「闇《くらが》り御門」へ向かう門であり、二階は「耕作之間」として本丸御殿の一画に取り込まれており、三階は「御天守廊下」となっていました。人の動線が三階分の高さにわたって立体交差する、ジャンクションのような建物です。この付近はあまりに複雑で、これまでその全貌がはっきりと示されたことはありませんでした。

この辺りを模型で造形するには、三階分の平面の重なりを、床の段差や階段の位置も含めて正確に把握する必要がありました。しかしながら、平面は『御天守方御間内之図』、『御城内御絵図』のどちらとも完全なものではなく、相互に補完する必要がありました。加えて『御城内御絵図』の原本ではこの辺りが欠損しており、写本も参照せねばなりません。遺構においては御天守廊下台と耕作櫓門の脇石垣は、明治の金峰山地震で崩落したため撤去されており、その正確な形状と高さがわかりません。また、古写真は、ごく断片的な情報しかありません。あらゆる資料の情報を重ねて形状を定めていく作業は、今回の模型制作の中でもっとも困難を極めました。

◆　◆

『御天守方御間内之図』には御天守廊下の東側に張り出しがあり、そこに「二階口」の書き込みがあります。これは、下階の松之間から上がってくる階段口になります。また、御天守廊下と耕作櫓門をつなぐ部屋に、南

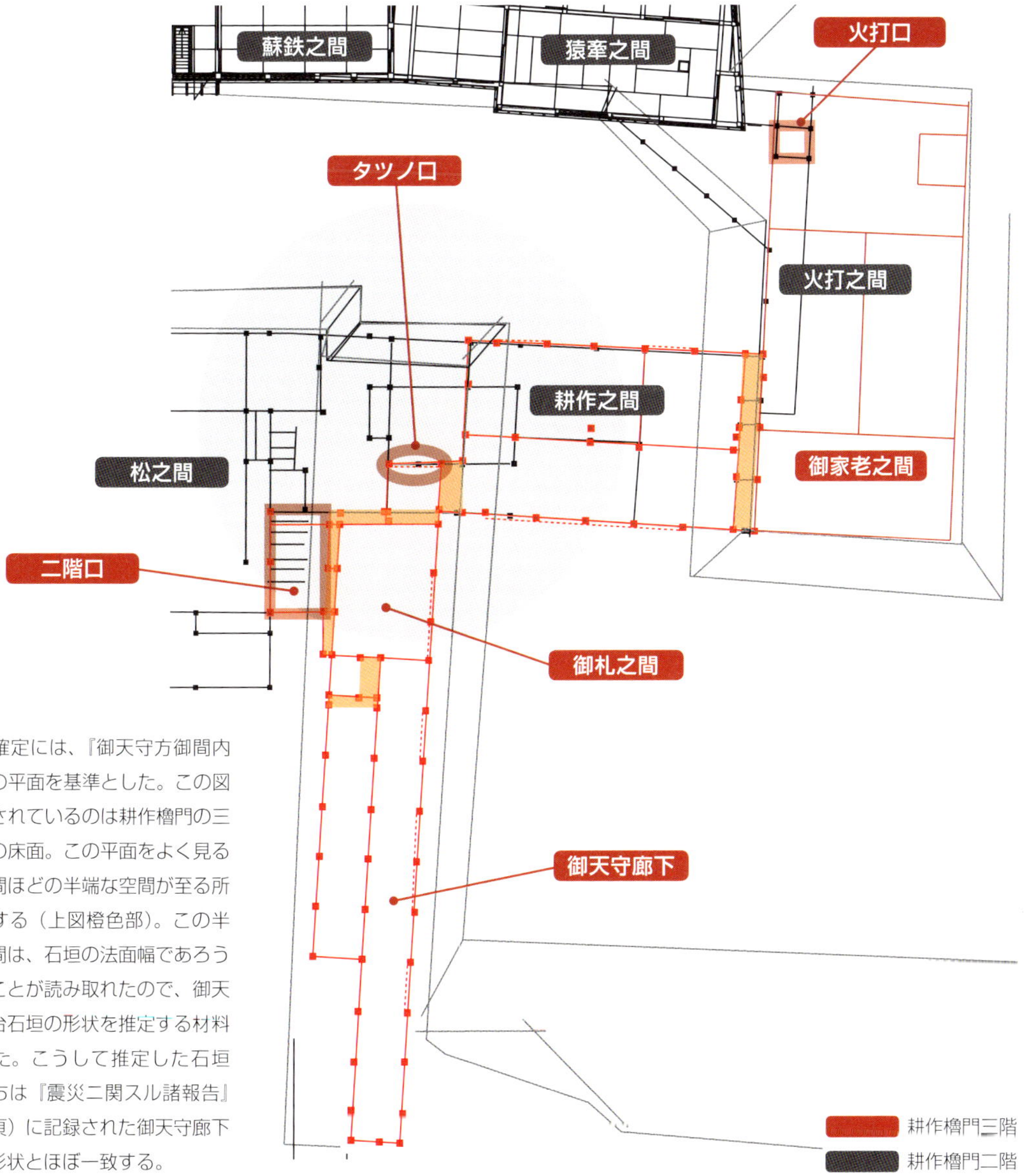

平面の確定には、『御天守方御間内之図』の平面を基準とした。この図に記録されているのは耕作櫓門の三階部分の床面。この平面をよく見ると、半間ほどの半端な空間が至る所に存在する（上図橙色部）。この半端な空間は、石垣の法面幅であろうということが読み取れたので、御天守廊下台石垣の形状を推定する材料となった。こうして推定した石垣のかたちは『震災二関スル諸報告』（123頁）に記録された御天守廊下石垣の形状とほぼ一致する。

向きに「タツノ口」、つまり突上戸の窓があります。この二階口の張り出しと窓は建物の形状を割り出す重要な鍵です。

次に耕作櫓門の二階部分の平面です。二階部分の絵図は『御城内御絵図』を参照します。耕作櫓門の二階は「耕作之間」として本丸御殿の一画となっており、本丸御殿一階の床と同一平面となります。大広間裏の松之間から、耕作之間を通り、細い火打之間《ひうちのま》を通り抜けると、猿牽《さるひき》之間《のま》から大広間の昭君之間《しょうくんのま》へとぐるりと一周できるようになっていました。火打之間は耕作櫓門の脇石垣内の細い通路で、途中に階段があり、これを昇ると御家老之間へ至ります。『御天守方御間内之図』に「火打口」とあるのは、この階段の口になります。

この周辺の模型化における難所は、松之間と御天守廊下と耕作櫓門の三つが接続する丸で示した区域です。

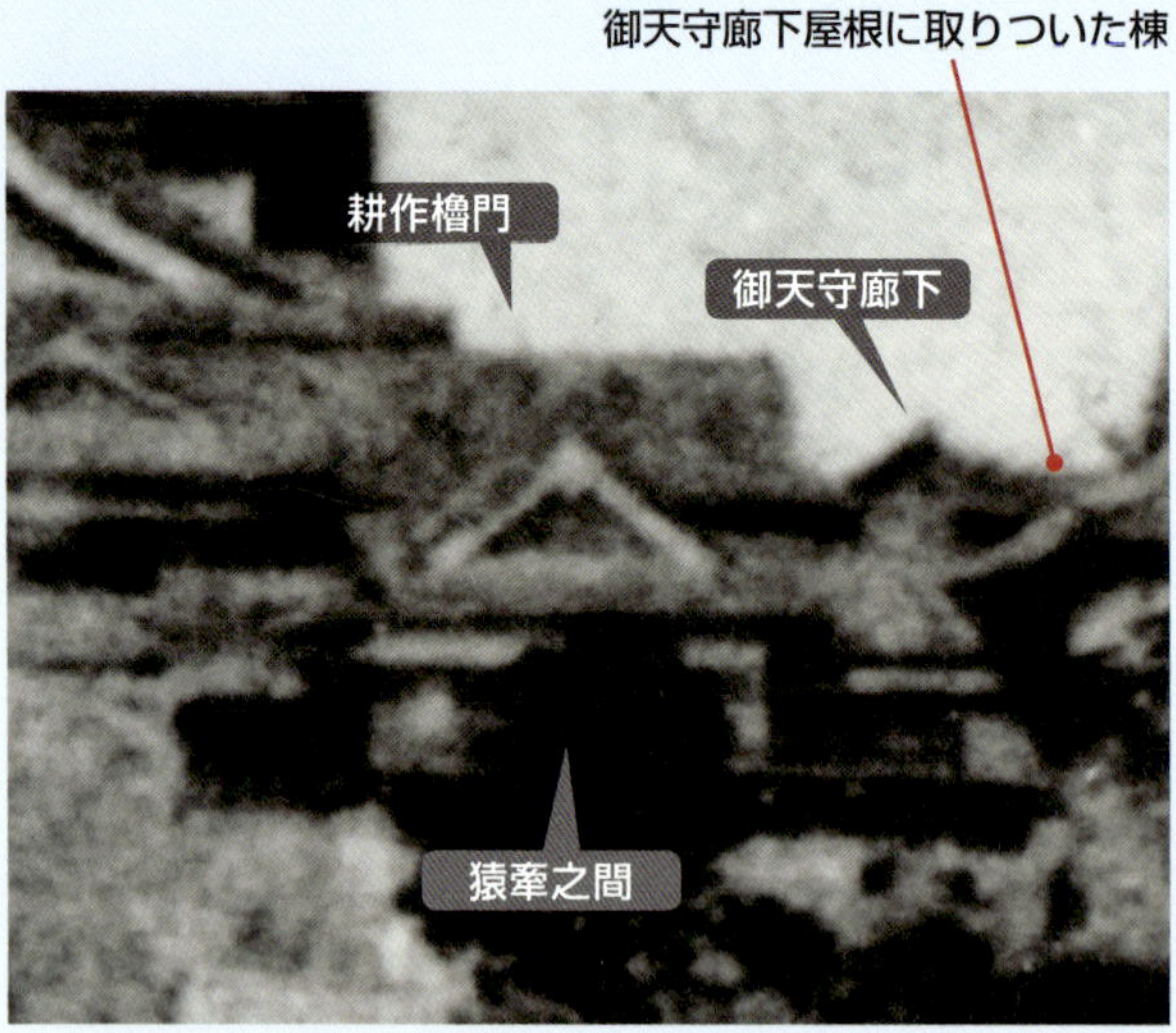

（長崎大学附属図書館蔵、部分）

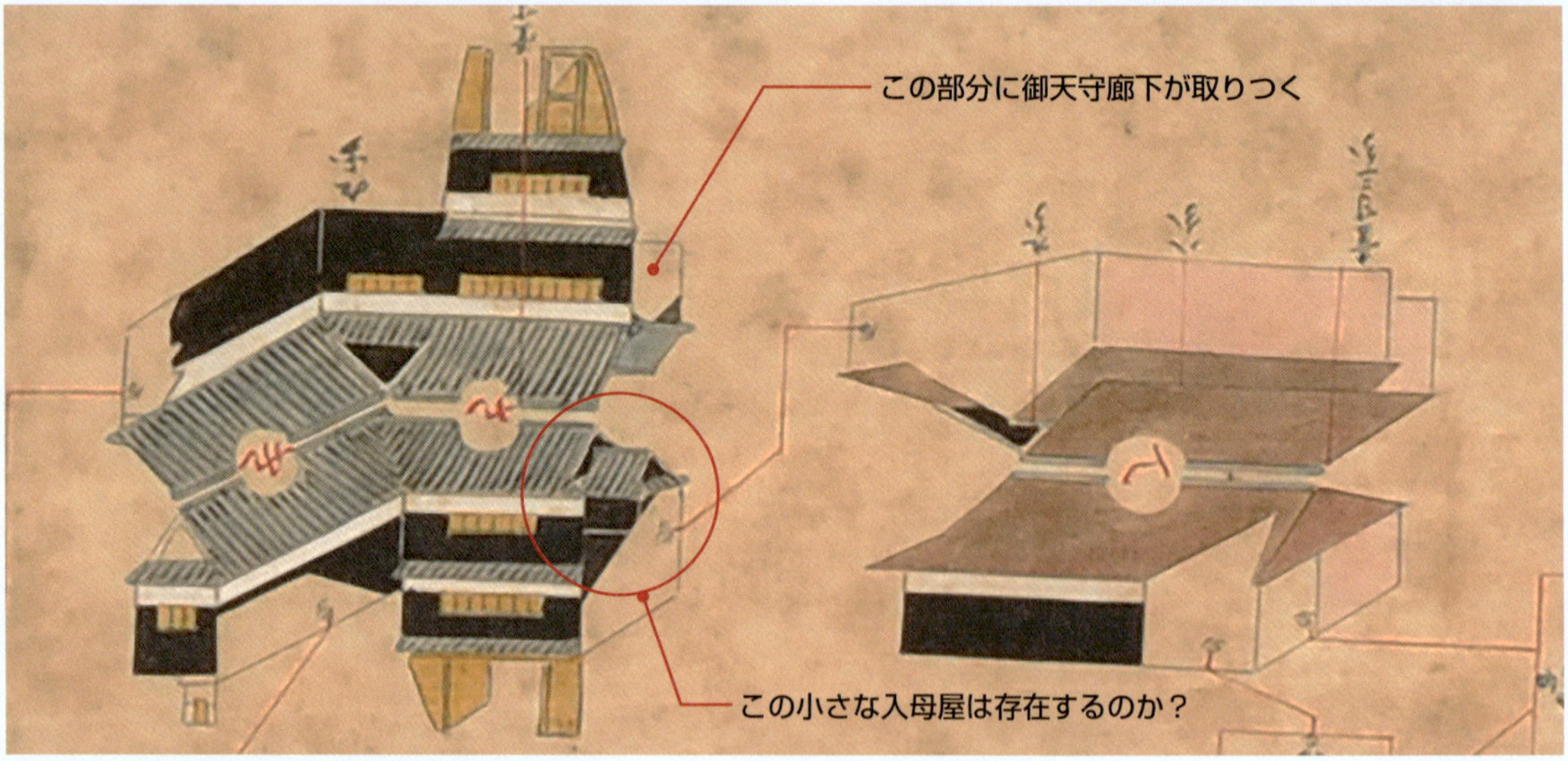

▲『御城図』の耕作櫓門と松之間の組み合わせ部分。

『御城図』では、耕作櫓門の側面に一段低い入母屋があり、その入母屋に取りつくかたちで北に御天守廊下、東に松之間と枝分かれしているように描かれています。

ところが、平面を見てみると、突上戸の「タツノ口」の窓が南に向かって設けられており、入母屋をのせる空間はないことがわかります。宇土櫓からの写真でも、耕作櫓門と御天守廊下の御札之間の屋根はお互いに直接つながりあっていて『御城図』のように入母屋を介していません。図面からも写真からも、『御城図』にある一段低い入母屋屋根が存在しないのは明らかでした。ではこの絵図に描かれた屋根はなんだったのでしょうか。

◆　◆

別の視点からの写真で探ってみましょう。『御城内御絵図』によると、御天守廊下は本丸上段の地表から二間の高さの石垣上に建っており、天守の次に高い場所にあります。そのため、南から望んだ時、屋根が遠くからも確認できます。この御天守廊下の屋根の隣に、小さな入母屋の影を発見しました。別の写真では御天守廊下の屋根に取りついた棟が見えます。平面と対照させると、この小さな入母屋は、御天守廊下の二

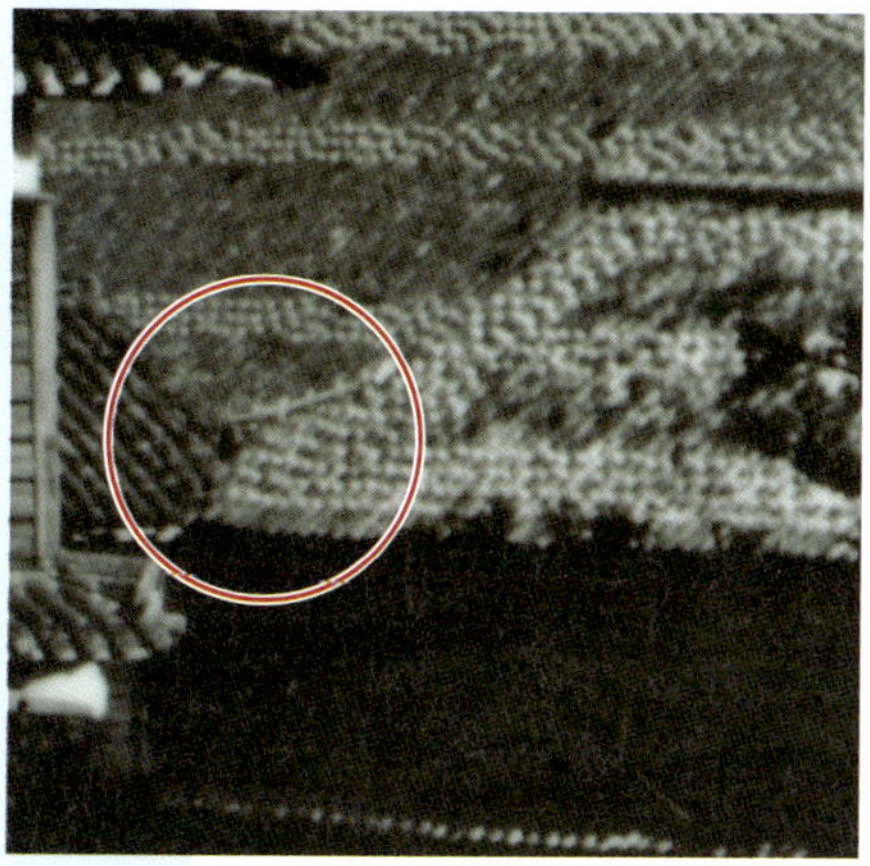

▲耕作櫓門と御札之間付近の接続状況。櫓門の隅棟の高さ、屋根がつくる谷を確認できる。背景の瓦は大広間の大屋根である。『御城図』に見える一段低い入母屋は、図が描く位置には確認できない。

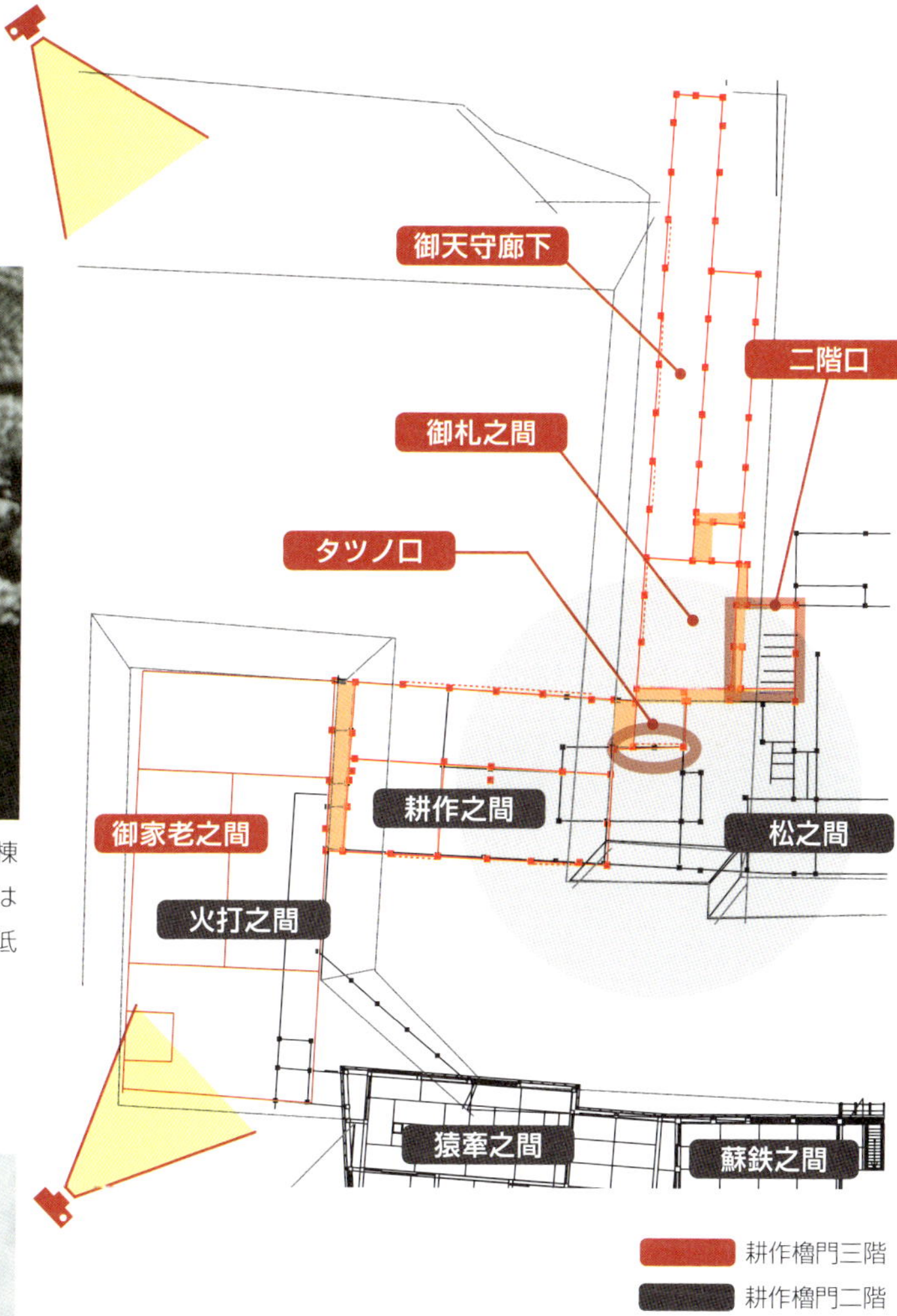

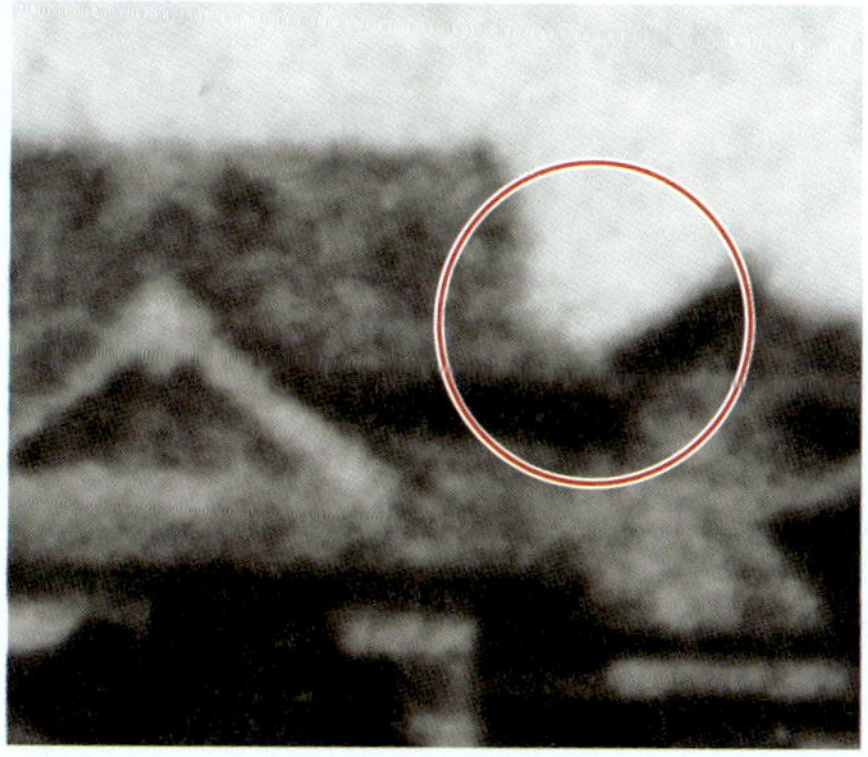

▲南から見た耕作櫓門の屋根。隅棟が見える。上の写真と比べると、隅棟の高さが低い。このことから、耕作櫓門の入母屋は、南北で隅棟の高さが異なる複雑な形状を呈していたことが推測できる。

階口の屋根であることが推定できます。

◆ ◆

つまり『御城図』が描いていた一段低い入母屋は、耕作櫓門から少し離れた、御天守廊下に取りついていた二階口の入母屋をおおざっぱに記入したものであることがわかりました。

また、耕作櫓門の屋根を写真でくわしく見てみると、隅棟の高さが南北で異なっているようです。これを模型に落し込んでいくと、耕作櫓門の屋根は、「タツノ口」がある小部屋部分の屋根を設けるために、段差をつけて変形させた入母屋である可能性が高いことがわかりました。

終わりなき探求の積み重ねを

断片的な資料がすべてかみ合うかたちで模型化した耕作櫓門と御天守廊下がつくりだす立体交差をご覧ください。とても一度に設計したとは思えない複雑な形状となりました。

御天守廊下の石垣跡の発掘では、石垣自体に増改築が繰り返された痕跡が見つかっています。耕作櫓門と本丸御殿、御天守廊下の複雑な組み合わせは内部の利便性を改良していく中で少しずつつくり上げられていったのかもしれません。

ただし、この模型の納め方に問題がないわけではありません。松之間方面とのつながりにおいて、屋根を大きく葺きおろすため、この部分では軒高が八尺（2・4ｍ）しか取れていません。松之間はもともと檜皮《ひわだ》か柿《こけら》であったろうことから、屋根勾配を五寸と緩めに設定してもこの軒高となります。内部は松之間の上段からつながっているため、この軒高だと通行が困難になります。松之間の入母屋の妻側屋根をそのまま庇状に葺き下ろすこともできるかもしれません。

南に向かって開いた「タツノ口」を確保しつつ屋根の雨仕舞を考慮し、『御城図』の外観、古写真の見え方を総合し反映させた一例です。

◆　◆

この章では、古絵図と古写真から建物の立体形状を読み解く方法を見てきました。熊本城本丸を模型で再現しようとすると、制作に取り掛かる前にこれだけのことをはっきりさせておかねばならないのです。すでに復元された建物にも再検証を加えています。立体である建物を、同じ立体である模型に写し取ろうとすると、さまざまな発見があります。

今回は、建物をあくまで1／150の造形物として捉えて資料と向き合いましたが、実際の建築物として建てる目的のもとに各分野の専門家が協力して解析すると、さらに大きな発見があることでしょう。

失われた建物を元の姿に戻すことを「復元」といいます。模型化のために建物の形状を割り出していく作業も復元考証の一種であるかもしれません。実際に自分で石垣遺構と絵図、古写真を読み解いていく中で、完璧な復元は不可能だと痛感しました。どれだけ鮮明な写真があっても、死角は推定を交える必要があります。前提とする資料の読み解きに誤りがある可能性もあります。たとえば、元硫黄櫓は、造形時には画素の粗い写真を資料としたため、石落しは戸袋型としました。ところが、模型の完成後に鮮明な写真を見たところ、袴腰型の石落しであったようです。小広間上三階櫓も、全体の基本構成は明らかにできたと思いますが、南側の千鳥破風は古写真通りの形状を実現できていません。

昭和から平成にかけて、日本各地で城郭建築が復元されました。復元、再建された建物と古写真に相違点があった場合に、不満を感じることがありました。それは、復元が、間違いなくただ一つの真実の姿に戻すべき行為であり、失われた建物がふたたびよみがえったのだ、との思い込みから生まれていたような気がします。現実には、復元建物はいくつもある可能性の中の一つであったり、現行法規との関係から実施時に変更が加えられたりすることもあります。「原寸大で復元」、遺跡の場合は「原寸大模型の屋外展示」という表現が使われることもあるように、復元建物は失われた建物とは物理的に全く別の原寸大の立体資料なのです。復元時に多くの人が尽くした仕事に目を向けると、復元という思考が、限られた資料から全体像を追い求めていく探求の過程であることがわかります。

むしろ考慮すべきは、復元整備が完了すると、一つの成果がかたちとしてあらわれるため、その建物への探求が終わってしまうことです。復元考証をいったん終えた建物についても、引き続き知見を積み重ねていかねばならないとの思いを強くします。

いま、学問としての「復元学」の可能性が提示されています。その社会性を確立するために❶復元過程の明示、❷復元原案と実施案の区別、❸復元整備における複数案の意義、❹復元に対する批判的検討、などが必要な項目として挙げられています。（海野聡『古建築を復元する　過去と現在の架け橋』、吉川弘文館）

復元とは、終わりのない知見の積み重ねなのです。

コラム❷

被写体の特定は難しい

古写真を資料とするには、その被写体が何であるかをはっきりさせる必要があります。古写真は画像が粗いものもあり、遠近感がつぶれていたり、影と樹木が判然としなかったり、景色自体が現状とかけ離れていて、撮影場所を特定するのも難しいことがあります。

被写体の特定がいかに難しいかを思い知った例があります。岡山城本丸を縮尺1／300で制作した時のことです。かつて、本丸の南東には旗櫓と宍粟《しそう》櫓の二つの櫓が兄弟のように並んでいました。これらの櫓を写したとされる古写真があります。ところがこの写真の櫓の姿は、信憑性の高い古絵図の外観と明らかに異なっていることから、研究者からは改修が加えられた可能性が指摘されていました。

模型制作のために改めてこの古写真をくわしく見てみると、天守との位置関係、周囲の様子、櫓の並び方が、実際の本丸の状況とは違うことに気がつきました。そこでより広範囲の縄張図や航空写真と対応させてその撮影方向を検討してみると……これは二の丸の伊木長門屋敷内櫓と池田主税屋敷内櫓である可能性が高いという結論に至りました。長年、この写真は旗櫓と宍粟櫓だと信じられていたので、被写体自体が全く違うとなるならば、付随してきた研究は振り出しに戻ってしまいます。

古写真の解析においては、先入観を排除して被写体を特定することが重要なのです。

（山川出版社『レンズが撮らえた 幕末日本の城』172 頁収録）

岡山城二の丸の池田主税屋敷内櫓（左）と伊木長門屋敷内櫓（右）の古写真。長らく宍粟櫓と旗櫓とされてきた。水面は内堀ではなく旭川であり、石垣の屈曲や天守の見え方も旭川中州からの眺めに一致する。宍粟櫓と旗櫓は屋根が土塀の奥に並んで覗いている。

旗櫓・宍粟櫓越しに本丸上段を望む。
寛保期岡山城本丸模型　縮尺1/300　2018年 岡山寺蔵

制作記

のこころと技～

熊本城を模型化したいという思いは以前からありましたが、
私はこれにずっと尻込みをしつづけてきました。
それは目の前の熊本城があまりにも壮大で、なおかつ、複雑、特殊、怪奇な、
そして完成された空間を持っていて、
いまさらながらこれを自分の手で縮小しても、
そこにその魅力を写し取ることは到底できるまい、と思われたからです。

模型には写し取るモデルが存在しますから、
モデル自体の力が大きければ大きいほど、実物を鑑賞した方が
よほど大きな心の揺らぎを得ることができるのであって、
わざわざこれを再現するには勇気を要します。

自分のつくる模型は「縮小」物ではなく「再現」物でありたいとの
思いがあります。単にそのまま小さくしたのならば、
本物に勝ることなどできるはずがありません。
今、再び、現す。すでにあるものをもう一度、わざわざかたちにする。
その営みの中に、新たな価値なり発見、
もしくはモデルにはない力といった上積みがあってこその作品制作です。
モデルを写しつつも、モデルとは異なる模型そのものの魅力、
これを引き出すことができると確信しない限り、
私の手はなかなか動き始めません。モデルに限りなく近づきたい、
という思いと、限りなく実物に接近してしまうと、
見る人に驚き以上のものを与え得ないという事実の狭間に、私は迷います。

（上）千葉城から見た東竹の丸越しに見た本丸（長崎大学附属図書館蔵）
（下）同一視点模型写真

縮尺は遠近感

模型再現技法 其一 縮尺を決める

模型づくりは縮尺の決定から始まります。

模型の再現度を左右する屋根の造形で考えてみましょう。日本建築の本瓦葺きの屋根に使われる丸瓦は、標準的な大きさで五寸、およそ150㎜です。これは縮尺1／100だと1・5㎜、1／300で0・5㎜とだんだん細くなっていきます。入手できる模型材料で最も細い丸棒が0・3㎜ですから、1／500より小さな模型では、屋根瓦を表現できなくなります。

宇土櫓を1／100で制作した際には、鬼瓦一つひとつの形状の違いはもちろん、軒丸瓦の文様まで造形として再現することができました。宇土櫓の軒丸瓦は、加藤時代の桔梗紋、細川時代の九曜紋、火除けの巴紋の3種類が混在していることが知られていますが、この違いまで表現できました。

建物が小さくなっていけば、より広域を切り取ることができますので、城郭の全域を再現するとなると、小さい縮尺を選ぶことになります。

豊臣大坂城の二の丸まで含めた主郭部全域模型を制作したときには、本丸の縮尺が1／1250、二の丸以下は一回り小さく表現して60㎝四方に納めました。ここまで小さくなると天守は指先に乗るくらいの大きさで、当然屋根瓦は表現できず、建物の造形も、記号化する必要が出てきます。

◆ ◆

縮尺はどこまで見えるかという解像度であり、遠近です。縮尺が小さいほど遠景になる。その建築を遠くから見るとどう見えるか、近くから見るとどう見えるか、その違いを表現し分けることなのです。寛保期岡山城本丸模型は縮尺1／300。垂木の表現は可能であるにもかかわらず、あえてこれをつくりませんでした。それは模型を見る人の視点との距離感を考慮すると、垂木があることでかえって情報過多となり、不自然に見えてしまうと判断したからです。

◆ ◆

一つの建物をできるだけ細部まで再現したい場合は縮尺を大きくし、一つひとつの建物よりも全体像を見たい場合は縮尺を小さくするということがいえるでしょう。

全域模型の場合、通常では1／300や1／500を選択することが多いのですが、本書の目的は「古写真の熊本城を再現する」ことですから、瓦や垂木、下見板や窓、破風に至るまでのかなり細かい造形に加え、屋根瓦の色むらなど迫真性のある彩色を実現できることが条件となります。その条件を満たす過去の制作事例で考えると1／100ですが、本丸全域模型となると全体の大きさが問題となります。熊本城の本丸はおよそ370m四方の区域で、換算した大きさを考えただけで気が遠くなります。

最終的に決定した縮尺は1／150。鉄道模型でNゲージスケールとして広く楽しまれている縮尺でもあります。一尺が303㎜ですから計算もしやすく、建物の造形密度、全体の大きさ、作業スペースの最大値を考慮して私が工作可能な限界のサイズだと考えての始動でしたが、経験のない破格の構想であることに変わりはありません。

【豊臣大坂城模型】
◉ 2017年 制作（個人蔵）

【寛保期岡山城本丸模型】
◉ 2018年 制作（岡山寺蔵）

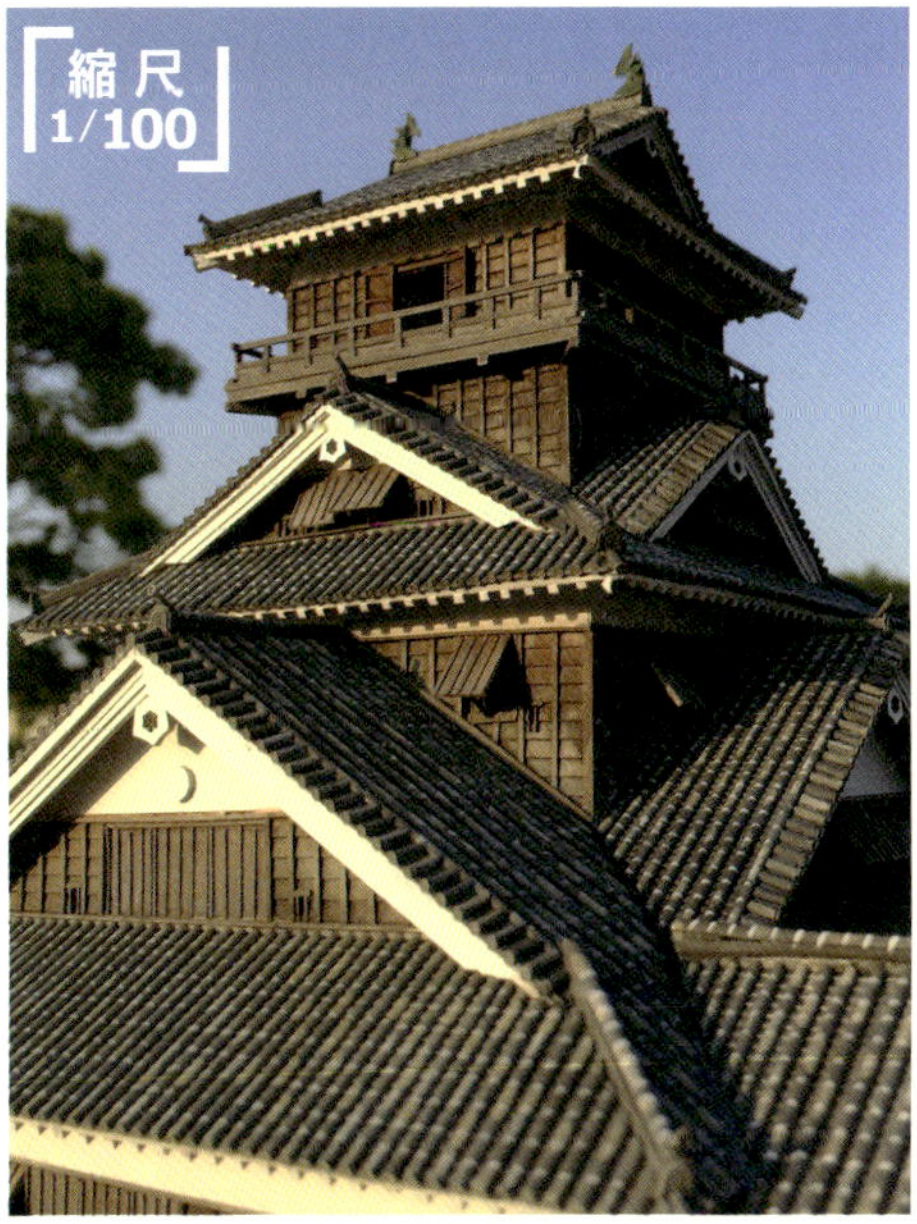

【熊本城宇土櫓模型】
◉ 2017年 制作（熊本市蔵）

御裏五階櫓制作日数

●考証 ＋ 作図	7日
●建物制作	5日
●彩色仕上げ	1日
合計 13日（約2週間）	

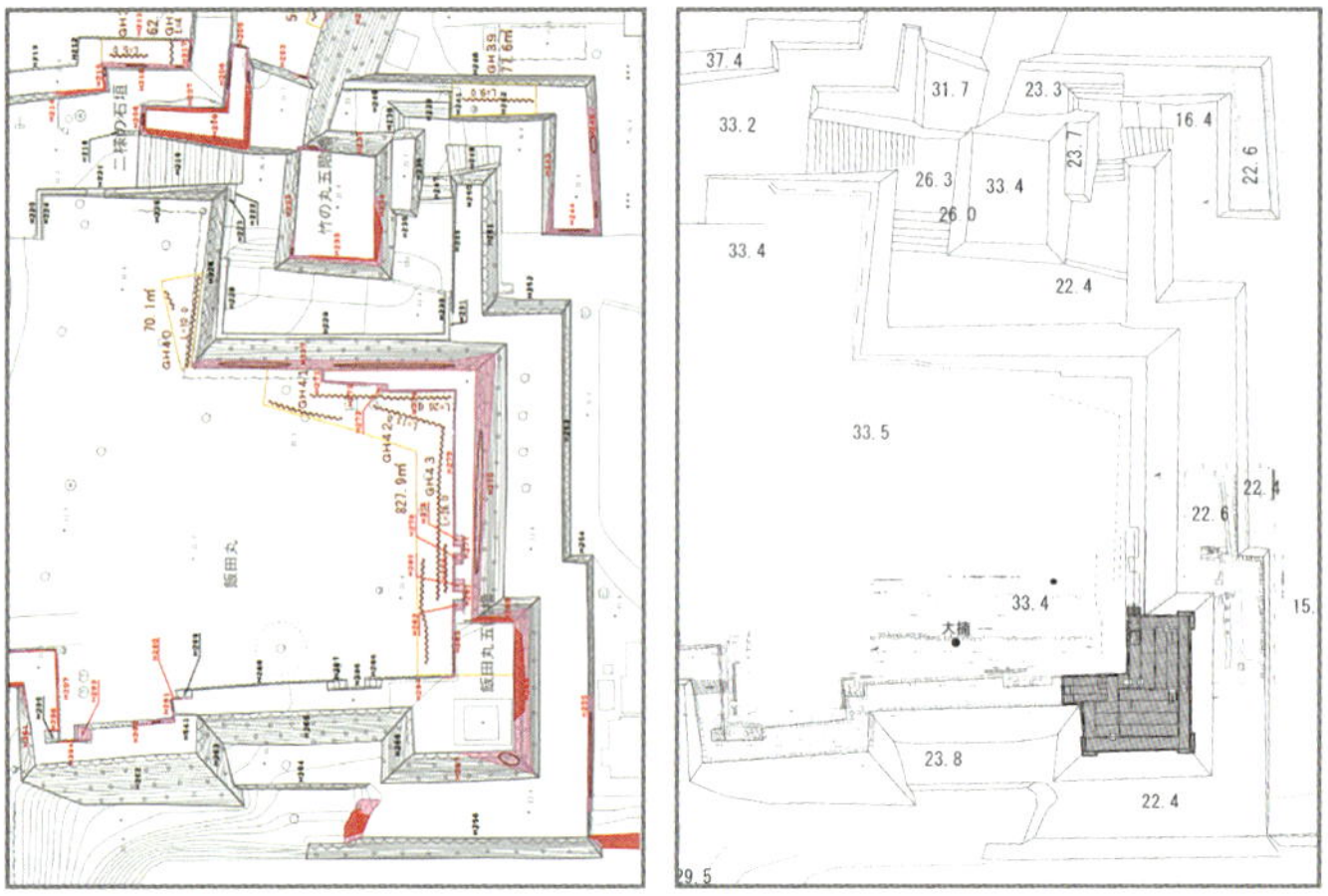

▶元となった測量図（左）と模型用描き起こし図（右）模型用地形図には復元された建物の平面や発掘調査のデータも読み込んでいる。

資料は熊本城調査研究センターのHP「刊行物」内に報告書が多数公開されている。

プランと地形測量図

縮尺を決定すると模型設計と作業工程を構想します。

熊本城の場合、現存している建物はほんの数棟で、本丸内の大部分の建築は、その痕跡である石垣のみという現状です。失われたすべての建物の形状割り出し（第2章で解説）にかかる時間と模型制作に要する時間の目安として、プライベートでつくっていた御裏五階櫓を参考にしました。この一つの櫓で制作時間は13日。大掴みにその20倍の作業量として、13日×20＝260日。約八か月という目算でした。私は厳密な工程表をつくることはしません。建物と向き合い制作を進める中で、どんなことが起きるか予想がつかないからです。制作の中で当初は予想もしていなかった謎が出てくることもあり、一か所でも結論を出せない部分があると制作が止まってしまうこともよくあります。予定にとらわれるとかえってストレスとなり、満足のいく作品づくりができません。

熊本城は最終的に考証に三か月、制作に八か月の合計およそ一年を費やしました。制作は毎回、暗中模索からのスタートです。

具体的な作業の最初の一歩は地形の正確な把握に始まります。石垣遺構の測量図を模型の原寸データとして描き起こし、発掘調査の資料も読み込んでいきます。本丸の地形図は、熊本城総合事務所ならびに熊本城調査研究センター発行の『特別史跡熊本城跡　平成二十八年熊本地震被害調査報告書』で使われている測量図をもとに作図しました。この測量図がおそらく最新かつ正確であると見えました。本丸内で行われた発掘調査の遺構平面を重ねても、かなりの精度で一致します。標高値も細かく記録されています。

模型再現技法 其三 模型の分割

『御城図』の平面分割(右)と著者制作模型の分割(左)の比較。

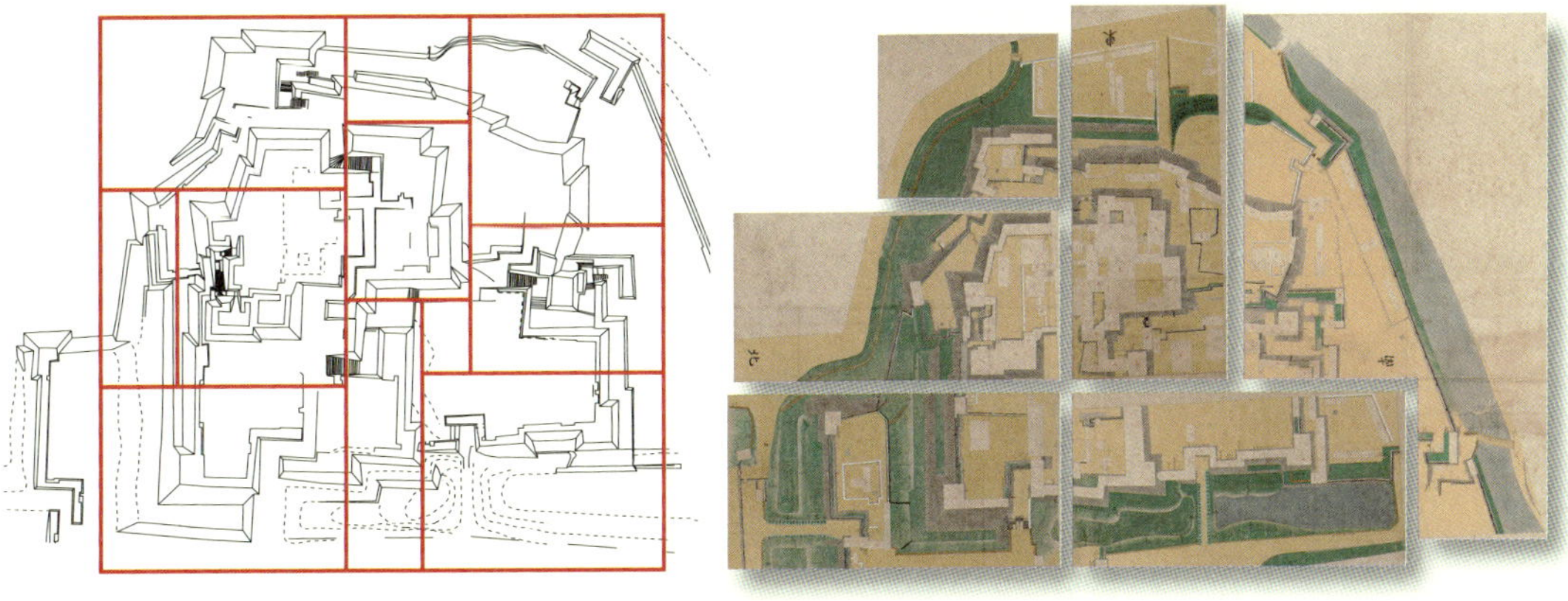

1/150と1/300と縮尺が違うため、著者模型のほうが分割数は多いが、基本分割の発想がよく似ている。御城図では数寄屋丸二階御広間などが分断されるが、著者模型では建物の分断をできる限り避けている。

▼分割にしたがって模型の木製ベースを作成した。

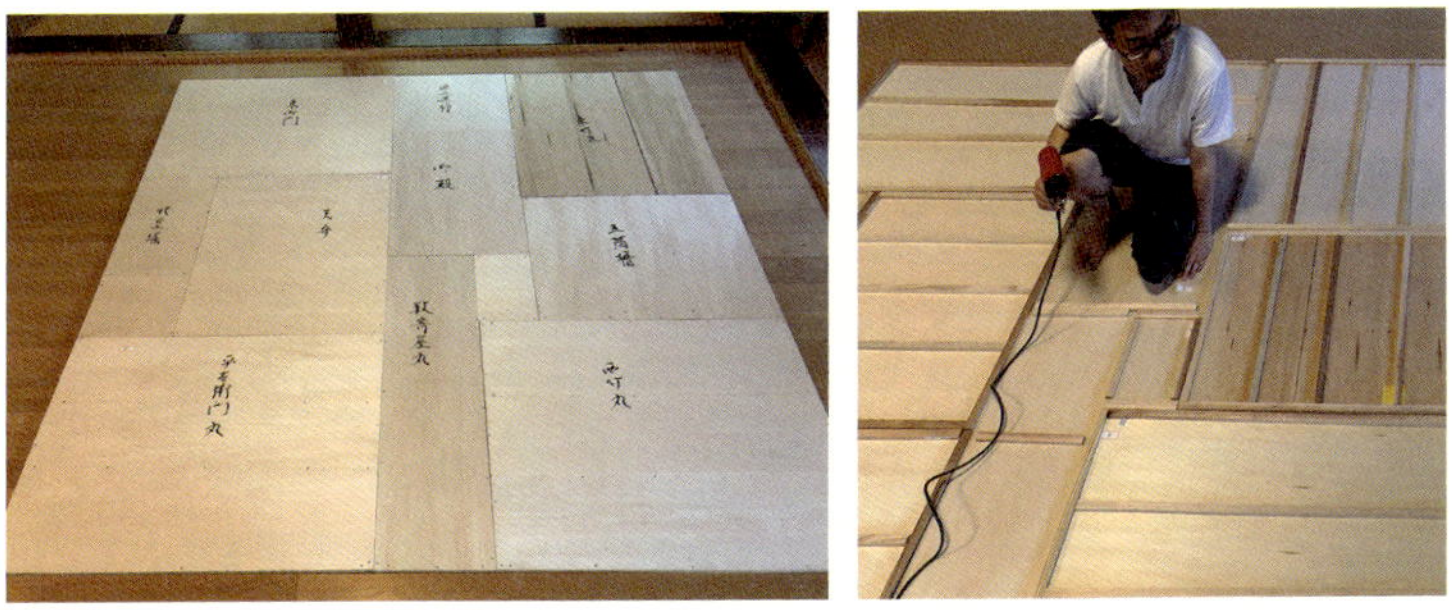

御城図との一致

パソコンで描き起こした測量図を模型原寸図とし全体の分割を決めました。分割せねば手の届かない中央部分の工作ができないという理由もありますが、90cm以上の幅があると搬出、搬入ができない場合があるからです。以前、1mに及ぶ模型を制作したときは、あと1cm大きければ展示場所に入れることができませんでした。ちなみに現代の住宅の扉幅は75cmから83cmほどが一般的で、個人向けの作品ではこの幅が一つの目安になります。

分割するとなると最も気を使うのが、どのように分割すれば一番目立たないかということです。石垣も石垣上の建物も途中で切断されてしまうのは避けたい。どうしても建物が切断される場合は建物どうしの接続点であったり屈曲した場所であったり、つなぎ目ができるだけ目立たない箇所を分割線が通るようにせねばなりません。この段階では考証が進んでおらず、地形とおぼろげな建物の全体像をもとに考え抜いた分割は結果的に11ブロックとなりました。

この分割の発想が『御城図』の分割法ととても良く似ていることに気づいたのは模型制作も終盤に差し掛かった頃でした。『御城図』が模型図面であるという意識が当初は薄かったこともあり、分割決定時には全く参照していなかったのですが、今になって、江戸時代にも自分と同じように分割に頭をひねった木型の設計者がいたことを思わされます。

いまだ全体像がはっきりしない段階で行わなければならなかった模型の分割が、最後まで制作になに一つ悪影響を及ぼさなかったのは、この分け方が一つの正解であったということでしょう。

▲カッターナイフでの石垣面粗削り。

▲A４用紙 108 枚を張り合わせた地形原寸図。

▲地形作成には大量の建築用断熱材を使用する。

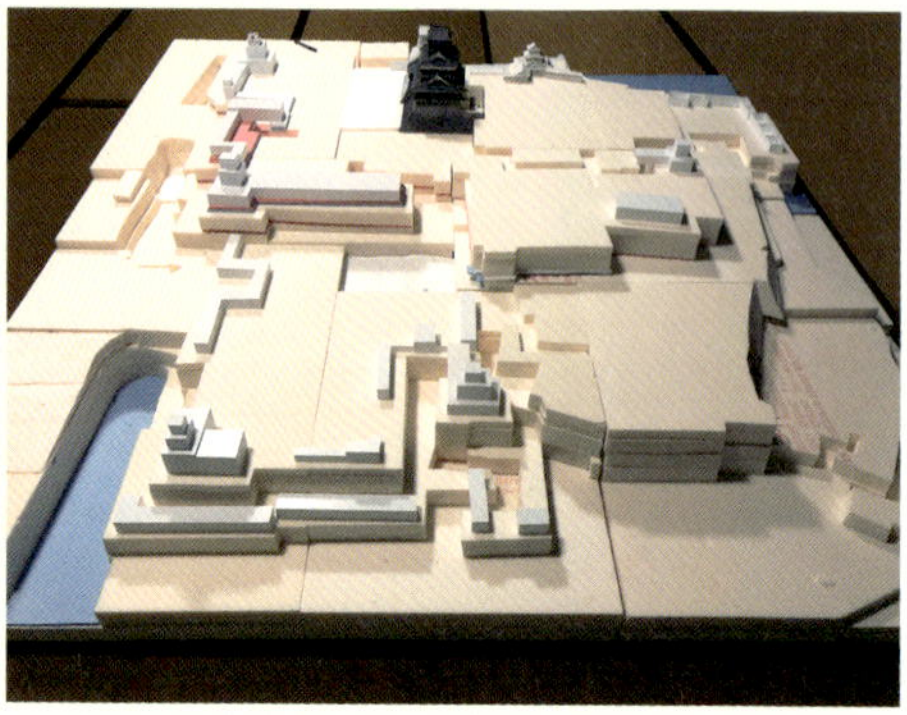
▲標高差をつけた段差の完成。

図❶

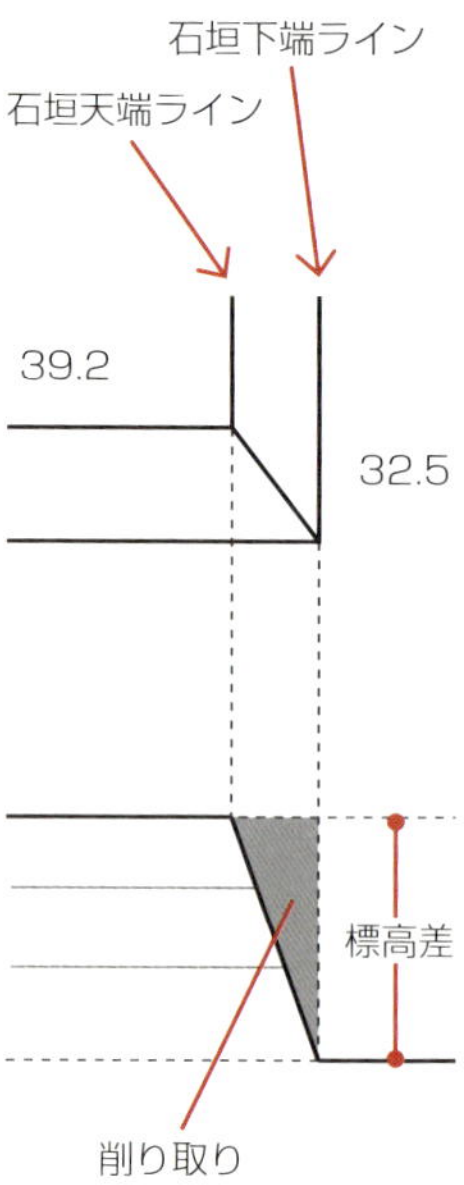

標高差をつけた段差をつくるのが地形づくりの第一歩。

空間の基盤

模型の分割が決まると建物の考証作業と並行して石垣と地形の造形を始めました。作成した模型原寸データを出力します。印刷されたデータはA４用紙１０８枚。これを貼り合わせた原寸図が模型の土台となる地形を起こす設計図です。

◆ ◆

ここで石垣の造形法に触れておきます。石垣をつくるときに測量図から読み取るのは

(1) 標高差
(2) 石垣天端ライン
(3) 石垣下端ライン

の3点です。

測量図と実際の石垣の関係は（図❶）のようになっていますので、まず石垣の下端ラインを垂直に立ち上げたかたちで標高差を取った段差をつくります。次に石垣天端ラインと下端ラインと結ぶかたちで斜めに削り取ると石垣の引き渡し勾配となります。この勾配に反りをつければ石垣の芯となります。

◆ ◆

建築用の断熱材に原寸図を置き、線に沿って直接カッターの刃を入れて切り出していきます。これを積層接着して、標高値を１／１５０に換算した高さに揃えていきます。今回の模型では土台となる木製ベースの上面を標高０ｍとしました。最高地の本丸上段は標高50ｍ、模型では高さ33・３㎝となります。

次に石垣天端ラインを取り、石垣下端と結んで斜めに削り取っていくのですが、ここですべての石垣を図面通りに切り出さないように注意します。別に制作した櫓をのせた時に誤差があると、ぴったりとかみ合わないことになります。天端ラインは櫓ができたあとに、櫓の外形を定規として最終ラインを決定する方法で石垣と建物が一致するようにしました。

◆ ◆

熊本城の石垣は隅石を鋭角に尖らせた鉈褄《なたづま》の意匠が印象的。模型では隅石部分は石粉粘土で再現する。（四間櫓石垣　著者撮影）

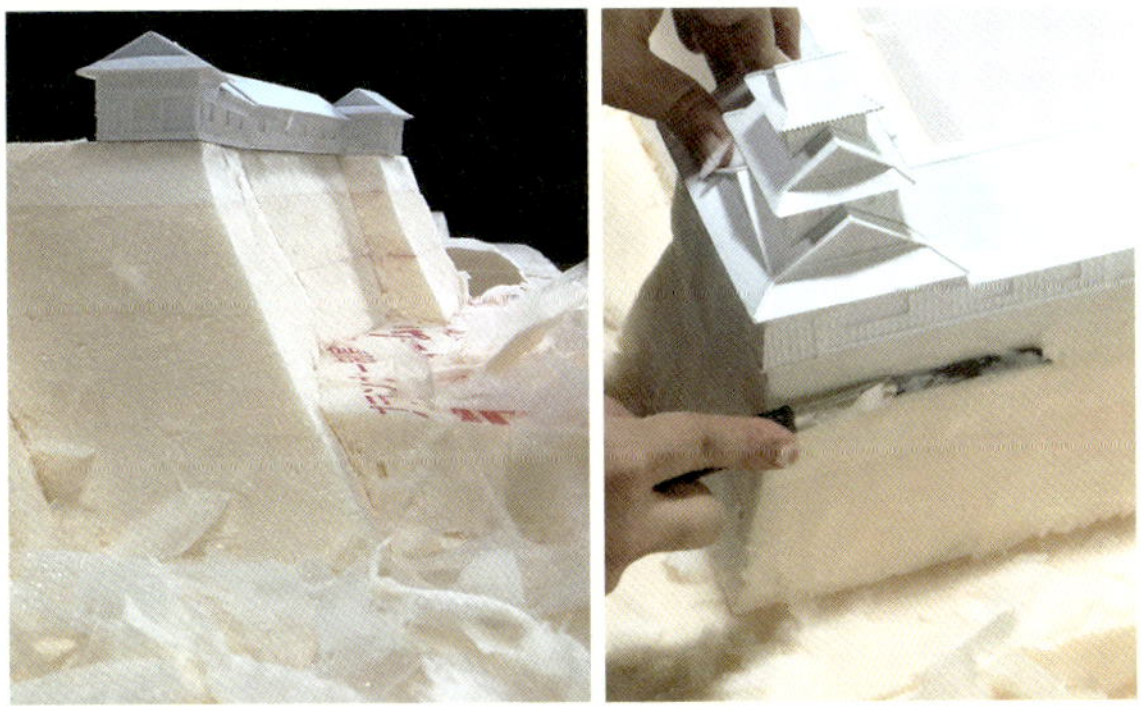
▲櫓に合わせて表面を削り、反りを出していく。

▲石を彫り込んだスチレンボードを貼り込む。

膨大な数の櫓や門が完成すると、建物を置いて位置を定め、カッターナイフで削り、反りを出していきます。熊本城の石垣はすべての面でそれぞれ違った反りを持っています。公開されている石垣の略図も参照しますが、大切にするのは現地で見たイメージです。

石垣の反りを見るときに私が注目するのは、おおまかに

(1) 地面への入射角度
(2) 櫓直下での立ち上がり角度
(3) 最大たるみの位置

の3点です。

石垣の反りを模型に写すとき、図面を忠実に起こせば実際の印象に近くなるかといえばそうではありません。曲面は視点が変われば違った印象で見えてきます。現実には、石垣を空から見下ろすことはなく、下から見上げることがほとんどです。見下ろした視点で見上げた印象を再現するには、自分の目で見た感覚を一度通して模型上で構成しなおした方が、より実感に近い印象を与えることができる場合があります。

建築図面や模型は、実際値を正確に縮小できるのは1／30より大きなものだといわれています。縮小した模型では実測値をそのまま表したのでは線が弱くなってしまう場合もあり、実際より強調したり誇張や簡略化を加味したりすることが多くあります。

◆　◆

熊本城の石垣は反りが命ですから、芯を削り取る作業には細心の注意を払いました。鰹節のように薄く削りながらイメージに近い反りを出していくのです。最終的に表面には1㎜の厚さのスチレンボードを貼りこみますので厚み分も考慮します。納得いく反りが出たら、石を彫り込んだスチレンボードを化粧面として貼りこんでいきます。

指月の譬《たと》え

建物を模型にするときには図面が欠かせません。

今回の熊本城の模型では、①現存建物は実測図を使用し、②再建建物はその建築図面を参照、③現存しない建物は自分で図面化しています。③の作図については第2章で部分的に解説しましたが、作図にあたっては主に作画ソフトの「イラストレーター」を使っています。丸瓦を数値通りの間隔で古写真上に反復コピーすることで寸法を検討したり、同時に地形や平面のデータを描けたり、作図したデータをそのままこの本に載せることができるなどの利点があるからです。

◆ ◆

私は建築を専門的に学んでいた訳ではありませんので、建築分野からの視点での2Dや3Dデータ作成はできません。あくまでも建物を「造形物」として捉えながら、頭の中にある像を、絵を描くように作図できることからこのソフトは使い勝手がよいのです。

建築図面や実測図面を模型図面として使用する場合は、私はまず〝図読み〟を行います。図面は大まかに、平面図と東西南北の立面が四面と断面図、これに加えて見上げ図、屋根伏図、さらに細かい部位ごとに詳細図や構造図、部材の実測図などがあります。図面を通して建物の全体像に迫るには、これら複数に分散した情報をもう一度総合する必要があります。しかし、これらの図面を寸分違わず立体化しても実際の建物の空気感が出ないことが経験的には多くあります。

〝模型は図面を立体化したものではない〟との思いは、そんな中でたどり着いた私の模型観の一つです。

実物の写真、そして何よりも現地に赴いて自分の目で見、肌身で感じ取った感覚が模型づくりにおいては図面以上のよりどころとなります。建物の造形は、一つの立体のカンバスをつくる作業だと思っています。立体の概念は「光と影」であり、模型は大きさが実物と違う時点で全く別世界の存在ですから、影の出方を見ながら、演出として多少寸法を増減させたり、誇張したり、省略したりといったアレンジを加えます。それは図面を引いた時には見えない場合もあり、制作している中で自分の目の奥にある感覚を投射していきます。かといって、自分勝手にモデルを改変するわけではなく、これはあくまで実物に近い感覚を再現するためにあります。図面は私の中では必要不可欠ではあるけれども、絶対的な存在ではないのです。

例えば、それは楽譜に似ているかもしれません。楽譜は旋律を描いた図面であり、演者によって読み解かれ、価値を加えられ上で再現されるものであって楽譜＝音楽そのものではありません。図面も同じようにあくまでも手がかりであって建物そのものではないということ。これは忘れがちなことで、建築を模型にしているとどうしても「図面を立体化する」ことに腐心してしまいます。そうではなく図面が記録しようとした建物自体を見なければならないのです。

仏教に「指月の譬え」があります。あの月を見なさい、と指さしている。ところが月を見ることなく、その指ばかりを見ているというのです。

図面も月をさす指に過ぎないのです。

【豊臣大坂城天守模型】

◉ 2018年 制作（著者蔵）

▶幻の豊臣大坂城を制作するのに使用した図面は右の模型断面図のみ。重要なのは全体のプロポーションを決定する箱組みであり、細かなディティールはイメージしたものを制作現場でかたちにしていくため、骨格の図面さえあれば完成する。

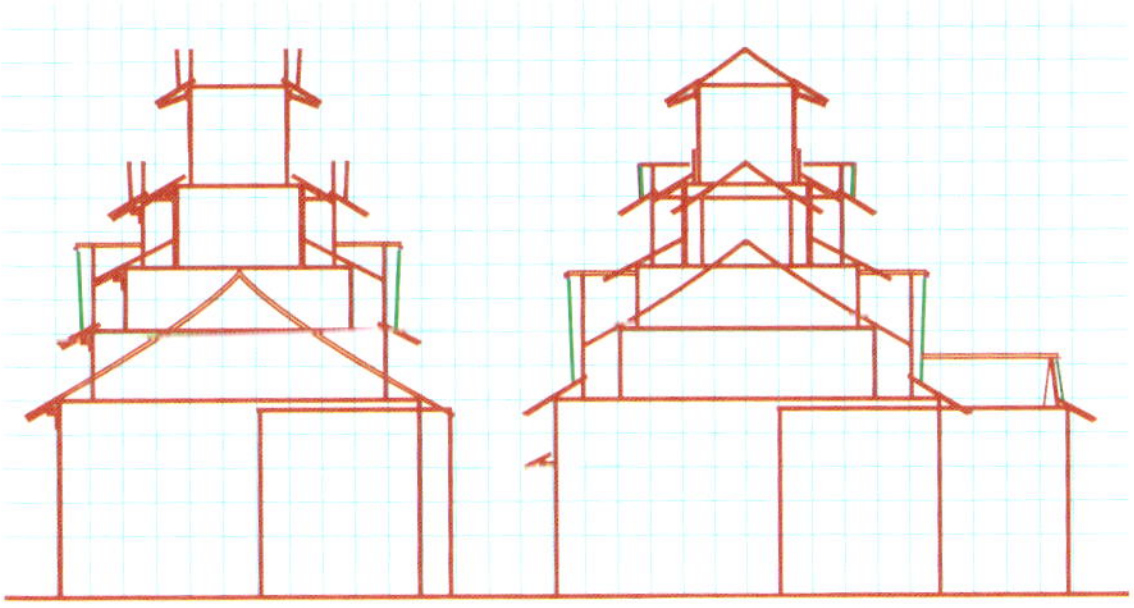

模型制作視点

私が模型制作にあたって、必ず現地に赴くのは、その空間を自分の目で見、肌身で感じ取らなければ模型上に再現することができないと感じているから。関連する場所も訪ねることで、より理解とイメージを深めていく。

▲2018年12月佐敷城にて。

▲2019年4月本丸内取。

模型再現技法 其六

屋根の造形

【創建時金閣・天鏡閣模型】

◉ 2019年 制作（著者蔵）

模型の顔

日本建築の中で造形が最も難しく、しかも全体の完成に決定的な力を及ぼす部位に屋根があります。

日本建築の模型は屋根の模型である、といっても過言ではないと思います。それは雨の多い日本が、その雨をしのぎ、雨を流すために傾斜をつけ、さらにそこに美しさを追求した建築史が屋根に現れているからです。加えて屋根の印象がその建物の個性を決めていますから、一つひとつの屋根は人の顔のようにすべて違います。

◆　◆

模型制作上でもそれぞれの建物の屋根のかたちをどう再現するかは模型の主題であり、その都度設計していくことになります。模型は縮小物なので、実物と同じ構造を取ることはできません。しかし実物と同じかたちを写さなければなりません。そうなると実物と同じかたちをどうやったら造形できるのか、を考えることになります。同じ屋根でも1／100スケールでつくる時と1／300スケールでつくるときでは模型設計が全く違います。瓦葺なのか、檜皮や杮なのかによっても違います。

本物の屋根がどのような構造でそのかたちになっているのかしっかりとわかった上で、内部構造や細部意匠を模型として設計しなおしていきます。

◆　◆

プライベート作品としてつくった金閣と天鏡閣の模型があります。天鏡閣は金閣の北にあったという幻の建物で、これをほとんど想像でつくりました。これも全体のイメージを決定づけているのは屋根で、私はここに、足利義満の時代らしい勾配と反りを、自分の感覚で再現したつもりです。

天鏡閣の屋根ができるまで

城郭の屋根は複雑に見えても構造は単純だが、古建築本来の屋根は二重構造になっており、美しい入母屋の大屋根を造形するのは最も難しい部類に入る。とくに檜皮葺は滑らかで鋭くかつやわらかな曲線を表出せねばならず、技術を要する。熊本城では檜皮葺の屋根はないが、本丸御殿大広間は化粧軒裏を持つ二重構造の大屋根であり蓑甲部分の曲面も独特の形状をしている。

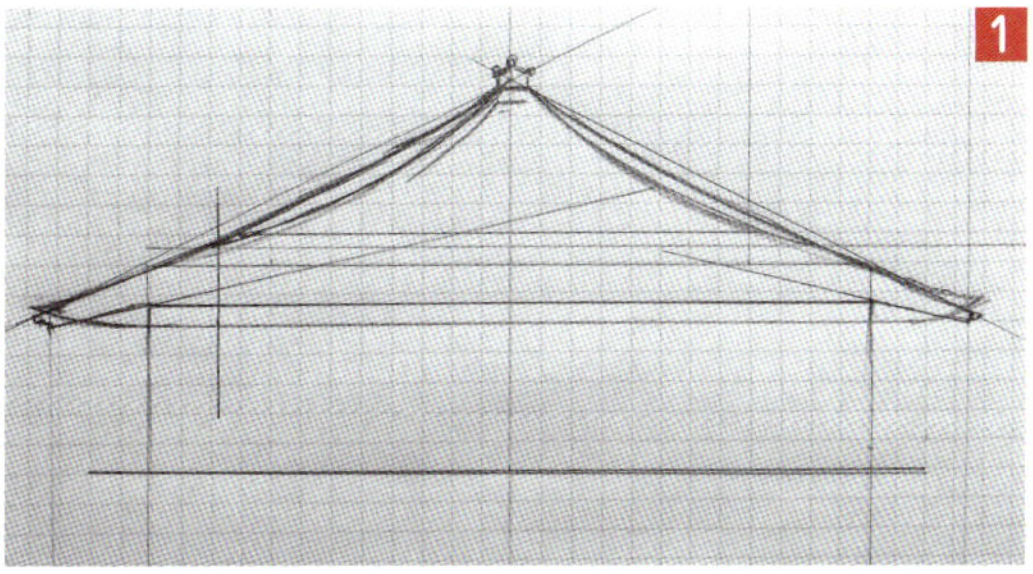

▲この屋根をつくるのに用意したのは手描きの図面が１枚のみ。

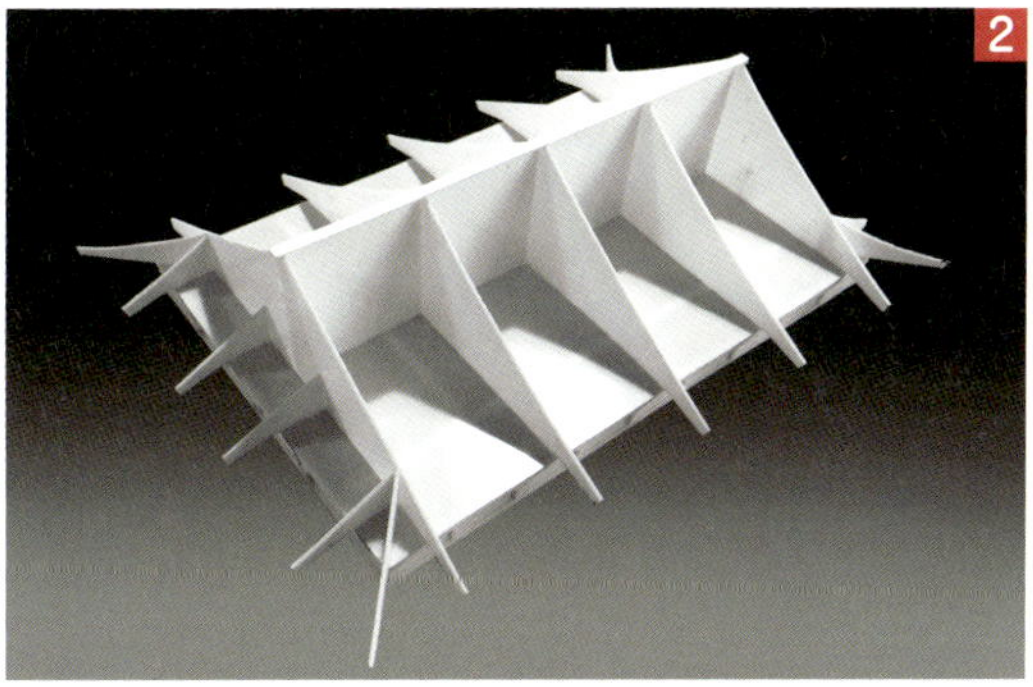

▲図面をもとに、タミヤ 1㎜厚プラ板で小屋組みをつくる。

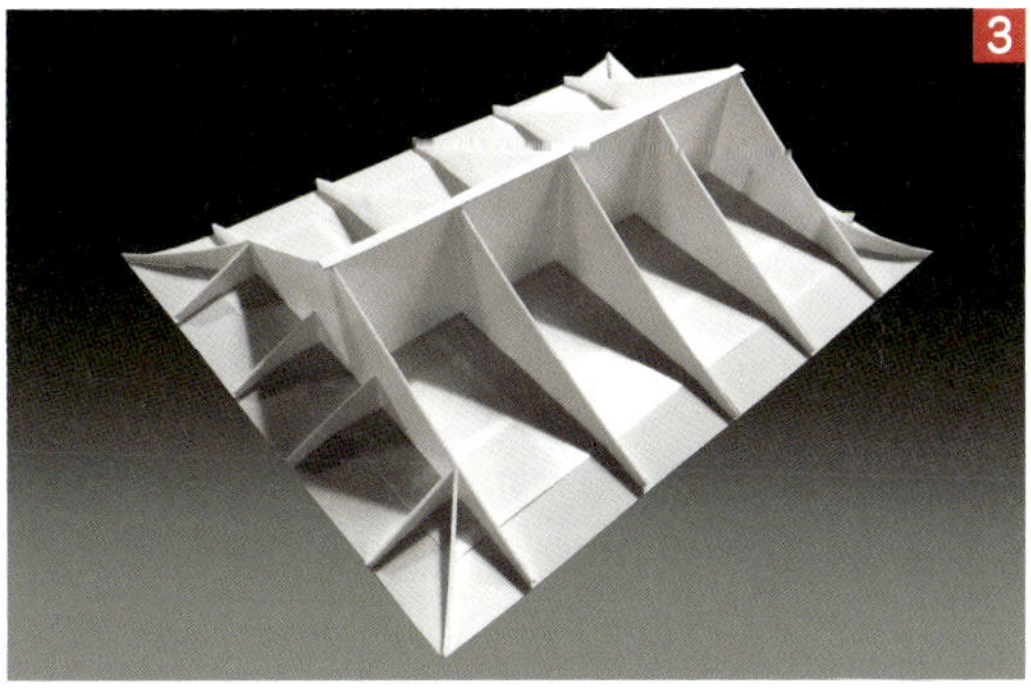

▲化粧軒裏の貼り付け（タミヤ 0.5㎜厚プラ板使用）。

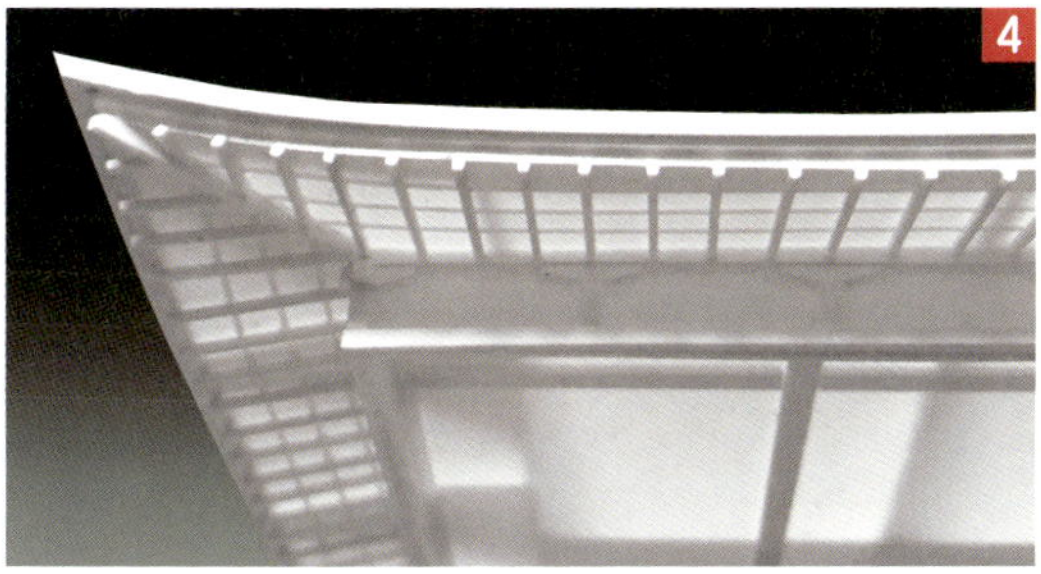

▲化粧垂木（材料0.75×0.75㎜棒材）と茅負、裏甲、軒付など軒先の作成。

▲妻壁の作成（木連格子《きづれごうし》の縦材は 0.5㎜角、横材は 0.5×0.25㎜角）。

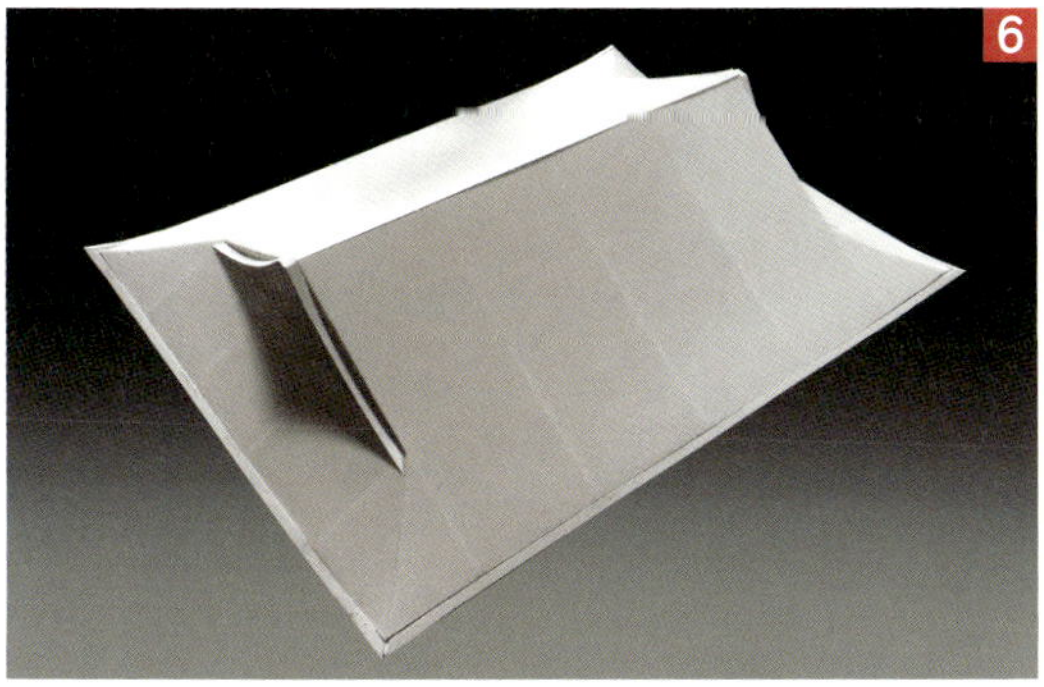

▲タミヤの 0.3㎜厚のプラ板で屋根を貼り、蓑甲を整えると完成。

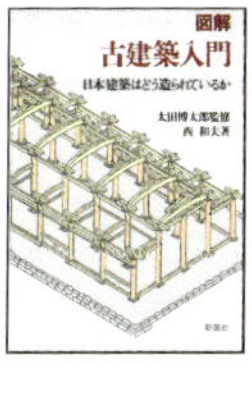

●古建築の構造を知る本

『古建築入門』 太田博太郎／監修・西和夫／著　彰国社

入門に最適な一冊。古建築の組み上げを順序だててイラストで解説しており
わかりやすく、古建築鑑賞の一助ともなる。

色は質感

造形が完了すると建物の彩色です。

模型では「塗装」という言葉がよく使われますが、塗料の被膜を塗って被せる印象のあるこの言葉は、私の作業感覚とは少し違っていて、彩色や着色という言葉がしっくりきます。

「古色蒼然」といいます。古いものに美しさや趣、風格を感じてきた、日本独特の美意識を表しているだろうこの言葉は、古色、古い色といいながら、単に色だけを指したものではありません。色だけではなく、古びたものの手触りや風合い、息づかいといった質感まで感じ取った言葉です。色を表現することはその建物全体が重ねてきた時の流れの先に手に入れた質感をも表現することであり、私がもっとも大切にしたいと思っている「色」はそれに近い感覚を持っています。

◆　◆

明治の古写真の熊本城は単色濃淡のみの世界ですが、まさに古色蒼然とした趣を放っていて、雨風に耐え抜いた瓦には独特の色むらが出ており、下見板は年月を重ねた木肌を見せています。磨き上げられたかのようになめらかな漆喰はひんやりとした手触りさえも感じるようです。

◆　◆

私はこれを実現しようと、ごく薄い塗料を幾重にも重ねていきます。「フィルタリング」呼ばれるこの手法は、ちょうど薄いセロファンを何層にも重ねるように、下の色を透けさせて深みのある色を出していく手法で、明治の熊本城の「色」を再現していきました。

たったこれだけ？ 熊本城の彩色道具

アクリルガッシュ

「和カラー」はマットな仕上がりが特徴。隠蔽力が高く発色が強い。薄め具合には慣れが必要。

タミヤアエナメル塗装

主にスミ入れ用として薄くして使い全体の色を引き締める。流動性が高く伸びも良い。

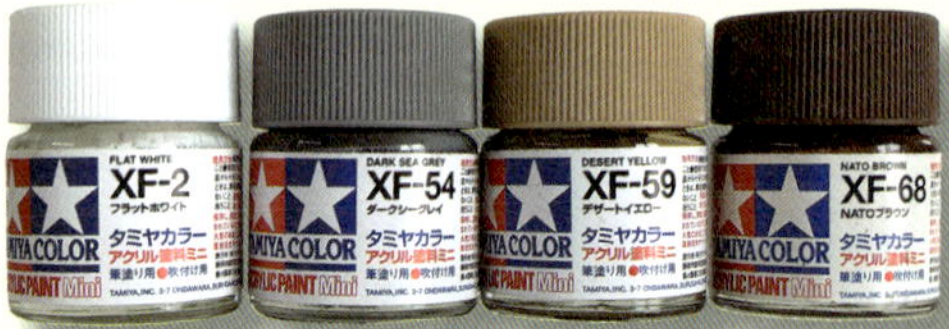

タミヤアクリルカラー

専用溶剤推奨だが、水で薄めて使うことも可能、乾燥後はしっかりと耐水性になる。重ね塗りしても下の色が溶け出すことはないのが便利。

- ●コンプレッサー：GSI クレオス / リニアコンプレッサー L7
- ●エアブラシ：GSI クレオス /PS266
- ●スプレーブース：GSI クレオス /Mr. スーパーブース コンパクト

上から
- ●面相筆：瓦の目地漆喰など細密彩色用（精雲堂）
- ●松花面相：細部塗り分け、修正用（精雲堂）
- ●平筆（小）：瓦の塗り分けに使用（ターレンス）
- ●平筆（中）：下見板、屋根の彩色（アルテージュ）

彩色基本工程（御裏五階櫓西平櫓）

↓天守の彩色工程

これだけ塗り重ねて、質感を演出しています。

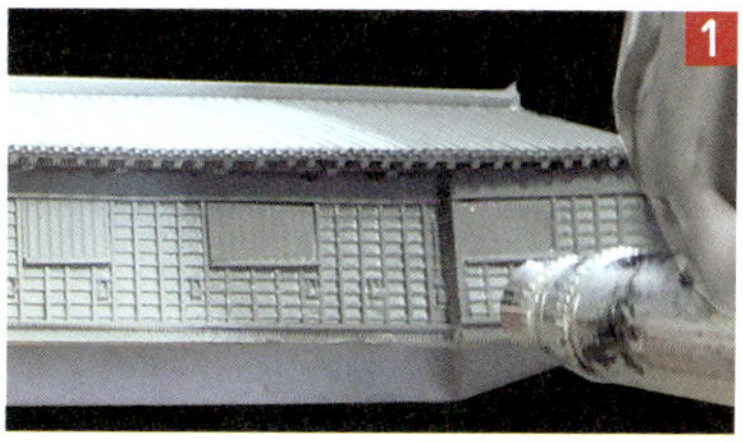

▲サーフィーサー（クレオス）を吹き、表面を整えて下地色（タミヤアクリル：ダークシーグレー）をエアブラシで吹き付け彩色。

▲白壁の下地として（タミヤアクリル：デザートイエロー）をエアブラシで吹き付け彩色。

▲白壁に（タミヤアクリル：フラットホワイト＋デザートイエロー）を彩色。白は最低3度塗りして漆喰の色の密度を確保する。

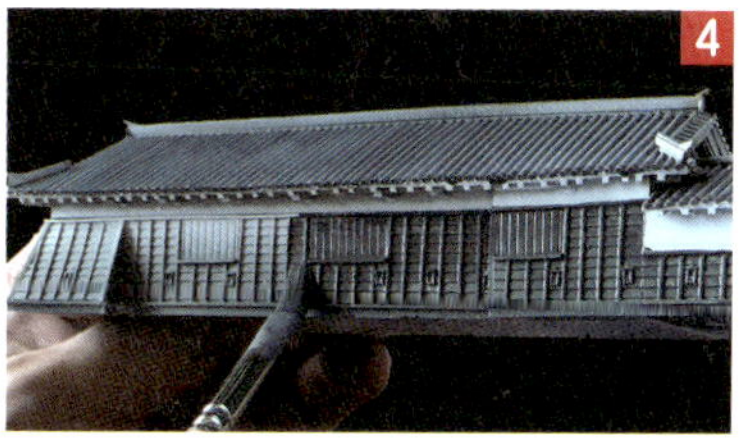

▲下地色（タミヤアクリル：ダークシーグレー）を筆塗り。注意深く白壁だけを残す。マスキングテープはあまり使わない。

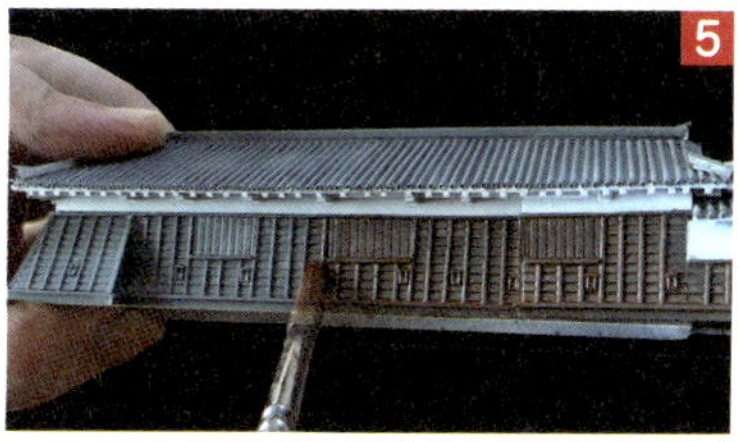

▲（タミヤアクリル：NATOブラウン）を水で薄めてのせていく。配合は「水に塗料を垂らす」ような感覚（水：7／塗料：3）。

▲よく乾燥させた後に、アクリルガッシュ「和カラー焦茶」を（水：6／塗料：4）の割合で薄めて重ね彩色。

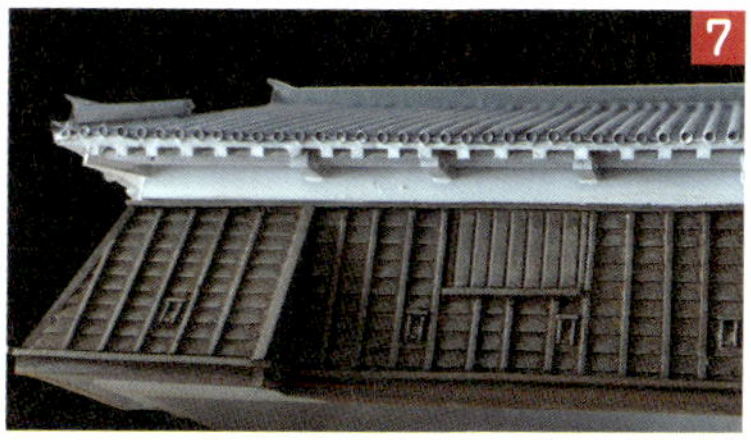

▲塗り終えて乾燥後の様子。このアクリルガッシュはザラッとした質感が経年変化の木材の表面に最適。

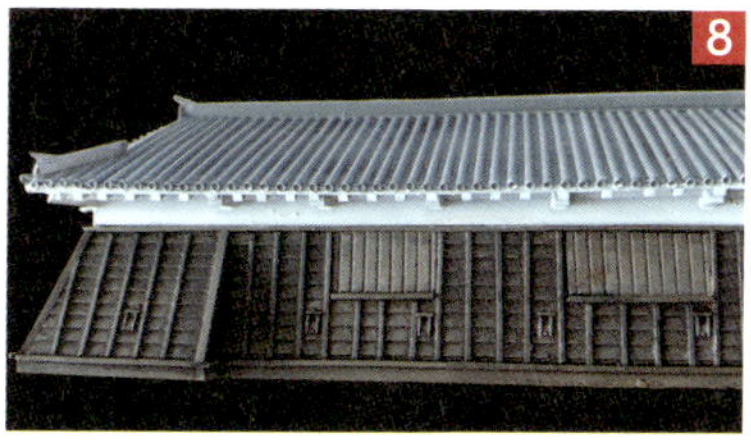

▲薄めたタミヤエナメルのブラック（溶剤8／塗料2で薄めたもの）を全体に塗り、影の部分と表面の質感を統一する。

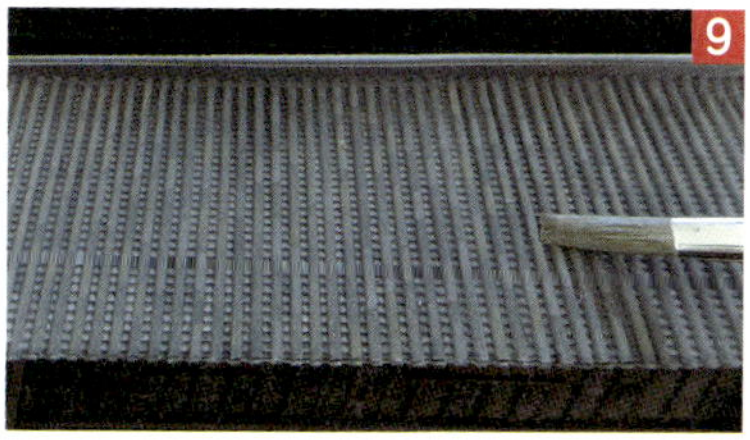

▲タミヤアクリル（ダークシーグレー＋フラットホワイト）とそれにデザートイエローを混ぜた色をランダムに重ねて質感を演出。

▲瓦の目地漆喰を面相筆で描きこみ。（アクリルガッシュ・ニュートラルーグレー7）間隔は丸瓦の長さで2㎜見当。

模型再現技法
其八
植栽

▼現在の大楠（著者撮影）

（古写真はいずれも長崎大学附属図書館蔵、部分）

【飯田丸の大楠】

▲古写真の中の大楠は枝を大きく横に広げている。遠景の写真でもその巨大な樹形は真っ先に目につく。

▲北側の空堀脇の松と見られる巨木。この写真では枝が剪定されている。

◀平左衛門丸の高木は宇土櫓よりも高い。撮影年代の判定基準にもされている。

樹木も歴史

城郭の景観の重要な要素に樹木をはじめとする緑があります。

現在の熊本城の樹木は、大部分が近代になって植樹されたものです。江戸期に植えられていた樹木は西南戦争で枯れてしまいました。本丸が軍用地となっていた明治十三年頃に、美観回復と、兵士の避暑のために、苗木1万本の植樹を願い出て許可されています。

しかし、すべての樹木が失われた訳ではなく、飯田丸の大楠は築城以前からあるもので、その樹齢は七百年とも八百年ともいわれています。幹の周囲はおよそ10m、高さは30mにもなり、天守にならぶ高さです。田子櫓の脇にも築城時からあったと見られるクスがあり、本丸御殿の露地には熊本城の別名「銀杏城」の由来ともなった銀杏の大木があります。ちなみに、現在の大銀杏は二代目で、西南戦争で焼けた初代の孫生《ひこば》えが大きくなったものです。

古写真を見ると明治の熊本城にはこの他にも多数の樹木が確認できます。平左衛門丸の2本の高木、数寄屋丸にも2本ないし3本の樹木があります。数寄屋丸櫓門外の空堀法面にも古木があり、飯田丸は大楠以外にも多くの樹木に覆われています。本丸南側は杉かヒノキと思われる高木がずらりと並んでいます。御裏五階櫓の下には落葉樹があり、その下段の空堀には立派な松が見えます。

樹木は『御城内御絵図』にも描きこまれていて、田子櫓下の「八方蔵跡」の平地は竹もしくは笹で覆われています。

明治期の熊本城を再現するにあたって、この樹木も可能な限り再現しています。どうしても石垣や建築ばかりに注目が行きがちですが、樹木もその城の歴史であることを忘れてはなりません。

▲ジオラマ素材の木の定番「オランダドライフラワー」の種と葉を指先と歯ブラシを使って取り除く。

▲幹は1/150の樹木キット（KATO）と枯れ枝を使い、瞬間接着剤でオランダドライフラワーを接着。

▲幹をタミヤアクリル（灰色がかったブラウンに調色）でエアブラシ着色。

▶接着剤（KATO：ジオラマ糊スプレー）を霧吹きで吹き付け、ジオラマ用スポンジ素材（KATO：コースターフのミディアムグリーン、ライトグリーン、ディープグリーン）で葉を表現していく。実際の樹木をよく観察して枝ぶりの強弱を調整。

▲竹の幹は水引、葉は（KATO：メッシュ入りコースターフ）針葉樹の幹はカトーの針葉樹キット。

模型再現技法 其九

宇土櫓ができるまでⅠ

宇土櫓は唯一の五階櫓の現存遺構で国の重要文化財に指定されています。建築様式も城内の他の櫓と共通しており、現実の復元ではその構造が根拠として参照される重要建物です。模型においても、宇土櫓のつくり方は、他の櫓群にそのまま当てはまるので、代表してこの櫓の完成までを見ていきましょう。

構想・模型設計

まず実測図面を縮尺1／150に調整して模型原寸図とします。これをもとに〝図読み〟を行って模型設計を構想します。実測図を見てみると、宇土櫓に接続する続櫓は石垣が傾斜していて建物全体が傾いています。これをどう造形していくかが一つの課題となるでしょう。また、各面の立面図を突き合わせてよく見ると、初重の大入母屋と千鳥破風が交差する部分の高さがかみ合っておらず、このままだと立体として納まらないことがわかります。このような場合は写真を見るか現地に赴くかして、実物がどのように納まっているのかを確認します。宇土櫓の場合は、千鳥破風の屋根面を若干ねじれさせてこれを解決しています。図面は『重要文化財 熊本城宇土櫓保存修理工事報告書』収録の実測図を使用しました。

今回は明治期の宇土櫓を再現

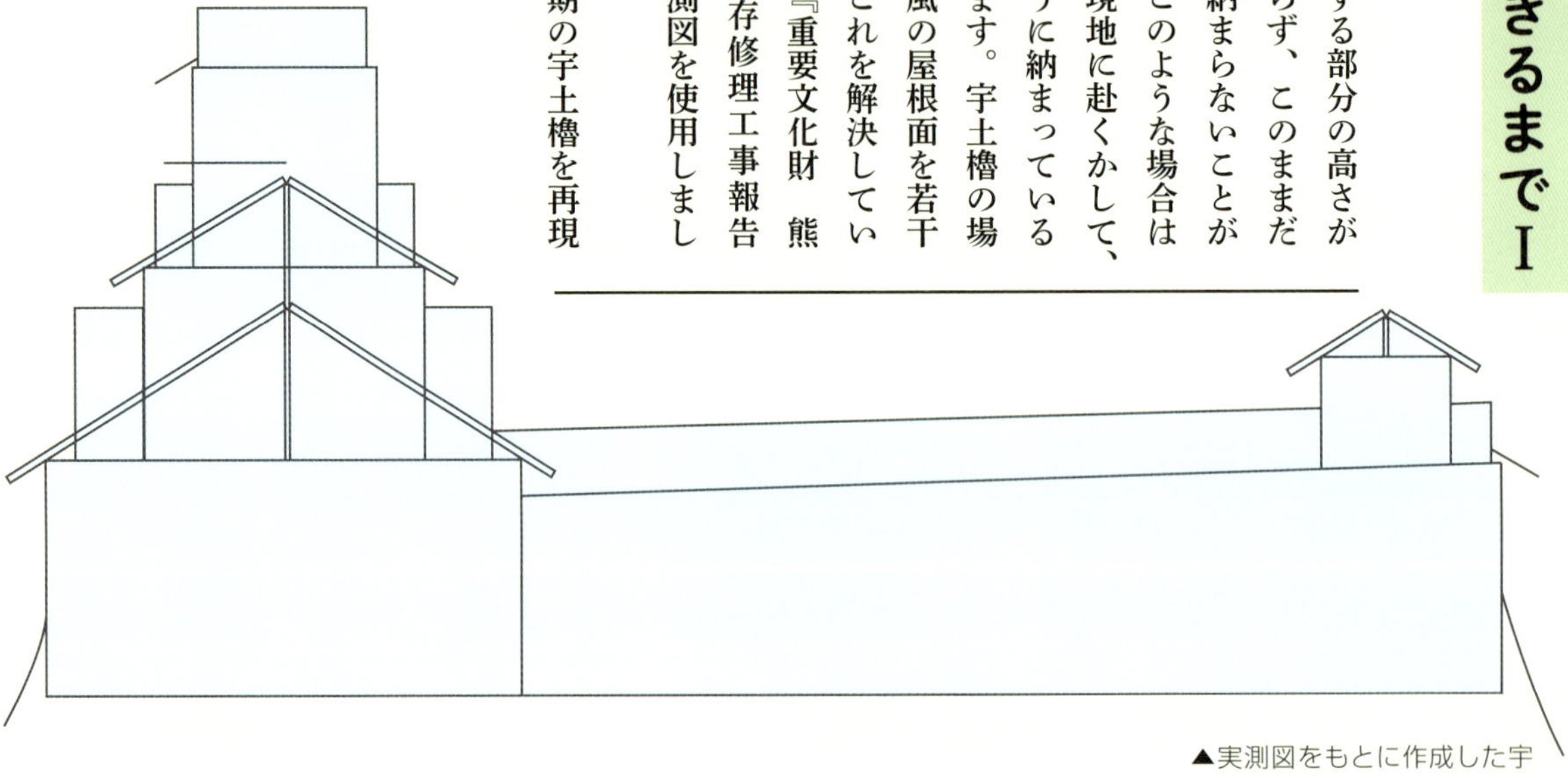

▲実測図をもとに作成した宇土櫓の模型略図。この骨格が完成時の形状を決めている。傾いた続櫓は、傾斜した石垣をつくって建物をのせるのではなく、水平地表面から箱組みを立ち上げ、その側面にシート状の石垣を貼りこむことで表現する方針をとった。

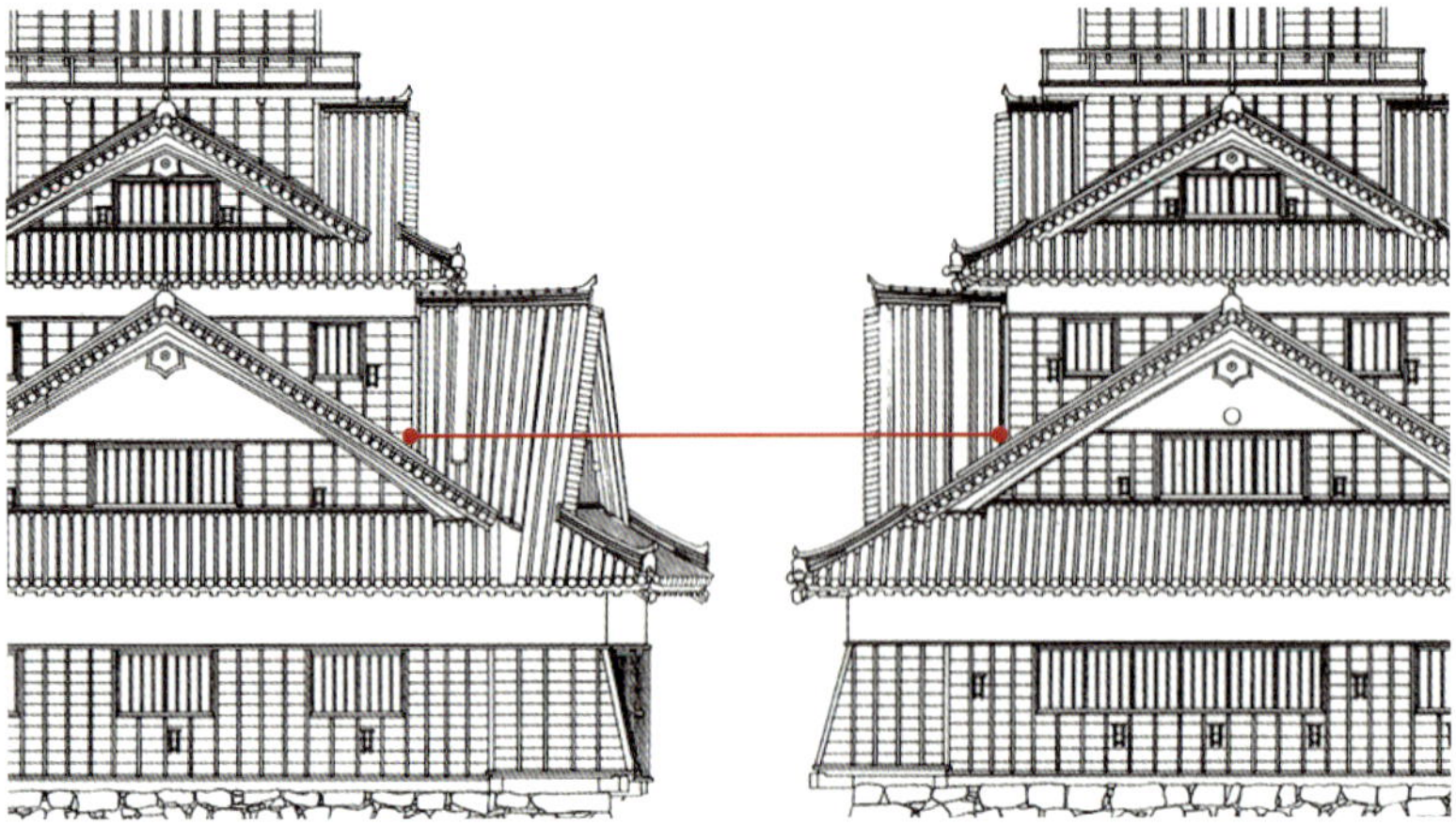

◀宇土櫓の実測図では同一点の高さがかみ合っていない。

しますので、古写真との照合も行います。宇土櫓の場合、現在は鯱を頂いていますが、明治期にこれはありません。また、初重大入母屋の西面破風内の銃眼の位置が現在とは異なっていることが確認できます。現存建物であっても、度重なる修理で形状が変わっていることがあるため、必ず写真との照らし合わせを行います。〝図読み〟と写真の情報を総合して、どのように組み立てればそのかたちになるかを構想し、模型の略図を作成します。城郭建築の場合、芯となる箱組を重ねて、屋根の骨格を取り付け、そこに外面の部材を貼り付けていくことで造形できる場合が多く、ゆえに最初の骨格づくりが最終的な形状を決定づけます。したがって模型図面は箱組みの図面となります。

使用材料

この箱組にどのような部材を、どのように配置するかもよく考えます。私は頭の中ですべてのパーツがばらばらの状態から一つにまとまって宇土櫓の形状に組み上がる様子をはっきりと思い浮かべられる状態になるまで、制作に入ることはありません。模型づくりでは実際に手が動き出す前の段階までが重要であり、制作とは思い浮かべた完成像を出力していく作業といえるでしょう。構想と模型設計がまとまったら必要な材料をそろえます。宇土櫓のための部材は板材5種類、棒材15種類を使っています。軒瓦、鬼瓦、銃眼、隅木蓋瓦、窓の格子はエッチングパーツを製造しました。

●模型外観納まり模式図

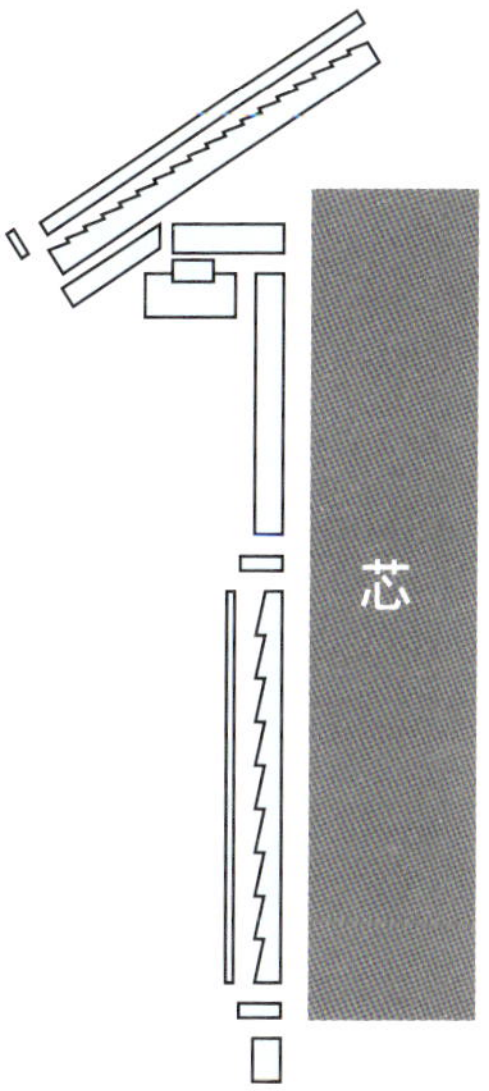

【板材】

- 1㎜厚プラ板 ── 箱組、白壁
- 0.5㎜厚プラ板 ── 石落し底など
- ラップサイディング 0.75㎜幅 ── 屋根
- ラップサイディング 1.5㎜幅 ── 下見板
- Vグルーヴ 1.5㎜幅 ── 板戸、突上戸

【棒材】

- 0.56㎜ × 0.28㎜ ── 押縁（簓子）
- 0.56㎜ × 0.56㎜ ── 高欄
- 0.75㎜ × 0.75㎜ ── 木部垂木
- 1.0㎜ × 0.75㎜ ── 垂木
- 1.0㎜ × 1.0㎜ ── 下見板隅親縁
- 1.09㎜ × 1.09㎜ ── 隅木
- 1.5㎜ × 0.5㎜ ── 水切
- 1.5㎜ × 0.75㎜ ── 出桁
- 1.5㎜ × 1.0㎜ ── 土台
- 1.5㎜ × 1.5㎜ ── 腕木
- 2.5㎜ × 0.75㎜ ── 破風板
- 4.0㎜ × 1.0㎜ ── 出桁下地
- 1.0㎜ ㎜半丸 ── 丸瓦
- 1.0㎜ ㎜丸 ── 隅巴
- 0.75㎜丸 ── 鳥衾

●発注したエッチングパーツ

プラ材はエバーグリーン社とプラストラクト社の製品が種類も豊富で使い勝手もよい。建築模型材料として、模型店の他画材店でも取り扱いがある店舗がある。近くに取扱店がない場合は通販を利用すれば入手できる。

骨組みをつくる

骨組みとなる芯の箱組みは単純な四角い箱を積み重ねたものですが、最終的なプロポーションを決定づける重要な工程で、この段階で完成度が左右されます。

平面図と断面図、作成した模型略図と合わせながらタミヤのプラ板（1㎜厚）を切り出していきます。このあと表面に外壁と屋根を貼るので、この箱組はちょうどそれら外面部材の厚みを差し引いた大きさになっていなければなりません。

まず芯となる箱をつくりこれを重ねます。そのあとに屋根の骨組みを取り付けていきます。着色の利便を考えて、各重は取り外しできるように凹凸（ダボ）をつけて位置決めし、この時点では接着しません。

▲最上階は完成後、わずかに内部が見えるので床や柱を簡易的に再現し先に塗装を済ませておく。

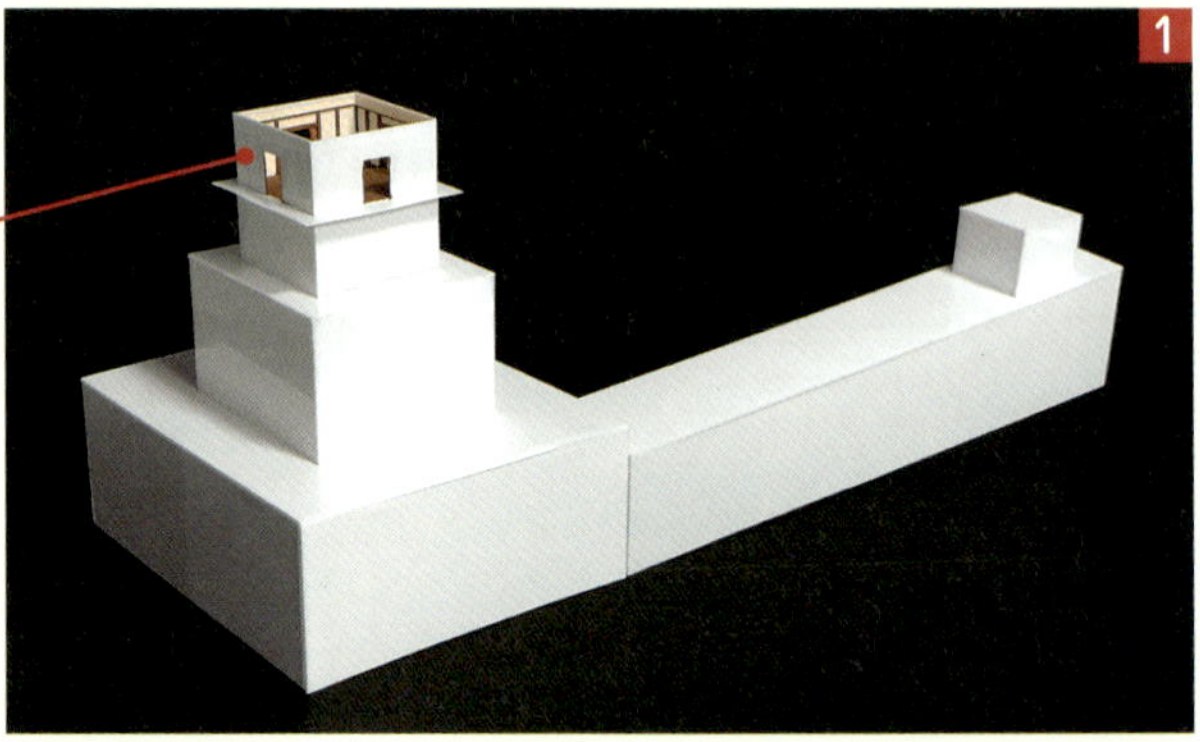

▲実測図に記録されなかった屋根のねじれを再現するため、骨組みの段階で破風の合流点を定めておく。

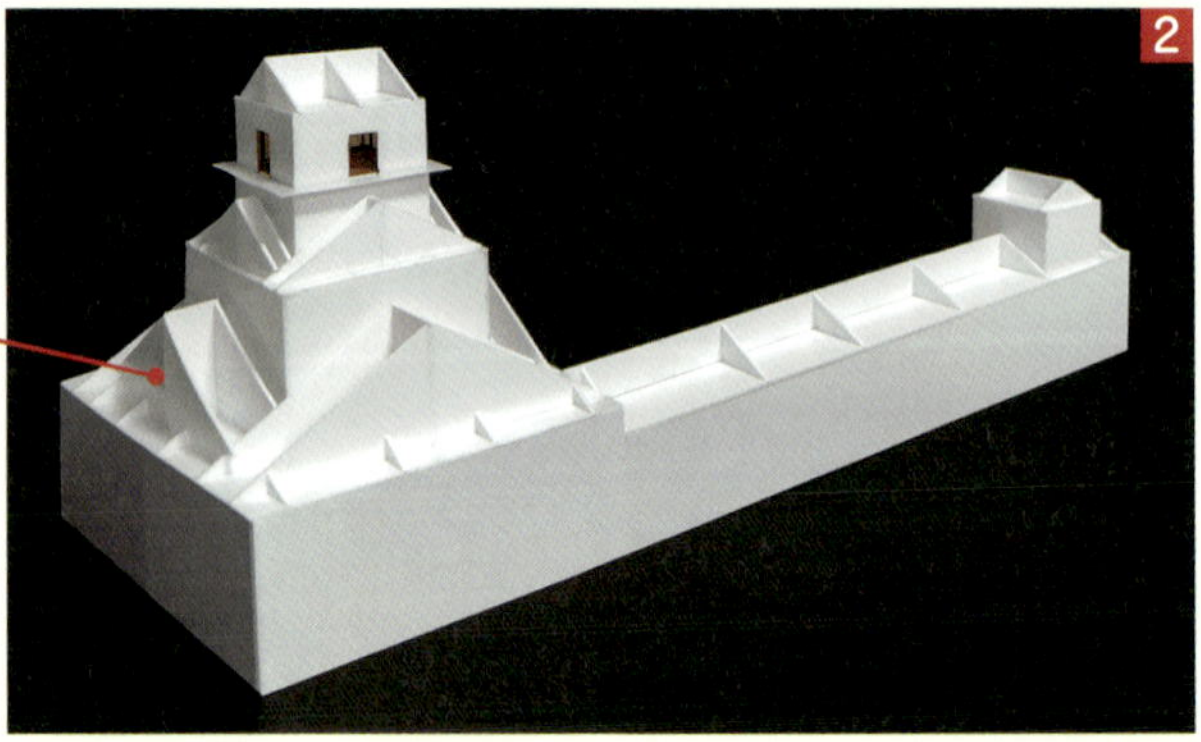

島流三種の神器

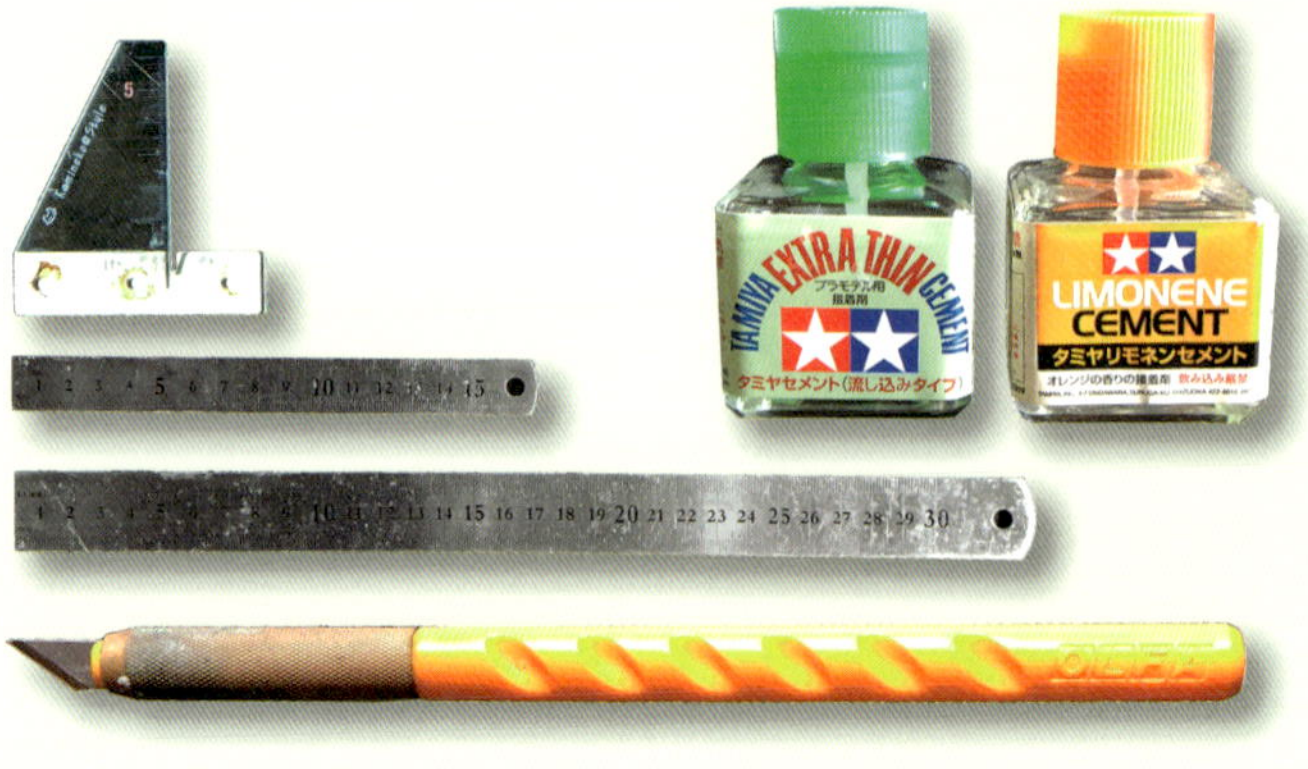

組立に使用する工具はカッターマットとデザインナイフ、定規と接着剤のみ。ピンセットはほとんど使用しない。デザインナイフの刃先にパーツをくっつければピンセットの役割を果たす。接着剤は有機溶剤系のものと天然成分由来（リモネン）のものを使い分けている。後者のリモネン系接着剤は乾燥が遅いため、丸瓦など位置の調整をしながら接着する部材に適している。

外壁をつくる

骨組みの表面に外壁を貼ります。下見板は階段状に成形された「エバーグリーン／ラップサイディング1・5㎜」を使います。下見板と白壁の比率や出桁の出の奥行など、断面図を参照します。断面図を使いこなせるかどうかが鍵となる場面が制作では多くあります。模型では「らしく見える」ことを優先して、出桁など実際の構造を反映しない部分もあります。

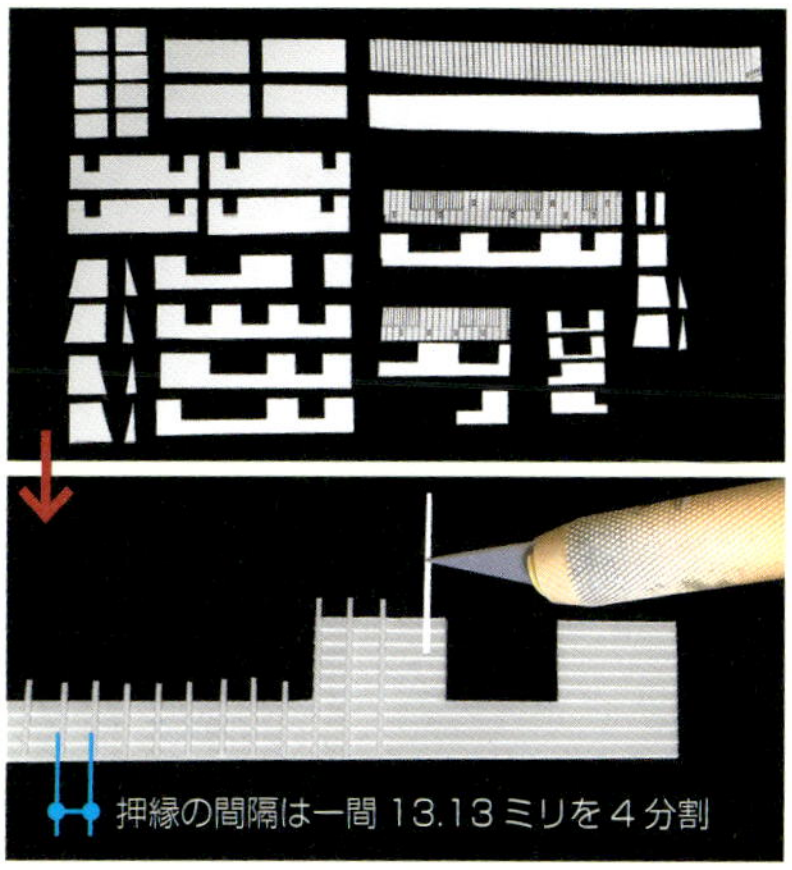

▲下見板の切り出し。変形している壁面は、原寸図を切り抜いて型紙として使うと正確に切り出せる。窓の位置と幅は立面図ではなく平面図に合わせて決めること。下見板の押縁は１本ずつ長めに貼り付け、のちに切りそろえるときれいにできる。

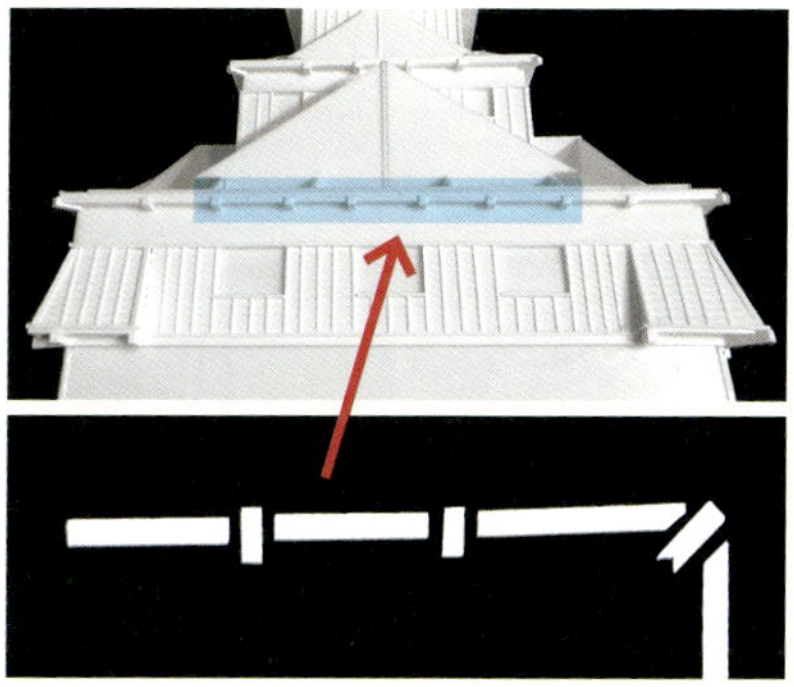

▲出桁は実際には存在しない平面を設けて、そこに部材を取り付けていく。腕木と出桁を交互に並べることでかみ合っているように見える。

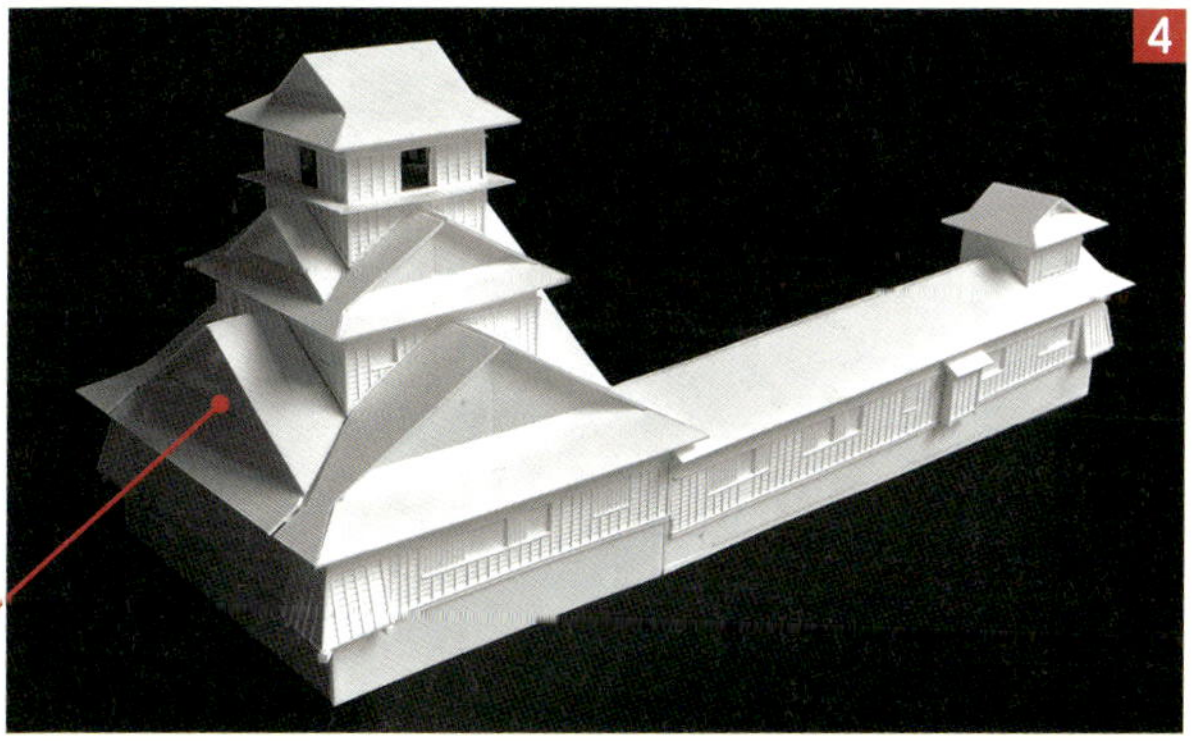

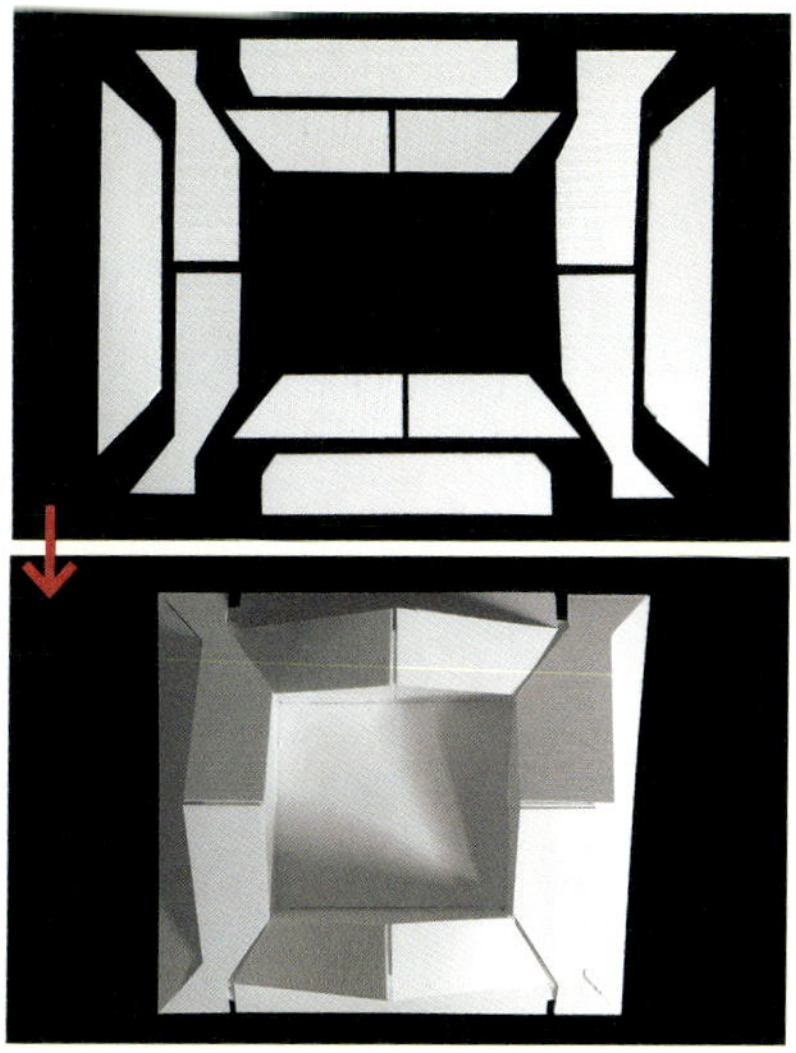

屋根をつくる

屋根は模型制作では最も立体感覚を必要とします。屋根面の展開は図面に合わせながら割り出しますが、慣れてくると骨組みに合わせて現場で切り出した方がスムーズにいく場合もあります。熊本城の櫓の屋根は、大部分反りはなく、直線で構成されています。屋根の展開を理解するには好例ですので次頁で詳しく解説します。

入母屋の展開

日本建築の屋根形式の一つで神社仏閣にもよく使われる入母屋。城郭の天守の最上階は必ず入母屋を成すことが建築としての特徴で、櫓も基本的に入母屋を採用します。

この展開は平側と妻側の両面の図面を組み合わせて割り出します。妻側の屋根は立面では隠れる内側まで入り込んでいるため、断面図を利用します。

図面に現れている線が、どの面のどの数値を表しているのか、常に複数の図面をかみ合わせながら形状を把握することが大切です。立面図は表面の瓦の凹凸も含んでいますので、その厚みを取り払って考えたり、組立に使う部材の厚さを図面に重ね合わせて考慮しなければならない場面も出てきます。

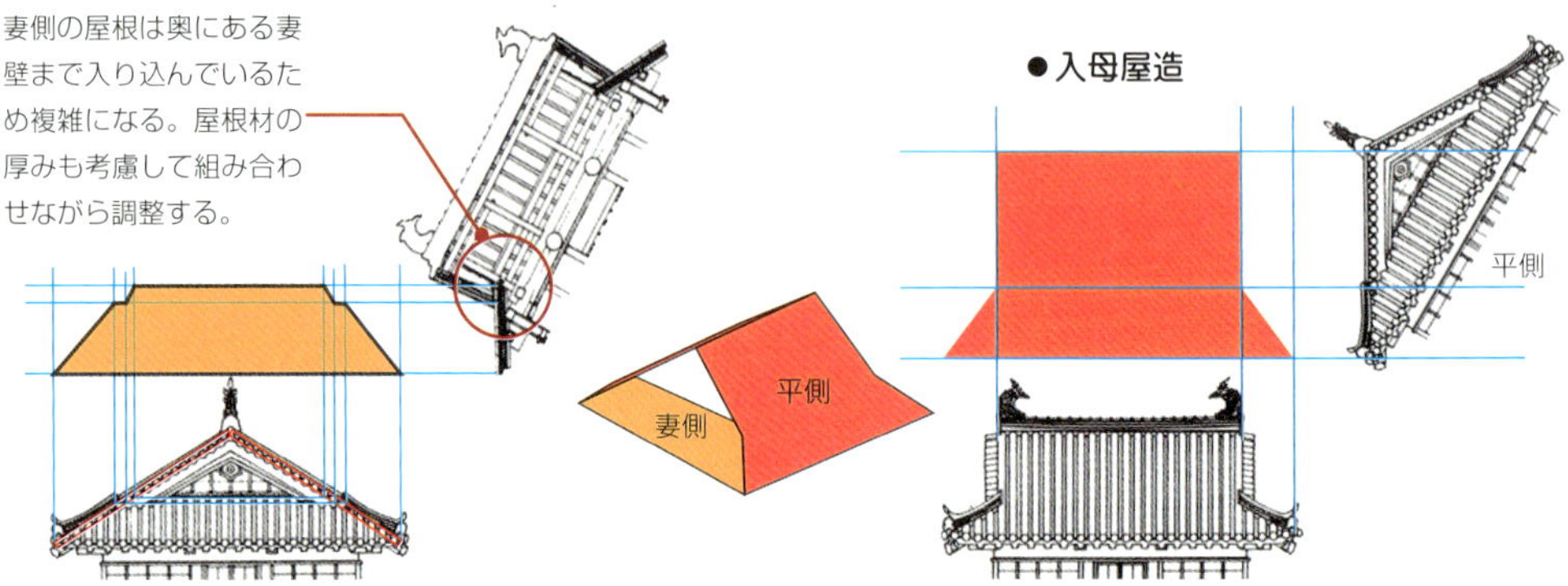

妻側の屋根は奥にある妻壁まで入り込んでいるため複雑になる。屋根材の厚みも考慮して組み合わせながら調整する。

垂木と丸瓦の取り付け

垂木と丸瓦は、最も忍耐と集中を必要とする工程です。膨大な数ですが1本ずつ丁寧に取り付けていきます。垂木割をよく確認しておきましょう。ここまでの工作が順調であれば丸瓦は実物とぴったり同じ本数で納まるので、精度の確認にもなります。つらい作業ですがこれこそが建築であり、これを再現するための模型であることを忘れてはなりません。

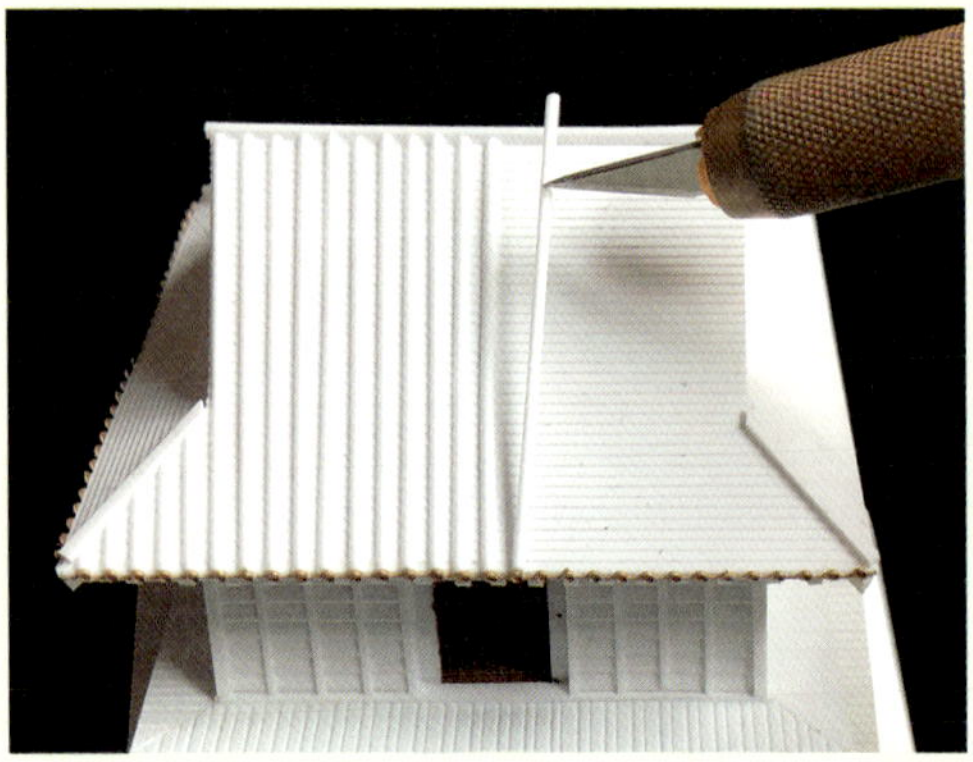

◀エッチングの軒瓦をガイドとして使うと精度が上がります。

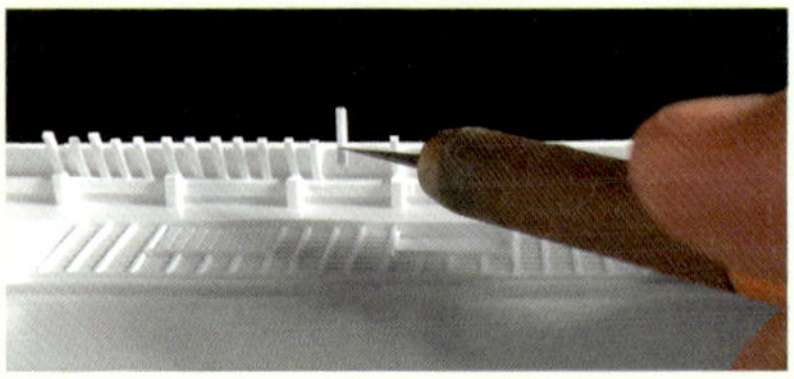

◀垂木は長めに接着し、乾燥後に切りそろえます。

●蓑甲納まり

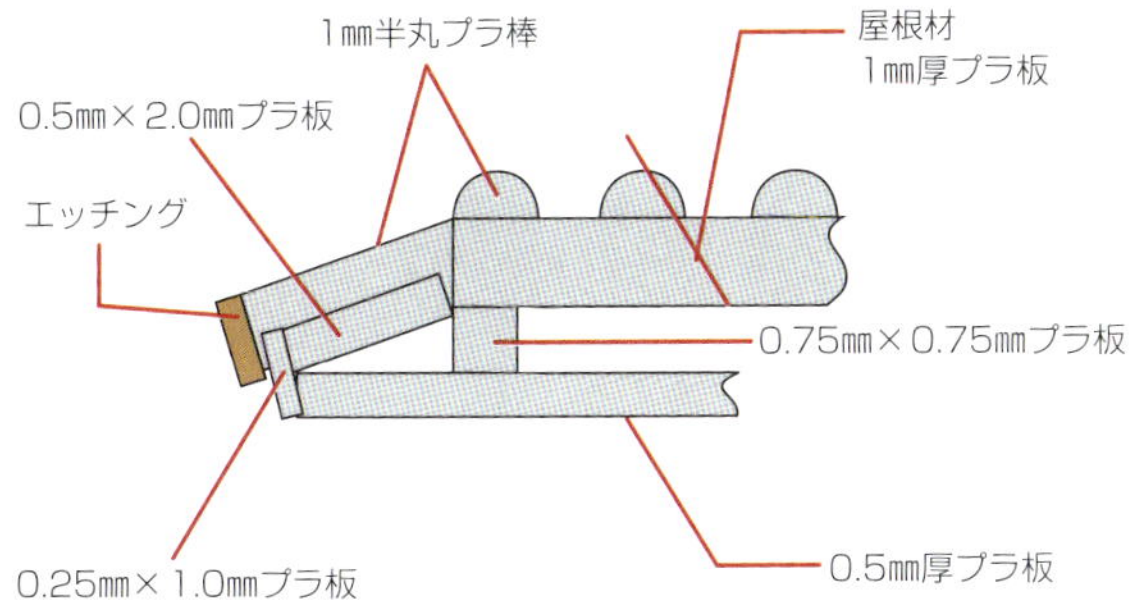

妻壁と破風をつくる

破風内の三角形の壁面である妻壁を外壁と同じ要領で作成します。その後、蓑甲※の傾斜部分を納まり図のように工作し、蓑甲瓦を取り付けていきます。破風板を取り付ければ破風ができます。

※蓑甲…屋根面と破風面をつなぐ傾斜させた部分

▲破風の完成。

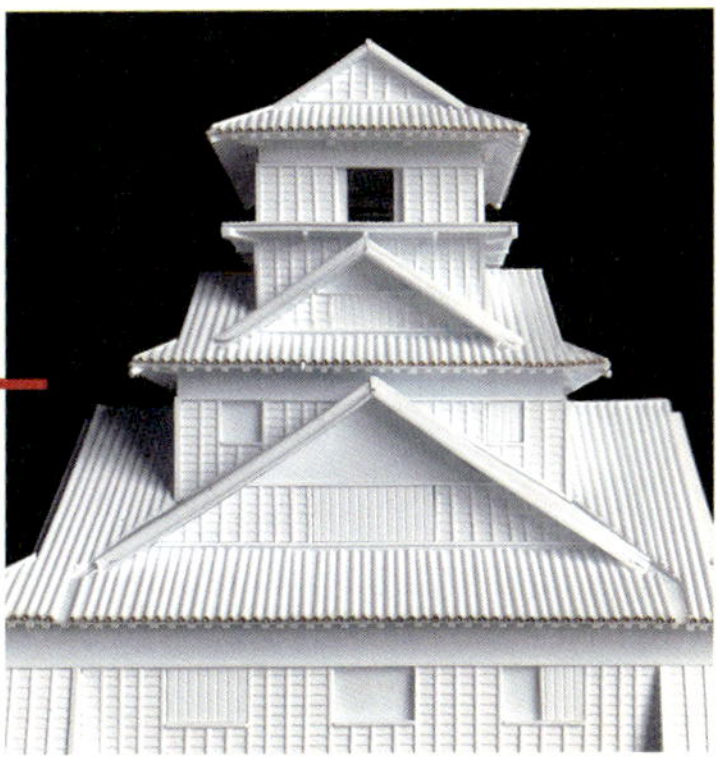
▲妻壁の作成。

▲蓑甲瓦も一つずつ取り付ける。

棟瓦の取り付け

宇土櫓の仕上げは棟瓦の取り付けです。棟は雨水が入らないように瓦を積み重ねたもので、建物のアウトラインを決定する大切な部位です。棟の先端には隅巴、鬼瓦、鳥衾といった装飾があります。これらは飾りであると同時に、視線を誘導して軒が反り上がっているように見せるはたらきもあります。左の写真を見比べて下さい。上は棟瓦のみ、下は鬼瓦と鳥衾がついたものです。下は上と違って、軒が隅に向かって鋭く流れているように見え、全体が引き締まって見えることがわかります。細部が全体に影響する重要パーツです。

模型制作視点

私は建物を造形するときには影を見ています。建築模型材料のプラ材は規格品ですから、太さが決まっていて、尺の単位でつくられた日本建築をつくるには厳密な太さが取れないことがほとんどです。そうすると近似値の材料を使うことになりますが、影の出方を見ながら、より実感に近い方を選びます。

石垣をつくる

石垣は1㎜厚のスチレンボードを使い、細い油性ペンを強く押し付けながら石垣を彫りこむことで表現しています。これは、石の彫刻と同時に石の影を書き込むことができる効率的な方法ですが、熊本城の石垣が、ほぼ同一種類の黒っぽい石を使っているからこそ可能な手法です。他の城郭をつくる際にはシャープペンシルを使って彫り込み、彩色後に輪郭を描き起こします。

石の積み方は城内各所で異なるため、あらかじめ積み方の雰囲気を写真などでつかんでおきます。

・隅石が算木積みになっているか
・築石の大きさは揃っているか
・どのような形状の石が多いか

などに注目します。実際の石垣の隅石の段数を数えておくと石の大きさの目安になります。

石垣の角から描き始めます。

こだわる場合は石垣の図面をそのまま写し取ることもありますが、線が弱くなってしまうことが多く、表現に工夫が必要になります。

完成した櫓を設置し、位置を確認しながら石を彫り込んだスチレンボードを貼りこみます。最後に隅石部分を石粉粘土で整えて造形完了です。

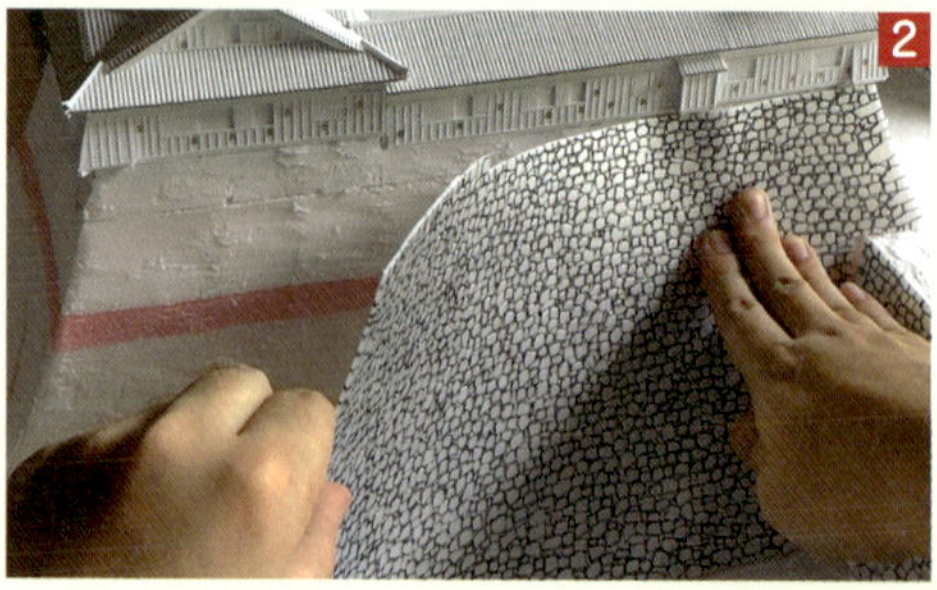

1 タミヤのスチレンボード（1㎜厚）を石垣の芯にあてがい、外周ラインをトレースして丁寧にカット。最初に実景写真や図面資料から石垣の隅石の数とかたちをマジック（ゼブラマッキー極細）で写し取り、次に石を単調にならないように大小の大きさの変化をつけながら描き込む。石垣の積み方の違いも意識する。

2 石を彫り込んだスチレンボードをカネライトフォームでつくった芯に貼り付ける（接着にはセメダイン スーパーXクリア）。

3 貼り合わせ面は石粉粘土で埋めて、隅石を彫り込む。仕上げにモデリンペーストを水と1：1で薄めたものを表面に塗布し、石のテクスチャーを再現。

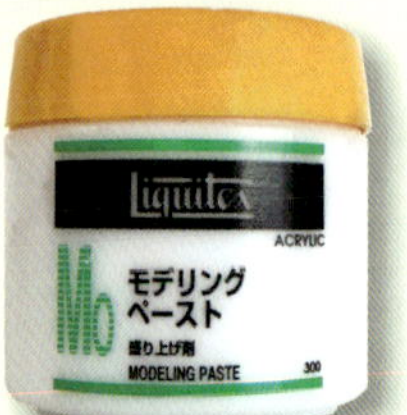

リキテックス
「モデリングペースト」
大理石粉を歯磨き粉のようなペースト状にした画材。

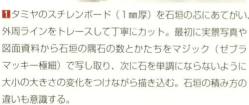

模型再現技法 其十三 石垣の表現

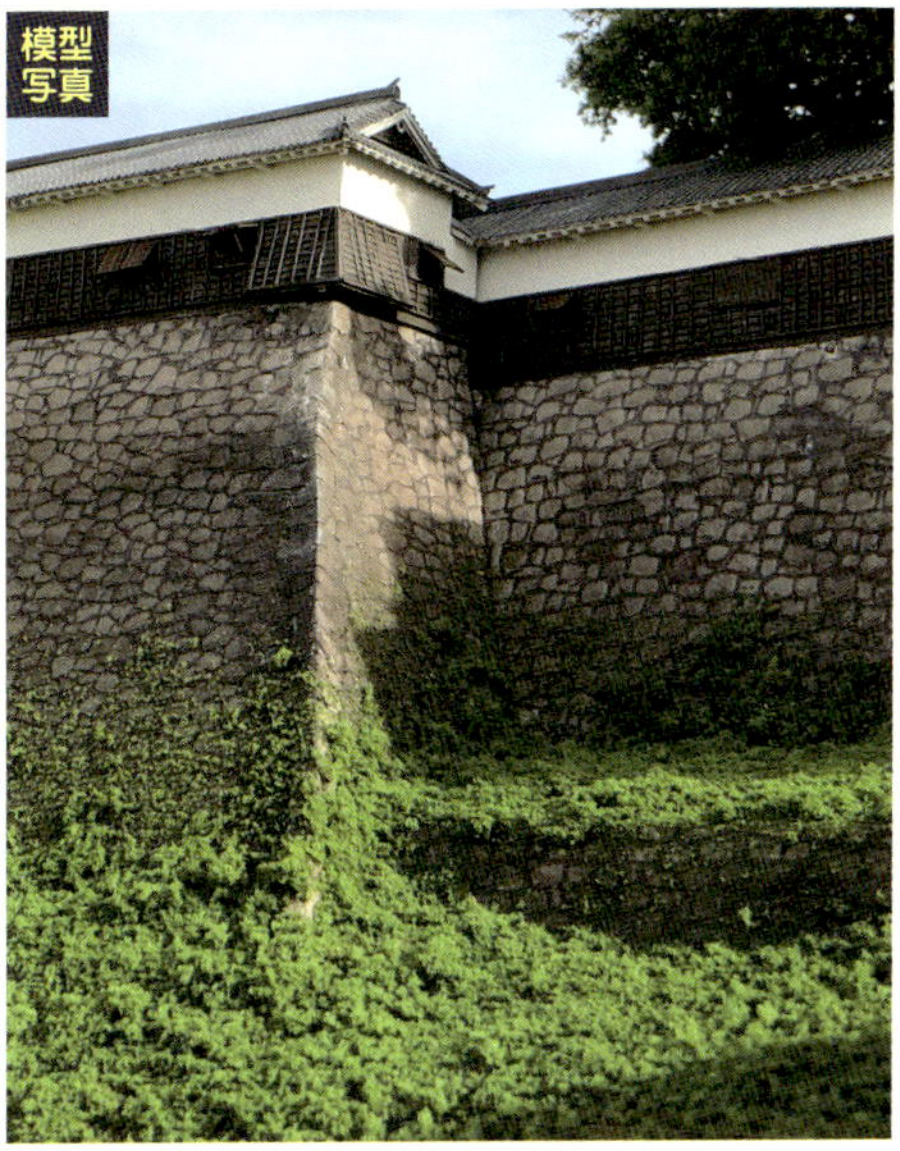

▲百間櫓石垣。

苔の表現

▶シーニックセメントを苔の表現範囲よりも思い切って広く塗布する。

↓

▶KATOのターフをつまんで振りかける。石垣面が隠れないように透けて見えるようにするのがコツ。

↓

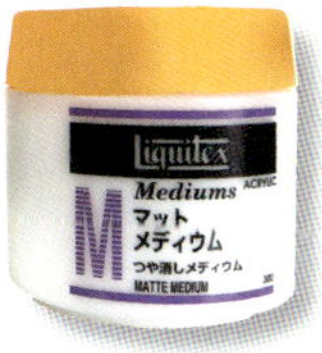

▶背の高い草の表現。石垣と地面の際にかけて水で倍程度に薄めたマットメディウムを接着剤としてしみこませていく。

↓

▶コースターフをまばらに振りかけ、指で押さえてニュアンスを出しながらマットメディウムに定着させていく。

石垣の彩色

▲アクリルガッシュの和カラーの「赤墨」を水と1：5程度の割合で薄めて、表面を染めるような感覚で平筆を使い、色付けしていく。

↓

▲石積みのニュアンスは赤墨を部分的に重ねることで表現する。色味の違いではなく濃淡で。周囲に緑が入ることで印象が変わるので最終的な色味の決定は地面の作成後となる。

コラム③

大広間と二様の石垣の謎

　石垣が大きな見どころの熊本城にひときわ有名な石垣があります。「二様の石垣」の名で知られる石垣で、清正築城時代の古い石垣に覆いかぶさるように、後世の新しい石垣が増築されたため、勾配の異なる二つの石垣がそれぞれの曲線を見せています。

　新しい方の石垣は本丸内で最も新しい積み方に属し、細川時代に入ってからのものといわれており、清正時代、細川時代のそれぞれの石垣が一度に見比べることができる場所として観光客の注目を集めます。

　この高石垣の上には大広間と小広間が向かい合って建っていました。大広間の完成時期は清正の死の直前である慶長十五年頃であるとされます。それは慶長十五年四月と見られる清正自身の手紙に「広間の建築工事は、前の手紙に詳しく書いた通り油断なく進めよ」と指示があり、同じ年の七月の書状写には「本丸広間之絵」について、国許の絵師だけでは完成が遅くなるということから、上方より絵師を呼び寄せて描かせることとし、この時点で内装の絵の指示をしていることから、完成が迫っていたことが考えられるのです。細川時代に入って、城内の作事所が天守・本丸御殿を調査し、『御天守密書』という記録に残しています。その中で当時御用絵師であった矢野雪叟が本丸御殿内の障壁画を鑑定しており、障壁画は狩野派と京絵師たちによる清正時代のものと結論付けています。平面構成が古風なことからも、大広間の建築は慶長十五年というのが定説です。

　ところが、この大広間は、二様の石垣の新しい方、細川時代といわれる石垣に支えられているのです。熊本地震では、二様の石垣の増築部分が沈下し、その結果、昭君之間にはゆがみが生じました。建築とそれを支える石垣の年代が全く逆転しているという謎が生まれます。

　考えられる可能性は、

- 石垣は細川時代ではなく清正時代の慶長十五年につくられた
- 大広間は細川時代に建てられた
- 清正時代に建てられたものを曳家するか解体して移動させた
- 空中に浮かんでいた

以上のようになります。空中に浮かんでいた場合、当然支えが必要ですから、その場合はおのずと懸造り《かけづくり》になります。

　大広間と石垣の関係を巡る大きな謎です。

小広間三階櫓から大広間昭君之間下までの石垣は増築である。

4 模型写真で見る本丸の建物

❖大天守・小天守
❖御裏五階櫓
❖西竹丸五階櫓
❖数寄屋丸五階櫓
❖飯田丸五階櫓
❖宇土櫓
❖地蔵櫓門
❖元札櫓門
❖二の櫓門・本丸東三階櫓
❖月見櫓・小広間三階櫓
❖飯田丸三階櫓
❖御天守方口之間
❖トキ櫓・御裏五階櫓西平櫓
❖本丸御殿

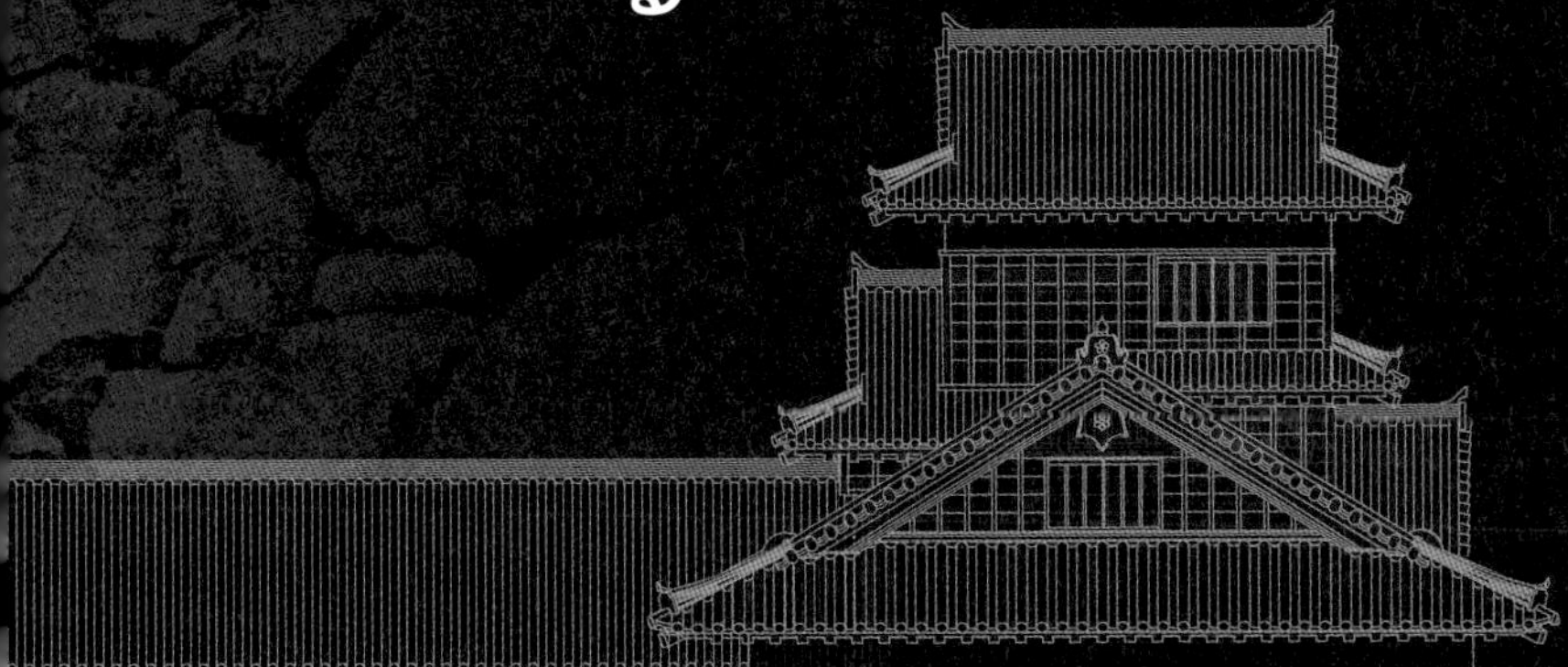

小広間三階櫓模型立面図（西面）©2019 島 充

大天守・小天守

天守は本丸最奥部、本丸上段の北西隅に位置する。標高50mの本丸上段からおよそ38mの高さがあり、城下との比高は75mほどになる。大天守は外観三重内部六階地下一階。小天守は外観二重、内部四階地下一階。これは中間の軒を庇として数えないためだが、実質、五重と三重の天守である。

下から見上げるとき、中間層の庇の垂木は細く、石垣から張り出した大天守を受ける面取りされた巨材のアクセントも加わって、軒裏が独特のリズムを生み出している。化粧材を用いないため、構造材が露出しており、構造美がそのまま建築美となっていることが古代的な力強さを感じさせる。

大天守は大入母屋を二段重ね、棟の向きを違えた最上階を受ける。それぞれの大入母屋と直交する面にも巨大な千鳥破風を配し、四方に向かって上下に重なった三角形の破風面が強調される。最上階には唐破風を頂いた張り出しがあり、天守の正面を表している。千鳥破風と入母屋破風で統一された熊本城内にあって、この唐破風は鮮烈な印象を残す。

軒の出が浅いことも熊本城の特徴。松江城は六尺、松本城は六尺五寸、名古屋城は七尺、姫路城は七尺二寸ほどの軒の出があるのに対し熊本城の天守はわずか三尺三寸。ほぼ半分の軒の出しかない。軒の反りもささやかなものとなっている。極限まで装飾を排するため、三段の破風ですべてかたちの異なる懸魚など細部意匠が目を引く。

反りのある破風の重なりと裾を広げた全体のシルエットが強い上昇力を生み出すが、下見板と漆喰の境目や軒の水平ラインが拮抗してむしろ重厚な安定感を感じさせる天守だといえる。

4 模型写真で見る本丸の建物

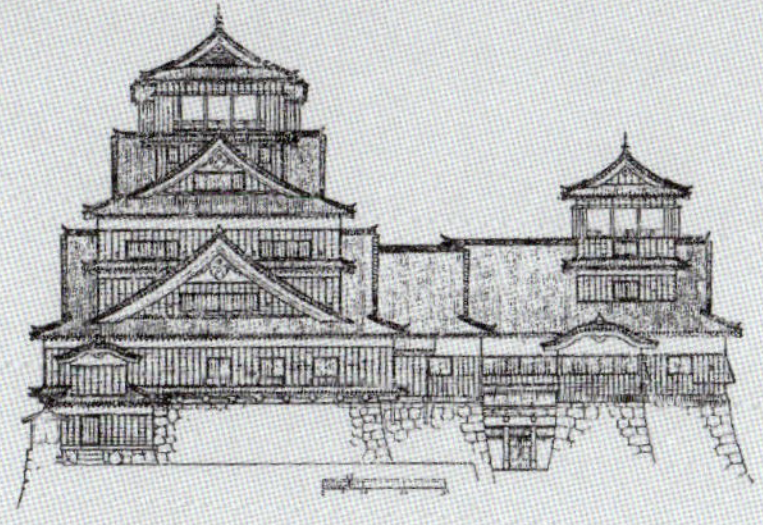

天守の復元設計を手掛けた藤岡通夫博士の論文「熊本城天守復原考」に納められた天守東面の立面図は、古絵図を反映して小天守入口の二重の庇、大天守一階の三連の窓など、絵図の描写を厳密に反映している。現実の建築設計では変更が加えられたらしい。

小天守は増築と見られる。小天守台石垣の築造にあたっては敷地を広げる造成が行われた形跡があり、はじめからその大きさが決まっていたことが指摘されている。時期的に清正が自らの隠居城として整備していた宇土城の破却と重なることから、この小天守は宇土城天守を移築したものであることが有力視されている。

古写真の観察から、東側セッチンの張り出しの屋根の向き、小天守入口上の二重の庇など現状と異なる部分を模型上に表現している。大小天守最上階も漆喰部分は古写真からは確認できないため木部表現とした。

模型原寸図 1/150

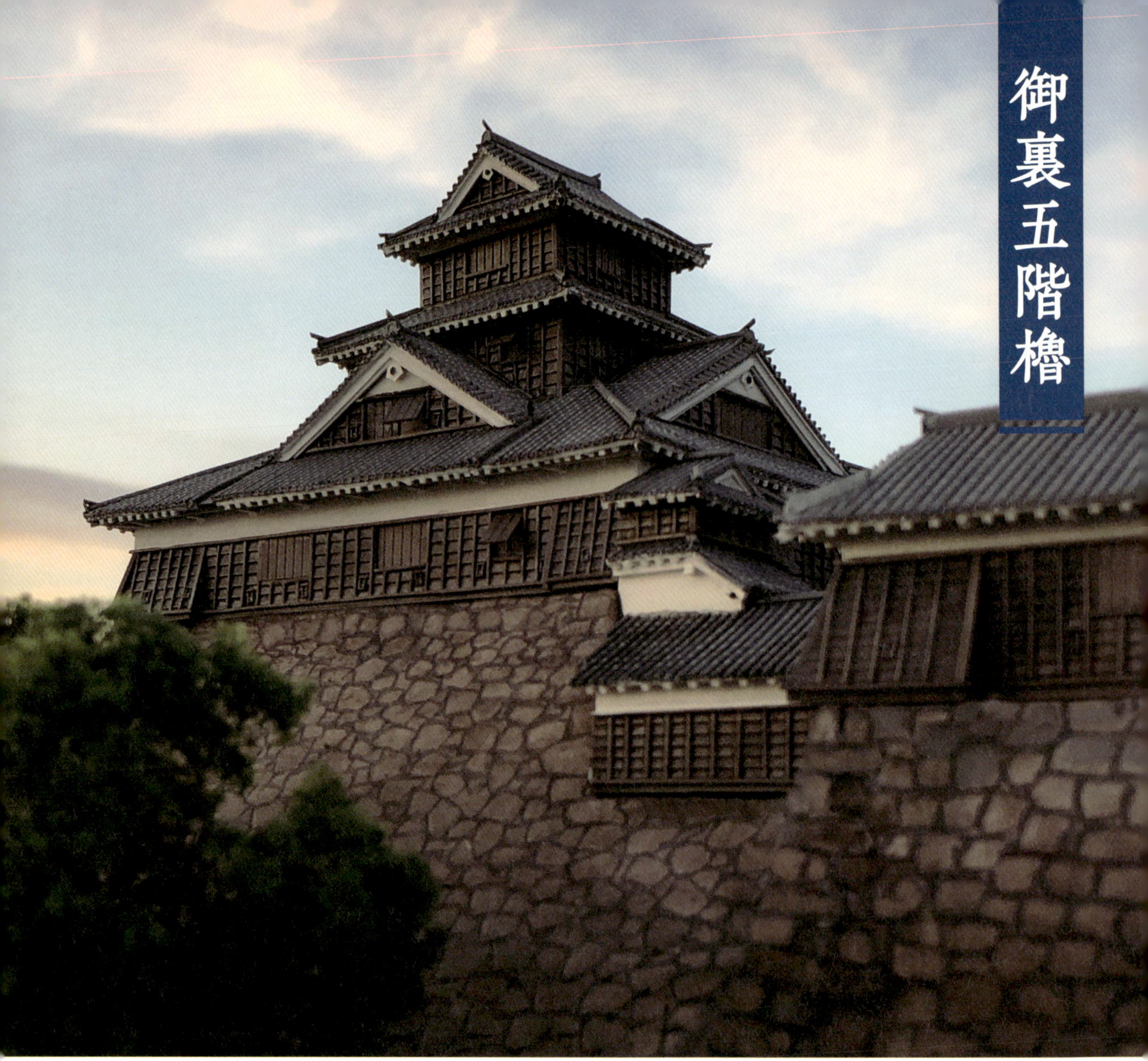

御裏五階櫓

御裏五階櫓は、本丸上段の北側、小天守の東脇にあった五階櫓。巨大な大天守と小天守のすぐそばにあるため、古写真では小さく感じられる。「御裏」とは城主のプライベートな居住空間を表す言葉で、転じて「御裏様」「御裏方」といえば大名の正室を指すこともあった。本丸御殿大広間を公式の表向きの空間だとすると、その裏側には中奥から奥にあたる御殿があり、城主の生活空間となっていた。日常の食事のための「御裏台所」もあり、この櫓の名前はその立地にちなんでいる。

御裏五階櫓は天守に近いこともあり、比較的写真がよく残されている。この櫓の最大の特徴は一階平面に対して最上階が小さいことで、全体がずんぐりしてつぶれたように見える。一階平面はゆがみが大きく、直角の角は一か所もなく、外壁はどの面どうしも平行をなさない。二重目以上は完全な矩形となり、一階のゆがみを一度に補正するため、初重の屋根は大変複雑な構成になり、奇妙な形状をしている。

御裏五階櫓の石垣は、大天守台と並び本丸内で最古のもの。ほとんど反りのない緩やかな石垣の稜線をそのまま延長するかのように櫓が一体化し、全体がなだらかな山のようなプロポーションを生み出している。歪みが大きいため、見る方向によって有機的な形状の変化を見せる。五階櫓の中では最もやわらかな線を持った安定した櫓である。

模型原寸図
1/150

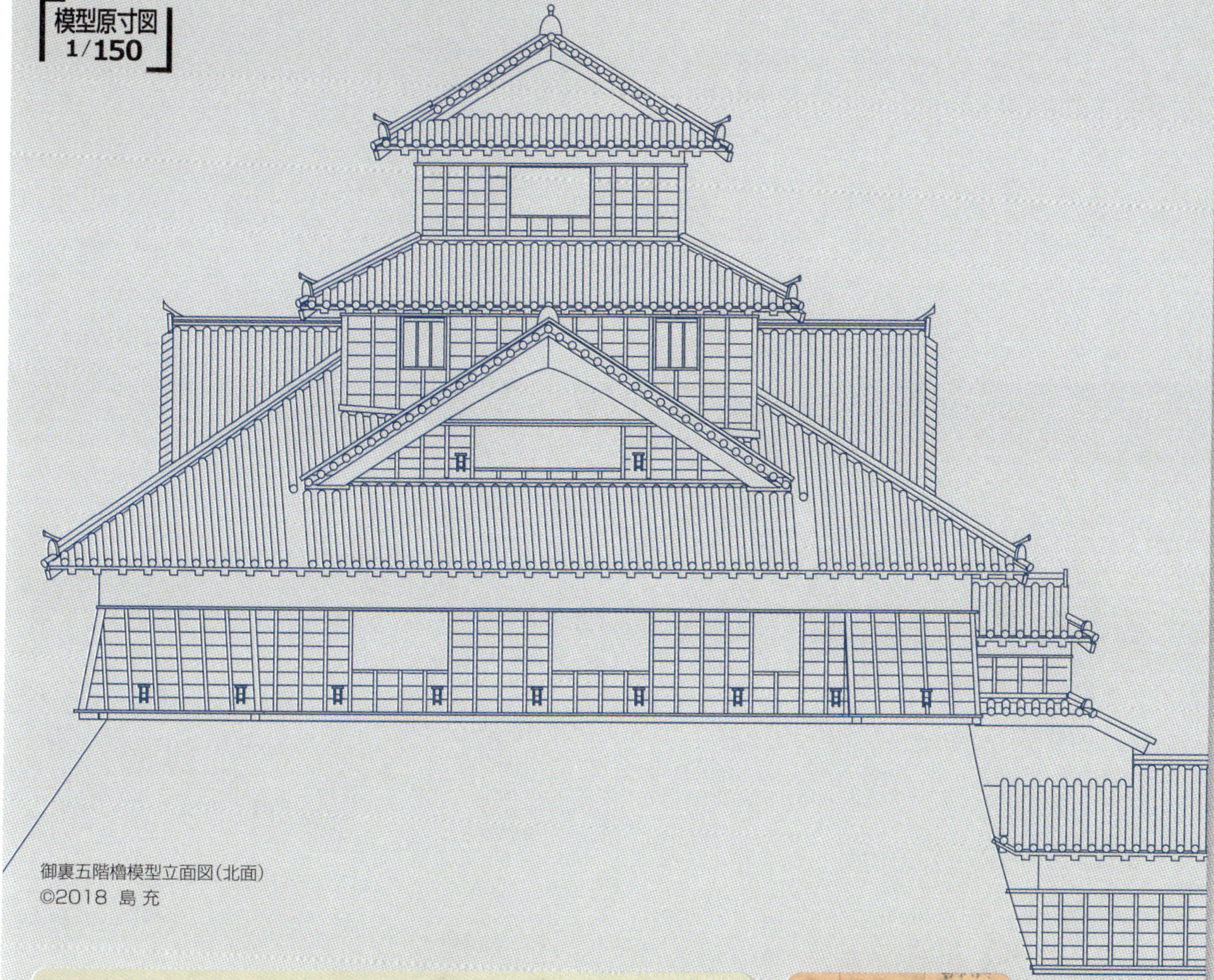

御裏五階櫓模型立面図（北面）
©2018 島充

▲北から望んだ御裏五階櫓。

▲『御城図』御裏五階櫓部分。

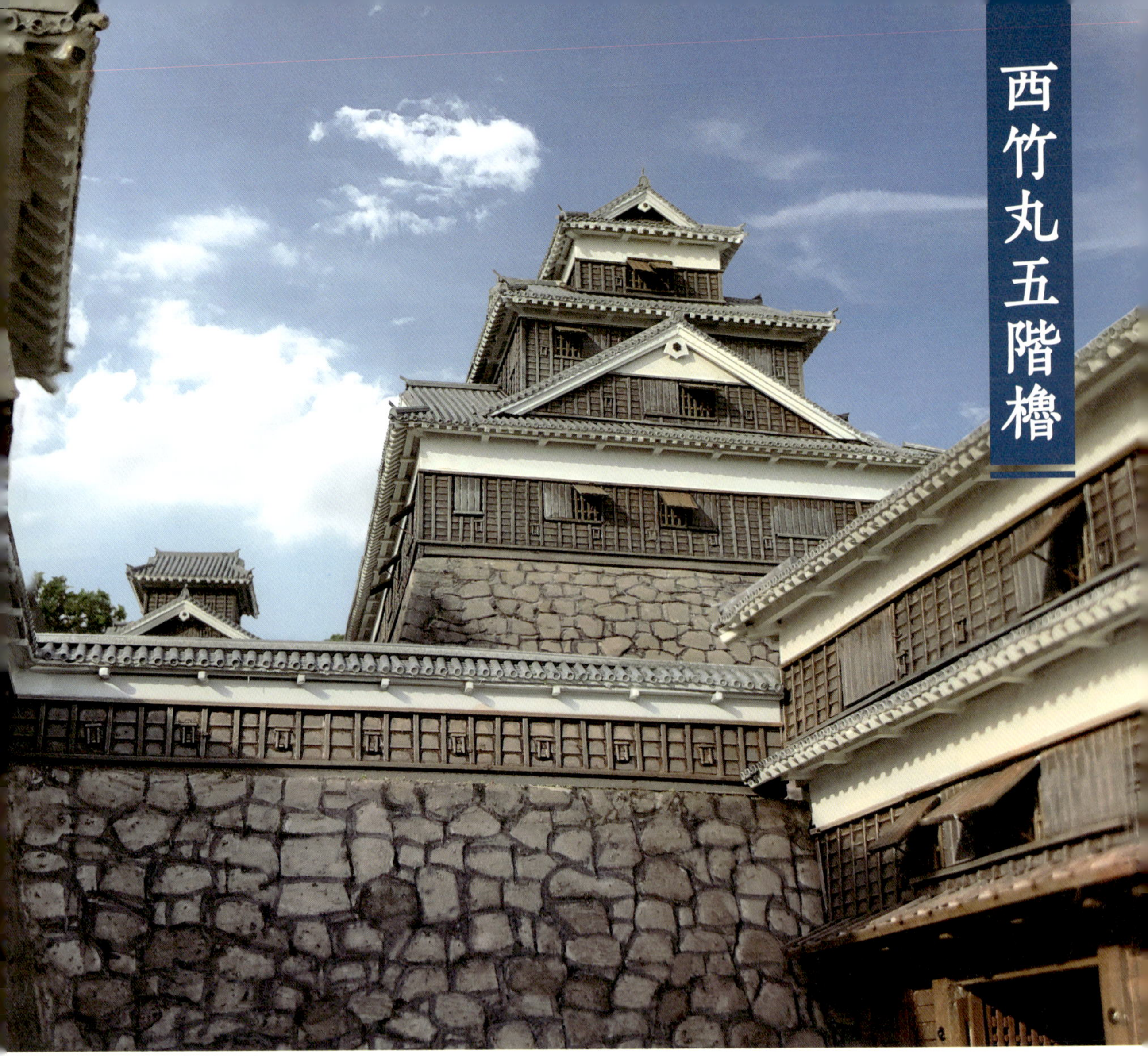

西竹丸五階櫓

西竹丸五階櫓は、本丸の南側虎口の中央に建つ五階櫓である。この五階櫓の周囲を回りこむように連続して虎口が設けられ、熊本城の過剰防衛が端的にかたちとなって現れている空間となっている。連続虎口の外側、元札櫓門前から見上げると、眼前に聳え立つのがこの西竹丸五階櫓である。

現在の石垣を見ると、櫓台上につながった石垣が一か所もなく、どこからこの櫓に達するのかわからない。ゆえに近代では「独立櫓」とも呼ばれている。本来は櫓の北側に札櫓門が接続しており、この門の上部櫓の内部を通って五階櫓に至った。

この櫓は周囲の石垣より低く入り込んだ位置にあって、櫓の前面を高木が覆っていることもあり残された写真は少ない。

櫓台石垣は本丸内では御裏五階櫓台に続く時期の古いもの。石垣平面の不正形に連動して櫓の屋根の納まりにも苦心の跡がうかがえる。模型制作に先立つ形状割り出しの結果、南を基準として一間逓減させて二重目を載せること、屋根の辻棲は北面で解決すること、最上階が二間半四方であることなど、御裏五階櫓と共通した発想のもとに全体を納めていることが明らかになった。

城内側の初重千鳥破風を切妻の出窓状とすることもこの櫓の特色。これまで、復元図すら作成されたことがなかったこの櫓の立体形状が明らかになったのは、今回の模型制作の一つの成果だといえよう。

西竹丸五階櫓模型立面図（東面）
©2019 島 充

▲上空から見下ろした西竹丸五階櫓周辺。

▲南面の全貌がわかる唯一の写真。

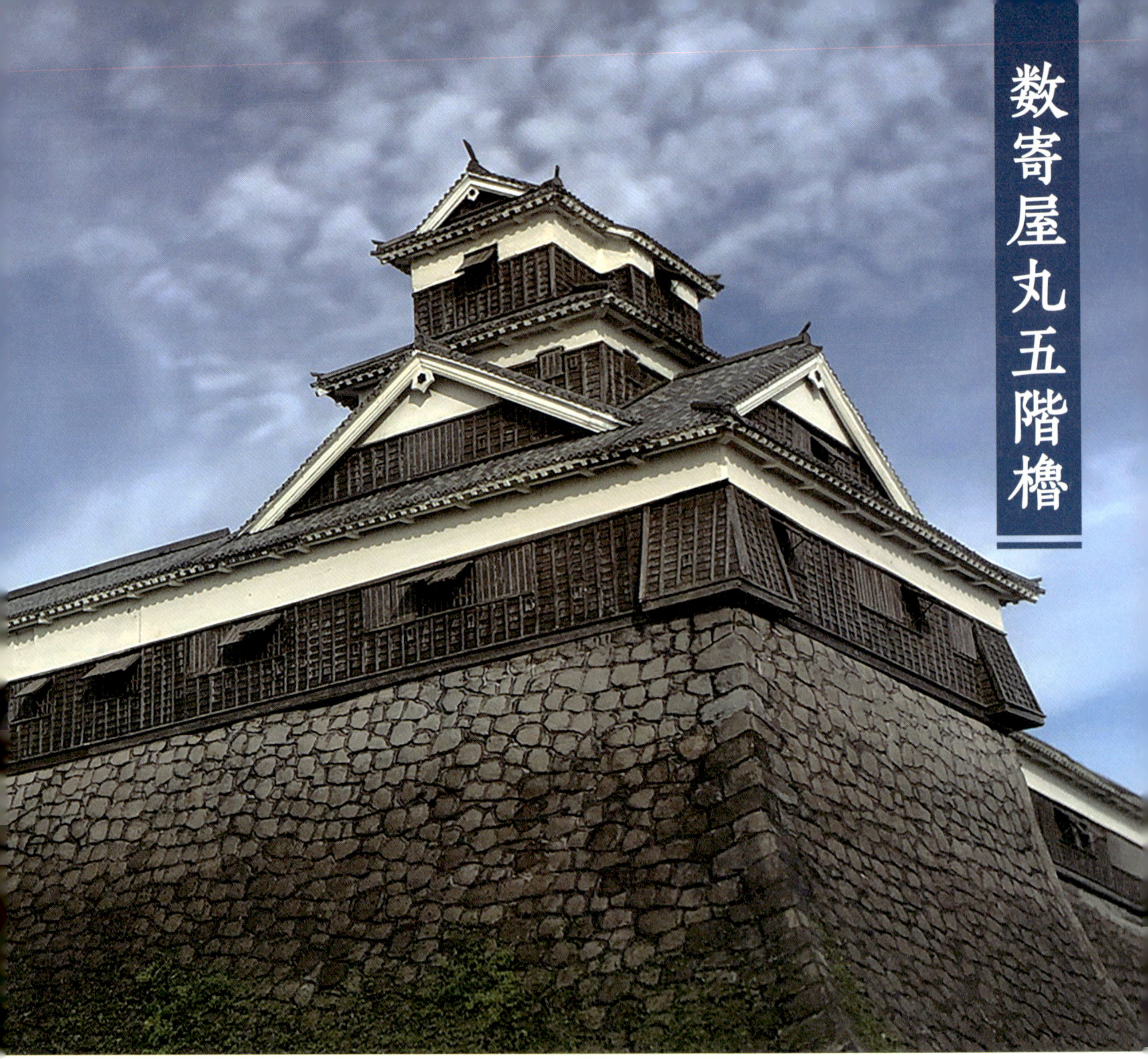

数寄屋丸五階櫓

数寄屋丸五階櫓は、その名の通り数寄屋丸の南西隅に建つ五階櫓。数寄屋丸櫓門から天守にかけては一続きの長大な建物になっていて、その中間にある。東には数寄屋丸二階御広間、北には長櫓が接続している。

数寄屋丸五階櫓の最大の特徴はその外観で、最上階の東半分三方と西に向かって平面が張り出していて、西に向かった凸形を呈している。これに従って最上階の屋根は大きさの違う入母屋を二つなげたような形状をしている。『宇土櫓保存修理報告書』ではこの屋根を指して「入母屋兜造とでもいう」屋根と言葉をひねり出しているが、うまく表現されていて、真西から見上げたときの姿は、最上階の張り出した軒がちょうど兜の錣《しころ》のように見え、甲冑を纏った若武者のように見える。

古写真を見ると、最上階の大棟両端の鳥衾が明らかに巨大で、反り返っているのが確認できる。いったいどのような飾り瓦が用いられていたのか判然としないが、何らかの変わり瓦が誂えられていたのかもしれない。

一階平面は宇土櫓よりも大きく十間に八間。高さが及ばないだけで量感は宇土櫓に並ぶ。標高が高い位置にあり、城下からもよく目立つ。石垣は本丸内では新しい時期に属し、建築も新しいのかもしれない。

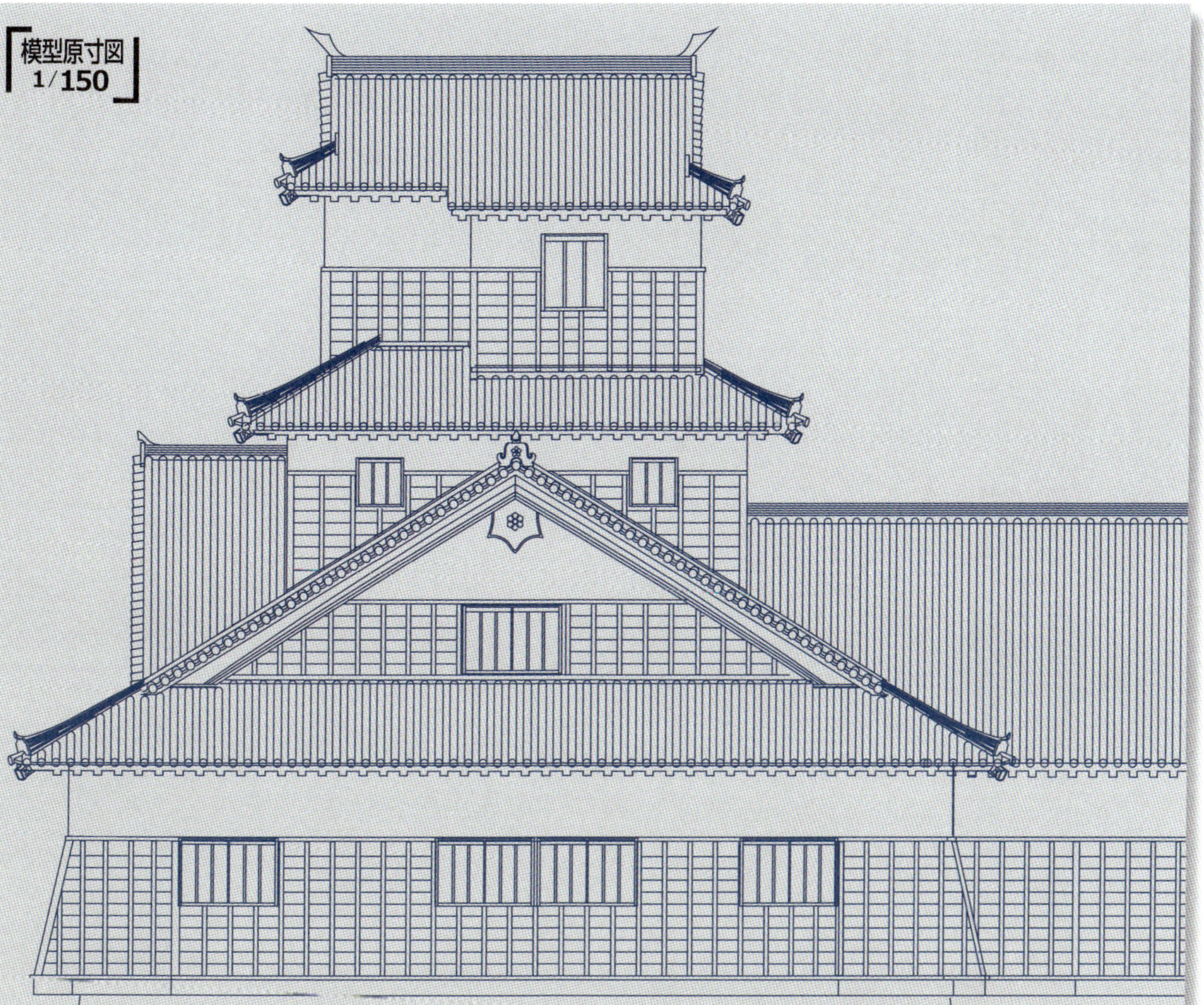

数寄屋丸五階櫓模型立面図（南面）
©2019 島充

▲数寄屋丸五階櫓の唯一の鮮明古写真。

▲『御城図』数寄屋丸五階櫓。

飯田丸五階櫓

西竹の丸（飯田丸）の南西隅に建つ五階櫓。最上階は二間四方で、五階櫓の中では量感が小さい。
　櫓台石垣は本丸内でもっとも新しい時期のものとされ、当初の石垣を覆い隠すかたちで櫓台が造成されている。石垣が新しいこともあり、一つだけ毛並みが違うように見えるこの櫓には、支城の天守を移築したのでは、という説もあるが、現物が現存していない以上、確証はない。熊本地震の復旧に伴う石垣の解体で、現櫓台が覆い隠していた当初の石垣が露出して話題になった。
　飯田丸五階櫓は二〇〇六年に木造で復元され、古写真をコンピューターに取り込んでの高さ解析も行われ、外観はかなり忠実に復元されている。ただし、内部に関しては名前の通りの五階であったという説と、三階であったという説があり、復元された櫓は内部を五階建てとした。ところが、三階より上は階高が低くなってしまい、観光客の安全を考慮して立ち入ることはできなかった。
　今回の模型化にあたり、改めて古写真との形状比較を行い、その結果、二重目と三重目の軒裏には出桁があることを確認している。これは復元考証の際には見落されたのか、造作されていない。模型は復元竣工図面をもとに修正を加えて造形した。

宇土櫓

宇土櫓は五階櫓の中で最大の高さを誇るもので、「三の天守」とも呼ばれ、城内唯一の多層櫓の現存遺構として、国の重要文化財に指定されている。

宇土櫓には続櫓（古外様櫓）が接続している。続櫓を支える石垣は、上面自体が傾斜し、それに合わせて櫓全体が傾いて建てられている。

宇土櫓台は本丸内でも新しい積み方の石垣に属する。隣り合う数寄屋丸の石垣も同時期のものと見られているが、こちらは数寄屋丸櫓門から御天守方口之間まで長大な石垣をほぼ水平に造成できているので、この傾きは意図的なものと考えられている。『宇土櫓保存修理工事報告書』では、この傾きを宇土櫓に接続する部分の屋根の納まりで今以上に高くすると、谷ができてしまい、うまく水を処理することができなくなることが唯一考えられる理由であるとする。これは模型化しても納得のいく説だが、もしそうだとすれば別々に存在した建物どうしを繋いだことを示唆している。

現存遺構だが、明治の古写真と比べると相違点がある。現在最上階の屋根には鯱があるが、これは昭和以降に取り付けられたもので、本来はない。また、初重大入母屋西面の妻壁の銃眼は、位置が変わっている。古写真を見比べると、昭和二年の修理の際に変わってしまったようだ。報告書では銃眼の位置はもとのままとしているが、変更が加えられていることを指摘しておく。

宇土櫓は古いのか

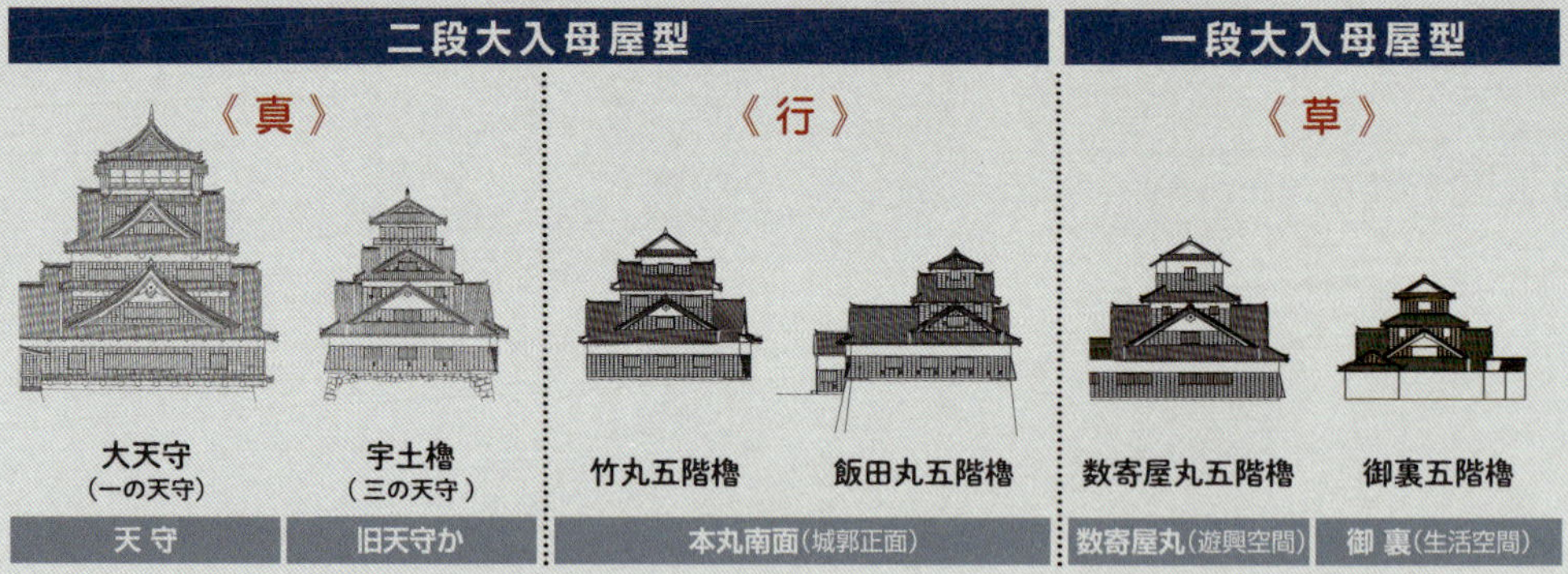

熊本城の五階櫓群は、他城の天守に匹敵します。一つの曲輪に一つの天守といった感があります。一見すると似通った外観デザインをしているようですが、こまやかなつくり分けをしており、「真・行・草」にも当てはまるような格式の違いすらを感じさせます。大入母屋と、同規模の千鳥破風の組み合わせを駆使して、それぞれの姿を造形し分けています。

中でも、三の天守と呼ばれた宇土櫓は、天守と全く同じ外観構成となっており、最上階には廻縁と高欄さえ設ける、他の五階櫓とは格別の姿をしています。宇土櫓の最上階に唐破風の張り出しを設け、廻縁を雨戸で囲えば、天守と同じ姿になります。

宇土櫓は築造年代がいまだはっきりしていません。宇土櫓を支えている石垣は、その隅石が完全な算木積みとなっており、築石の積み方からも、慶長後期ごろのものだと見られています。この石垣は、築城当初の石垣を覆い隠すように増築されています。石垣の普請と建築が同時ならば慶長後期の建物となりますが、直線的でいかにも古風な外観から、櫓の建物は石垣より古いと見られてきました。

その名から宇土城からの移築伝説がありましたが、宇土櫓は城内創建の建物であると見られています。ただし城内移築説は残っており、『宇土櫓保存修理工事報告書』では、現在の大天守台上に建てられた初代の天守ではないかとします。より巨大な天守を建てるために、新しく石垣を増築して移したという

のです。

もう一つの説には、清正が入国後すぐに築城した隈本城（古城）の天守であるとします。いずれにせよ、宇土櫓は石垣よりも古い建物だ、と見られているのです。

今回の模型制作の成果の一つに、すべての五階櫓のより正確なかたちが明らかになったことがあります。外観デザインのみならず、建物の歪みやその納め方についても、比較ができるようになったのです。本丸内でも最古級の石垣上に建つ御裏五階櫓と西竹丸五階櫓は、石垣に合わせてその場で屋根を納めていったかのような、試行錯誤にも似た原始性が感じられるのに対し、宇土櫓は大変均整が取れており、まるで最上階の三間四方から逆算して全体のプロポーションを決めたかと思われるほど、理念的な全体構想のもとに建築されていることを感じます。大入母屋に直交する大千鳥破風も、西竹丸五階櫓と飯田丸五階櫓では、二重目長辺（桁行）の壁面いっぱいに設けるため、棟が大入母屋より高くなり、上層の軒すれすれにまで来てしまいます。いっぽう宇土櫓では二重目は長方形平面にもかかわらず、破風の高さに明確な差が出ないように破風の納まりを調整していることがわかります。

もしこれが古城の天守ならば、天正期までさかのぼることになりますが、むしろ五階櫓の中では新しい建築なのではないかとの疑いすら感じさせます。

地蔵櫓門

本丸内最大の三階門。高さはおよそ17mでこれは宇土櫓の高さ19mに迫る。天守から数寄屋丸櫓門までの長大な一連の建物の一画をなし、三階内部は細工所となっていた。門をくぐり右に折れると本丸内最大の幅を誇る大石段があり、これをのぼると天守の真下へ出る。この石段の途中に有名な地図石のある一画がある。これは数寄屋丸の入口にあたり、待合が設けられていたらしい。

◆　◆

礎石に仏像の線刻が見えていたためこの名があるが、それは門が失われてみると地蔵ではなく阿弥陀で、大永二年の銘がある。清正が篤い法華信者であったことを考え合わせると興味深い。明治五年ごろと見られる古写真では上部櫓を確認できるがその後撤去されている。

▶地蔵櫓門跡（門内から）
南（写真右側）の石垣は反りがきつく、天端は垂直よりせり出したいわゆる宮勾配である。向かい合う北側の石垣は直線的で緩い勾配の古い時期の石垣で、その違いを見比べることができる。

▶門の名前の由来となった阿弥陀の線刻がある礎石。現在は掘り起こされ立てた状態で展示されている。

（いずれも著者撮影）

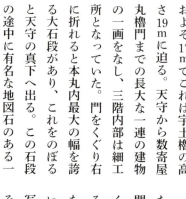

元札櫓門

本丸南の虎口の最初の門。本来ここで本丸内へ入るための門札を改めていたものが、もう一つ奥の「札櫓門」にその機能を移したことから「元札櫓門」と呼ばれたと思われる。

門の南側石垣の解体修理の結果、石垣は現在より70cmほど低かった可能性が指摘されている。現在の石垣高は6・7mであり、これが約6mであったとすると、高さ三間で設計したことが推測される。ただし、門部分の発掘は行われていないため、門礎の水準は不明である。『御城図』では三階門に描かれている。一方、『御城内御絵図』は門の直上は櫓となっており二階門形式である。『熊城秘録』はこの門の名称を「竹ノ丸南へ出ル口三階御門」としており、模型では三階門の姿とした。明治九年の段階では存在していたことがわかるが、その後いずれかの時点で撤去されたと見られている。

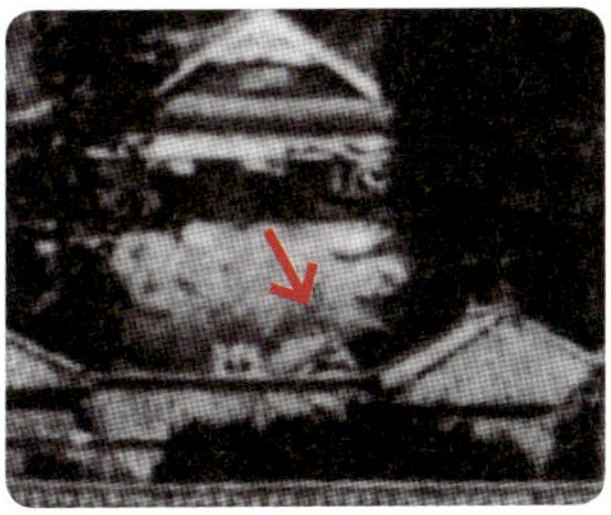

▶花畑屋敷越しに城を撮影した写真に元札櫓門の屋根の先端がのぞいているのが確認できる。

本丸東三階櫓・二の櫓門

二の櫓門は本丸御殿の東に位置する三階門で、近習や裏方が使用していたと見られる。三階内部には囲炉裏があり、煙出しが設けられていた可能性もある。この三階を通り本丸東三階櫓に至る。

◆ ◆

本丸東三階櫓は、古い文献では三ノ門五階櫓とあり、当初五階櫓であったものを建て替えたとされる。しかし五階櫓であったにしては平面規模が小さい。三階櫓一階の窓は『御城内御絵図』と坪井から撮影された古写真では一致せず、古写真では北面のほぼ全面が窓に見える。これは明治に入っての改変である可能性も否定できないが、写真の姿で模型化した。石垣は古く、縦使いの隅石が見られる。向かい合う長局櫓の石垣は算木積みであり、築造時期の違いが一目でわかる。西南戦争に際し焼失。

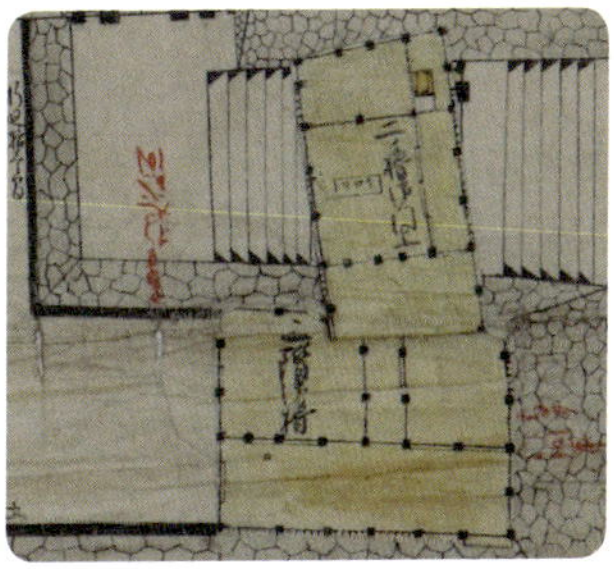

◀『御城内御絵図』二の櫓門と本丸東三階櫓部分。

よみがえる三階門

　熊本城の本丸内には、十棟の櫓門があります。そのうち少なくとも五棟は三階建ての雄大な三階門でした。これまで、熊本城の建築的特色として五階櫓が挙げられることはあっても、三階門についてはあまり注目されてきませんでした。しかしながら、この巨大な城門も、熊本城を特徴づける個性的な姿をしています。

　熊本城では門の両側の脇石垣が高いため、必然的に三階門となったことも考えられます。三階門は、彦根城や松山城、金沢城などにも存在しました。ところが多くの場合、門の上部の櫓部分を二重とする例が多いのに対し、熊本城では二階部分を石垣に挟まれた部分につくります。いかに石垣が高いかがわかります。通常の櫓と違い、まっすぐ垂直に三階分の壁面が立ち上がる様子は、その前に立つものを威圧したに違いありません。

　三階門が設けられた場所は、本丸内の重要なルート上に限られています。

　まず南側。熊本城の中でも最も厚い防御を誇る連続外枡形部分です。ここに元札櫓門と札櫓門があります。この二つの門はその名が示す通り、本丸内に入るための門札を改める場所でした。

　この連続外枡形を抜けると、目の前に二様の石垣が現れます。その上には小広間三階櫓、本丸御殿大広間を見上げます。真正面には大天守が聳えます。高石垣に沿ってまっすぐ進むと、石段上に冠木門があり、その先を左に折れると地蔵櫓門が現れます。地蔵櫓門脇の石垣は約9・3mあり、その上の櫓も含めると約17mの巨大な三階門でした。現在この門の跡に立ち、その上に櫓が掛かっていたことを思い浮かべると、それがにわかには信じられないほどの広い空間があります。地蔵櫓門は本丸内の三階門の中で最も巨大なものでした。この門をくぐり右に折れ、大石段をのぼると、天守の真下へ出ます。南の元札櫓門から天守下に至る道筋上の櫓門はすべて三階門になっています。現在「石垣コース」と名付けられるこのルートは石垣のみならず建築においても熊本城のいわば大手道ともいうべき演出された道筋です。

　次に西側から天守直下の平左衛門丸に入る虎口に数寄屋丸櫓門があります。江戸後期頃と見られる資料によれば、藩主の登城には平左衛門丸に直接入るこの門が使われ、その外側に位置する西出丸の三つの門をすべて「大手門」と称することからも、この門を本丸の正門として使用していたことがうかがえます。この数寄屋丸櫓門も三階門となっています。

　残る二棟は耕作櫓門と二の櫓門で、いずれも本丸御殿下の「闇り通路」に開かれた門の前門ともいうべき位置に建てられています。この二つの門は、闇り通路を経由して、本丸最深部である本丸上段に至る入口の役目を果たしていました。このように、本丸内でも重要な位置にある門はすべて三階門となっているのです。

　ちなみに、西出丸の三つの大手門と、本丸の正門として使われた数寄屋丸櫓門の位置から、熊本城は西向きの城であると理解されています。しかしながら空間の向きと正門の向きは必ずしも一致しません。模型にするとよくわかりますが、熊本城の本丸は南向きに構想・計画されたことは明らかであり、南向きの空間に西側から出入りしていたと見るべきでしょう。

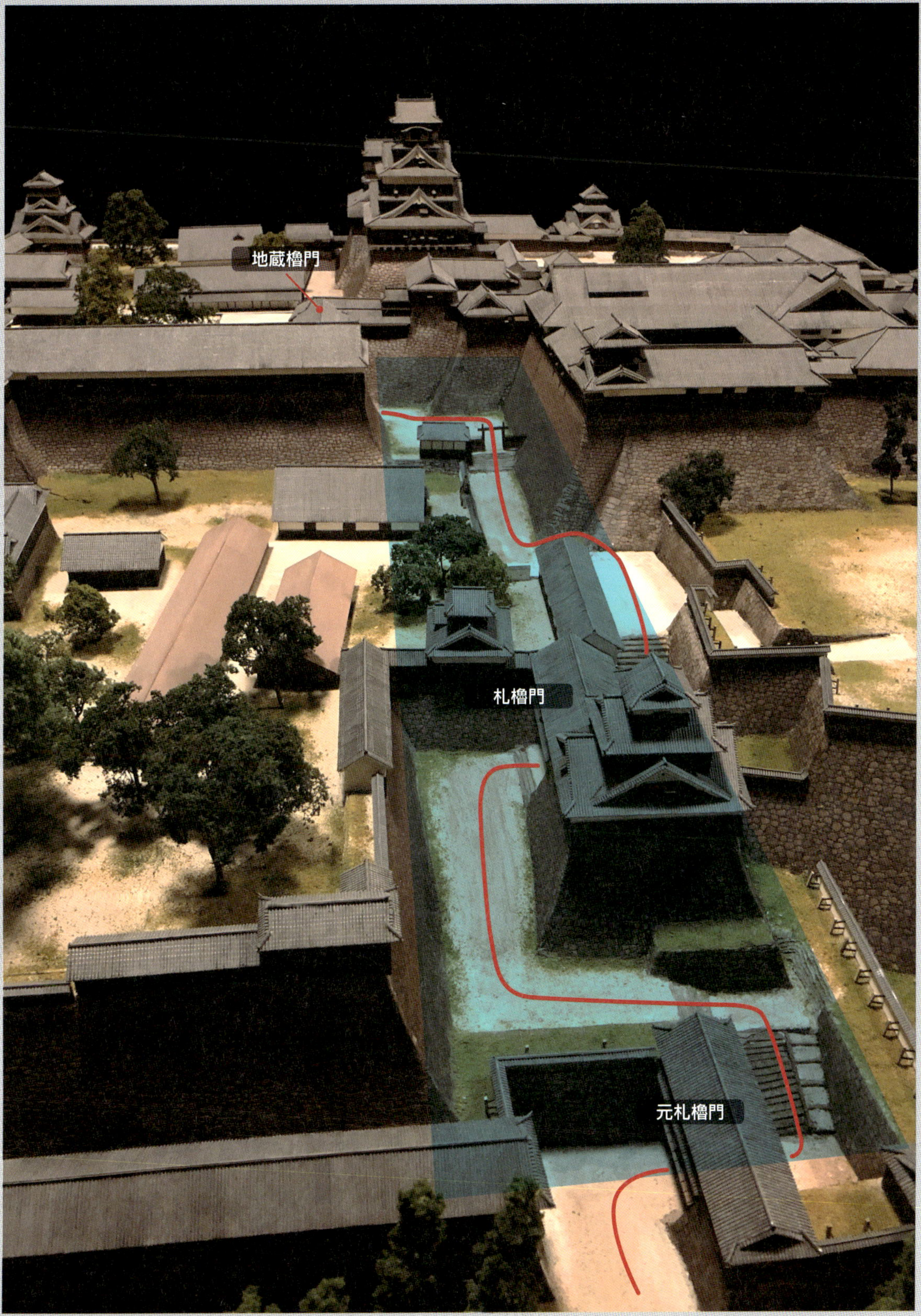

▲元札櫓門から天守までの空間にはまっすぐに〝抜け〟がある。この抜けたラインに三つの三階門が設けられている。

月見櫓・小広間三階櫓

月見櫓は本丸上段の南東隅に位置する。月見櫓の名のある櫓は城郭内の東側に位置するのが通例であり、熊本城もその例に漏れない。一階は月見台所となっており、寄棟の屋根を持ち城内側に跳ね上げ屋根の煙出しを設けていたと思われる。上重は古写真の割合から三間四方が算出でき、宝形造の屋根を持つ。本丸内の櫓でもひときわ趣の異なる外観を見せる。

月見櫓の西側に連なるのは小広間とその上の三階櫓である。有名な二様の石垣上に建ち、古写真から二重目の軒に南北で高低差をつけていることが明らかとなった。この特異な外観を取る理由は定かではないが、もし構造上の理由でないのであれば、それは大広間から見た時に破風を二段重ねたいがためと思われる。石落しは月見櫓は袴腰型、小広間と三階櫓は戸袋型とそれぞれ意匠を違えている。

この二つの櫓は南に面する壁面のほぼ全面を窓とする。城内最高地である本丸上段から南を望む眺めを重視したつくりとなっている。

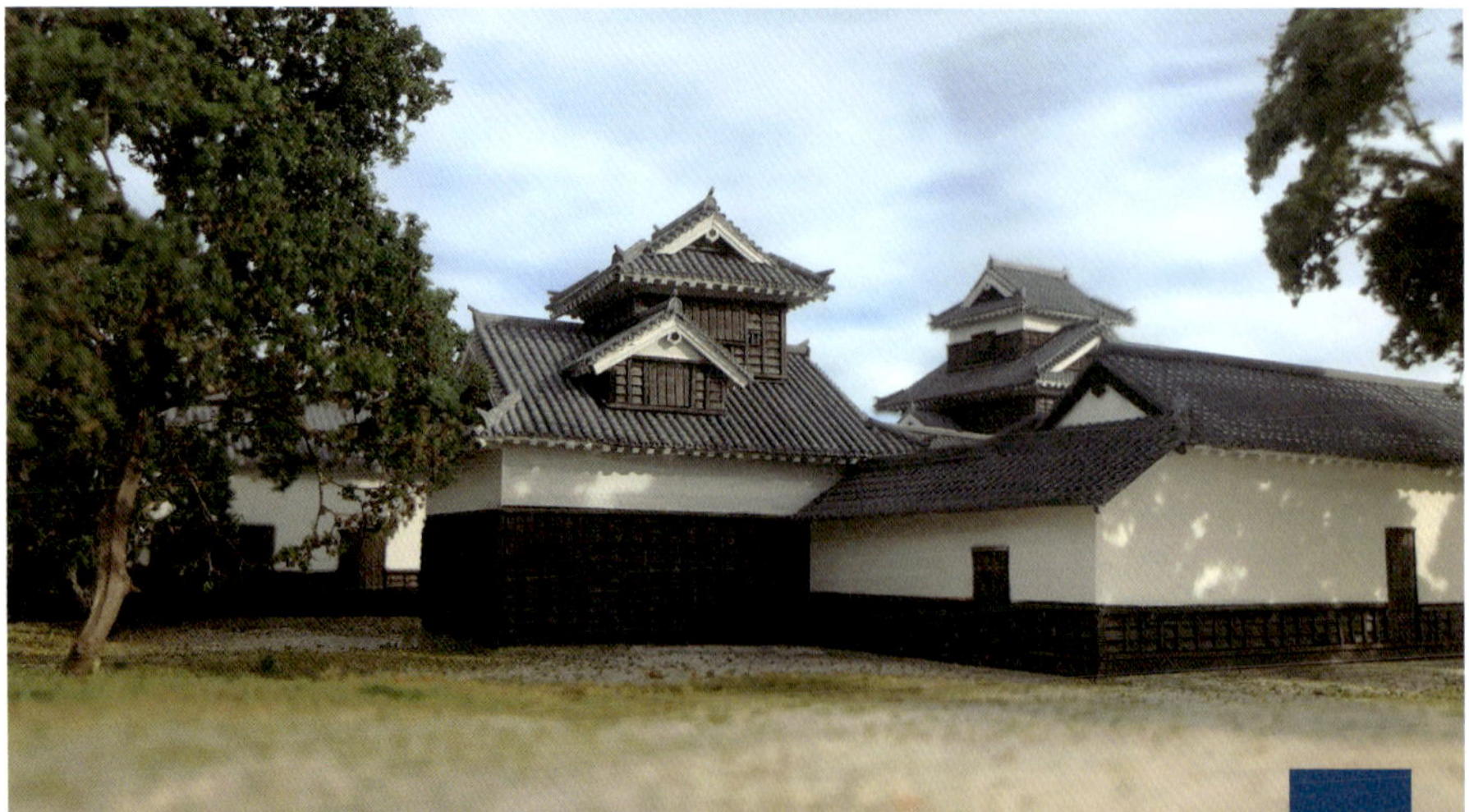

飯田丸三階櫓

札櫓門の西に建つ櫓。西に向かって切妻の出窓を持つが、これが上重の中心には来ない個性的な外観を呈する。元札櫓門から見上げた時、中央に聳える天守を隠す不自然な位置にあり、出窓の向きも城内に向いており移築されたと見られている。元は現在の飯田丸五階櫓の場所にあったとされるが、確証はない。

▲『御城図』飯田丸三階櫓。

▲古写真から出窓が片寄っていることがわかる。

御天守方口之間・弓蔵

外に向かって開かれた天守の正式な入口。天守の向かい側にあり、いわば心理的死角に位置している。さらにその外側を取り囲むように弓蔵が建てられており、この口之間を隠している。一見、蔵の入口と見える扉は「御天守方入口多門」といい、内部は通路になっていた。弓蔵の入口は内側の中庭状の空間に向かって開かれている。

軒が三重になった建物は内部の階段を覆うものである。

トキ櫓・御裏五階櫓西平櫓

トキ櫓は小天守の東側真下に位置する四間半に九間の大きな平櫓。石垣がつくる深い谷を挟んで建つのが御裏五階櫓西平櫓で、この櫓の真下に石門がある。石門は抜け穴とも水抜き穴ともいわれる通路で、これを抜けると不開門方面への短絡路となる。北向きの虎口を埋めたとされ石垣の上部が分かれ、裾部もひだを成すような、本丸内でも最も複雑な石垣形状をしている。小天守の入口に達するにはこの深い谷状の空間を通る。御裏五階櫓脇の埋櫓門から石段をおり、石門前を通過して再び階段をのぼり、小天守入口へ向かう。

御裏五階櫓からは中空に張り出した階段建物から御裏五階櫓西平櫓へ至り、廊下塀を通って御肴部屋櫓までほとんど雨に濡れず行き来が可能である。御肴部屋櫓から宇土櫓までも当初は廊下塀であったから、長局櫓から宇土櫓までは一連になっているも同然であった。

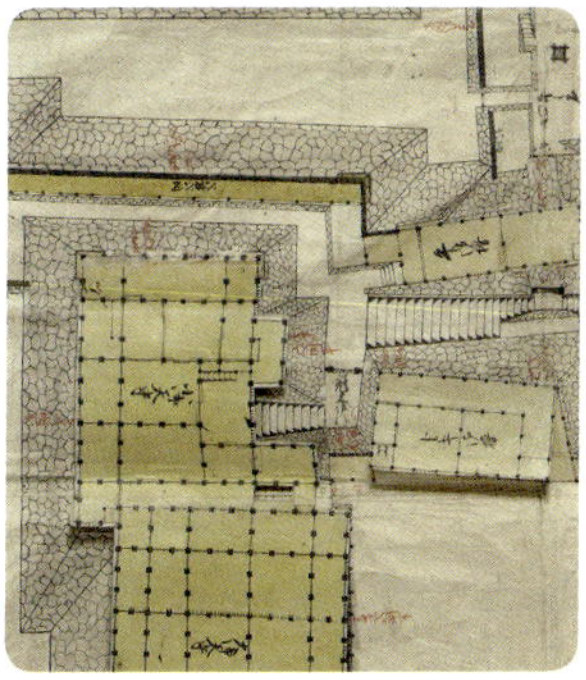

▲『御城図』小天守周辺。

本丸御殿

本丸御殿大広間は一棟の建物として城内最大の規模を誇る。最奥の昭君之間を上段とし、対面をはじめ、公式の儀式や政務の場であった。大広間とT字に交わる南北棟は大台所である。大広間は慶長十五年の完成とされる。大広間大屋根にある跳ね上げ屋根は煙出しではなく、桐之間上三階の窓で、一部三階建てになっていた。床下には地下通路が通り、そこから階段をのぼって玄関があったから、合計五段の床面を持っていたことになる。外観は中庭に面した部分を除き櫓囲いとなっている。数寄屋丸二階御広間なども内部は座敷であるが外観は櫓である（櫓座敷）。天守内部も総畳敷きで、小天守一階には床と書院をもつ対面所風の部屋もあったから、住宅的要素と軍事的要素を兼ね備えているのが熊本城の特色であるといえる。

大広間の北側は城主の居住空間となっていた。

▲地下通路入口「闇り御門」上の大唐破風。

▲古写真を見ると、本丸御殿の大棟には九曜紋が入った板瓦が５枚ごとに使われていることがわかる。この板瓦は発掘調査では発見されていたものの、鮮明な古写真がなかったため、木造での再建の際には意匠として採用されていない。模型では古写真通りの九曜紋を再現した。

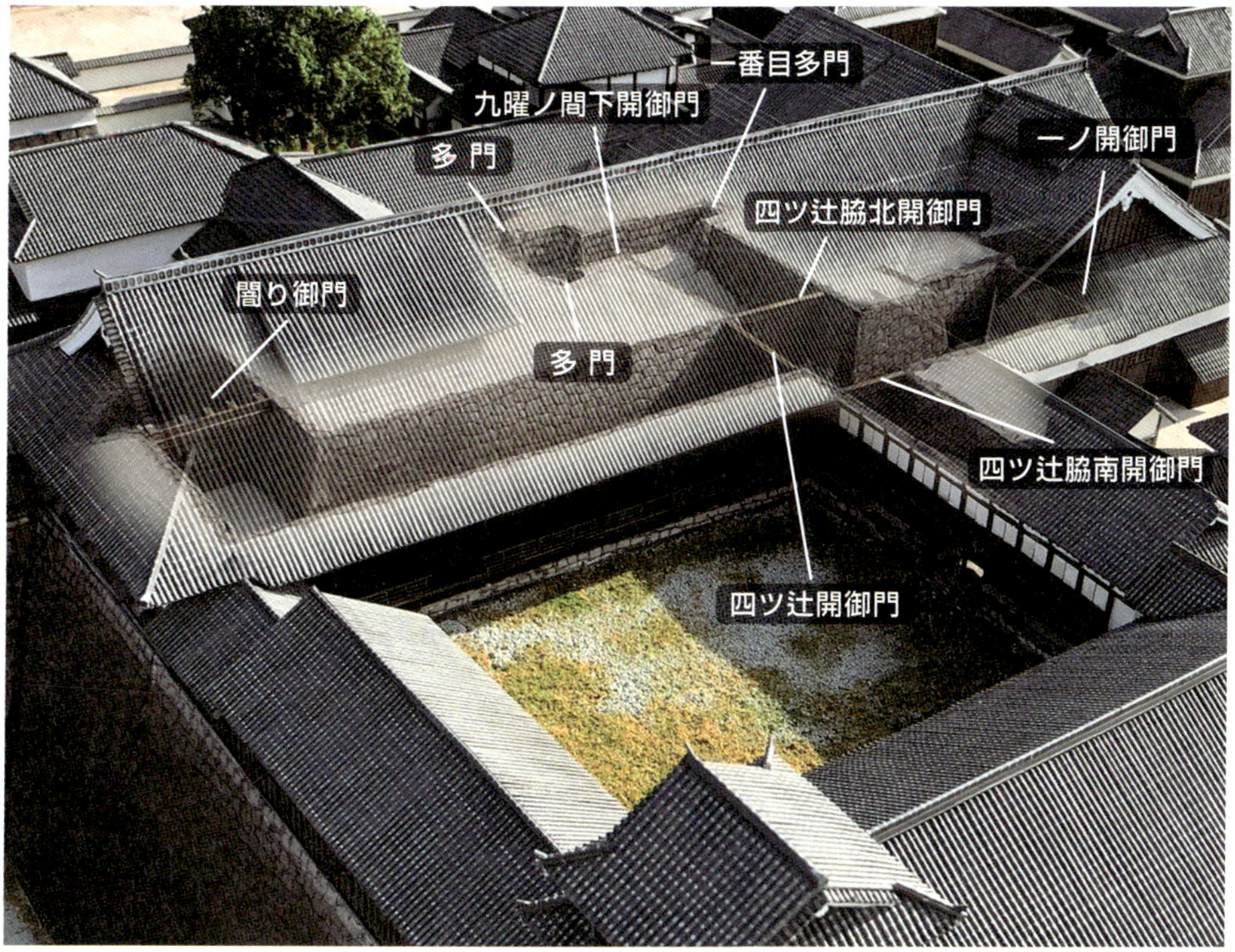

◀本丸御殿は本丸上段を貫く道をまたぐように建てられており、地階は「闇り通路」と呼ばれる地下通路になっている。この通路内には本丸御殿の正式な入口である御玄関が床下の中二階にあった他、合計九つの門が設けられていた。

奥御殿の屋根

『御城図』を見ると、奥御殿の大部分は柿や檜皮と見られる有機材で葺かれた表現となっている。手間のかかるこれらの葺材が明治まで維持されていたかは疑問で、花畑屋敷の古写真を見ても、もとは檜皮か柿であったと見られる屋根はすべて桟瓦葺きに改められている。吉野之間、九曜之間付近の発掘調査では板瓦の割合が他より高かったという。この時の調査では板瓦と桟瓦を区別しておらず、正確な割合はわからないが、模型では有機材で表現された箇所は桟瓦葺きとして造形した。柿や檜皮は1㎡あたり30kgほどの重量であるから、葺き替えるとしたら桟瓦であろうと判断した。

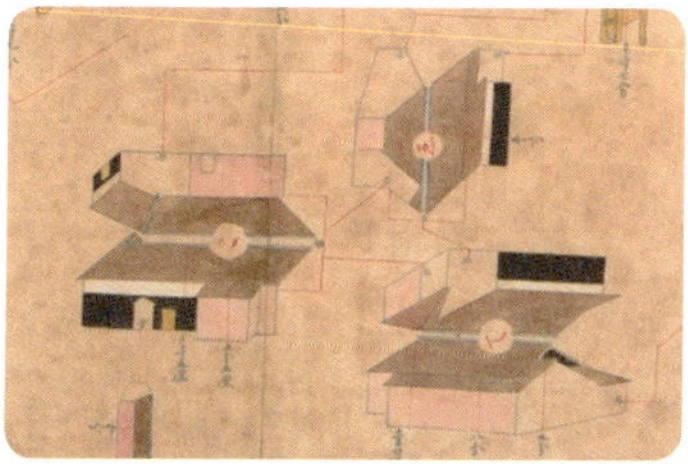

▲大広間の北側には中奥から奥にかけての御殿が建ち並ぶ。これらの建物は本丸内で唯一住宅風の外観をもつ。城主の日常生活の場であった。最奥に御居間があり、風呂屋、御裏台所など生活を支える建物が並ぶ。御祈祷所は高床で床下には中庭へつながる通路がある。囲炉裏の間の下には闇り通路の出口である一番目多門が開いている。二番目多門の上は御祈祷所と御小姓部屋をつなぐ廊下となっている。
立体的な空間構成を取り、建物の内と外で人の動線が複雑に交差する。

熊本城、そして安土と大坂

大工の善蔵は、弟弟子の善三郎に向かって、熊本築城の思い出を語っている。

「まづ、お城のつくりかたのみかたたい。あづちと大坂などのお城のくみあわせのみつもりをせにやならん。」（『御大工棟梁善蔵聞覚控』）

安土と大坂。肥後在郷のこの大工の口からするりと出た二つの城の名はあまりにも重い。

石垣を巡らせ、天守をあげ、櫓をたて並べたいわゆる近世城郭は、安土城にはじまるとされる。これはいわば、武士がはじめて手にした独自の建築である。以前、城といってもそれは砦に近く、建築史の一画を彩るような美的建築物ではない。力を持った武士の邸宅は皆、貴族化するしかなかった。そのすまいは平家一門の六波羅の殿々、足利将軍家の室町第など、―室町第の別名を花の御所と称するように―いずれも寝殿造りか、それに起源を発する殿屋である。

日本では、権力者の邸宅は広大化することはあっても高層化することはなかった。これは日本の建築史の特徴である。もちろん、古代より、五重塔、七重塔などの重塔や重層の仏堂が建てられ、中には高さ百メートルにも達する巨大建築が存在したが、これらはいずれも外観が重層なだけで、上層に内部空間をもたない。内部が部屋として設えられたごく最初の例として画期的と位置付けられるのは足利義満の金閣である。三階建てのこの建物は、内部空間を持ったことで建築においての「一段の飛躍」が見られるというのである。安土城「天主」は、七階に及ぶ内部空間を持っていたのだから、この空前の高層の邸宅が人々の耳目を驚かせたことは想像に難くない。安土城天主を記録した太田牛一の筆は、その内部の部屋部屋とそこを飾った障壁画の描写にほとんどを費やしている。複数の階にわたって部屋が積み重なったこの建築が、いかに新しく、驚きであったかが伝わってくる。同時にこの建物は、その城を象徴する役割も獲得した。

安土城の天主はわずか三年存在したのみで、本能寺の変の混乱の中で失われた。あとを継いだ秀吉が大坂の地に巨大な城を築くのが安土城焼失の三年後、天正十三年。この豊臣大坂城が大坂夏の陣で炎上するのが慶長二十年。この年に元和と改元され、いわゆる「一国一城」となる。安土城天主の完成から豊臣大坂城焼失までのわずか三十六年の間に、全国の城に百に迫るほどの天守が建てられた。この「天守」という独特の高層建築を中心とした石垣造り瓦葺きの城郭が、これほどまでに武将たちに受け入れられ、共感され、模倣され、そして新たに創造されつづけたことは特筆に値する。それは武士が手に入れた初めての己の建築であり、武士が建築をもって自己の存在と生きた時代をかたちとする手段を得たことを意味する。

加藤清正が安土城と大坂城の築城を目にしたのは、彼が十代後半から二十代初めにかけての時期である。この新建築が彼の目にどう映ったか。

現在の熊本城は清正の二度目の築城による。最初の築城は、現在の熊本城の位置から少し離れた、古城町のあたりと考えられており、熊本県立第一高校周辺には天正期の古い石垣が残存している。この古城を捨てて、全く新しい城を一から築き直す決意をするまでの間に何があったのか。それは文禄・慶長の役と秀吉の死である。

清正の朝鮮半島への出兵は足掛け六年に及んでいる。蔚山《ウルサン》城の戦いでは、十日に渡る籠城戦を経験し、兵糧も水の手も尽き、冬の寒さもうち加わっての窮地を経験している。当時最新様式であった城が実戦に晒された。その経験を持ち帰った時、すでに秀吉は亡く、国内の情勢は先が読めない。そんな中清正は、居城を新たに築き

［背景］豊臣大坂城天守模型　縮尺1/150　2018年 著者蔵
屏風絵の描写をもとに、熊本城天守の破風構成を逆算、美化して造形した。

直したのだった。

熊本城は過剰防衛の城といわれる。本丸南の屈曲に屈曲を重ねた厳重な虎口、のぼり越える気力を奪うほど反りかえった石垣、本丸御殿地下の暗闇の通路。石垣上には櫓が軒を連ねて建ち並ぶ。櫓々は内部でつながりあっているから、人の動きは外からはうかがえない。建ち並ぶ建物で城内の様子は完全に隠されている。とくに本丸上段の奥の御殿はその屋根さえも外部からは見えない。熊本城の特色の一つは間違いなくこの過剰さにあるだろう。茶臼山一山が石垣に、建築に、覆われている。

城内の建築は一つの様式でまとめ上げられている。これは大勢でいちどに建築するために規格化されたことも当然あろうが、統一された大量の建物が眼前に広がる時、その圧倒的量の建築部材が見る者に向かう。量は質を変ずるという。熊本城が発散する異様な力の正体はこの過剰なまでの建築の量によるだろう。その屋根がかたち成す三角形―破風―の多さ。本丸内の三角形の数は二百に迫る。南から見る城は、まるで鱗文様のように破風の三角形を上下左右に散らす。

熊本城は天守も五階櫓も巨大な破風を四方に誇示している。重層建築の外観として、それまでは水平の軒の重なりが重視されていたのに対し、城郭では三角形の重なりが前面に押し出される。これはそれまでの建築とは一線を画した城郭建築独自の姿である。当時誰も見たことのなかっただろう最新建築様式が九州肥後の地で過剰なまでに発露している。不整形平面に無理やりかけたような入母屋。技術がかたちを決めるのではなく、実現すべきかたちのために技術を駆使しているさまが見て取れる。破風への、執着にも似たこだわりがある。

熊本城の築城は、清正の死後、息子忠広の代まで継続していたらしい。家督を継いだ時、忠広はわずか十一歳。築城は清正の構想を受け継いだ家臣が成し遂げたものであろうか。いずれにせよ、清正の理念を実現するかたちで築造が進められたと見ていいだろう。

清正はこの城にどのような思いをこめたのであろうか。建築とは用途がかたちになったものであるが、実用を離れて独自の形態をなすに至るばあい、それは思想がかたちとなったものであることが多い。私には大工善蔵の口に突然現れた「あづちと大坂などのお城のくみあわせ」の言葉がどうも引っかかって仕方がない。熊本城を見ていると、この言葉があながち出まかせには聞こえないのである。

南から天守を眼前に見上げながらまっすぐに進み地蔵櫓門を経て天守下に至る道筋は、安土城の大手道から黒金門を経て天主下に至るルートを彷彿とさせる。熊本城の天守内には障壁画が描かれていた部屋がいくつもあったが、安土城天主も障壁画に埋め尽くされていた。天守内に障壁画があり、その画題まで判明しているのは安土城と熊本城くらいのものであろう。

天守―平左衛門丸―御肴部屋櫓―石門（低地脱出路）の関係は豊臣大坂城の天守―山里曲輪―朱三櫓―井戸曲輪（低地脱出路）の構成にそのまま当てはまる。また、天守台石垣から張り出して確保した一階平面規模（六尺五寸間で十二間×十三間）は豊臣大坂城天守の規模（七尺間で十一間×十二間）と重なる。札櫓門と西竹丸五階櫓、埋櫓門と御裏五階櫓の関係は、豊臣大坂城詰ノ丸の黒鉄門と櫓台とも見える石垣の関係そのままである。清正が若き日に目にしたであろう天下人の城の姿。その片鱗が熊本城の至る所に垣間見えるのだ。

熊本城がかたち成す過剰な建築空間。それは天下人亡き後、自らの来し方と行く先を見据えた清正の中にあふれ出た構想による。熊本城の過剰さは、彼が見た「あづちと大坂」が凝縮され、拡大して現出したもののように見える。

コラム④

御殿の壁は赤かったのか

古写真は建物のかたちをそのまま写しこんでいますが、どうしても記録できないものもあります。それは色です。

『御城図』を見てみると、本丸御殿の中奥から奥にかけての御殿を中心に、至る所に壁が赤く塗られた建物が見られます。これは本当に赤壁だったのでしょうか。

ベンガラを混ぜた赤い壁は、その産地として有名な岡山の吹屋の街並みのごとく広く住宅建築に見られますが、城郭の外壁として使われることはまれです。

私はこの描写を見て、これは柱など構造材を壁に見せた真壁造の部位を色わけで示したものだと直感しました。それは赤く塗られている建物が、御殿の他、長屋、台所など広範囲かつ建物の格式を選ばずに分布していること、櫓囲いの建物には赤い部位は見られず、いかにも真壁でありそうな建物にその分布が多いからです。また、飯田屋敷台所のように、一つの建物の中で部位ごとに塗り分けていることからもそれを感じさせました。『御城図』は模型図面ですので、模型制作者への色での指示のようにも感じられます。ただ、数寄屋丸二階御広間の真壁部分は、しっかりと真壁に描いていることは気になります。

絵図で赤く塗られた建物が古写真で確認できるのは、本丸御殿の「御祈祷所」のみです。この建物は実質二階建ての丈の高い建物だったらしく、壁の上部から屋根にかけてが御小姓部屋の屋根の向こうに覗いています。これを見ると、真壁造の壁であることが確認できます。壁の色はやや濃く写っていますが、これが軒下の影なのか、赤い色を写したものなのかは判然としません。

模型では自分の直感に従い、赤く塗られた建物は真壁としました。今後発掘調査で赤い漆喰壁が出土すれば、色を塗り直すことになるでしょうけれど……。

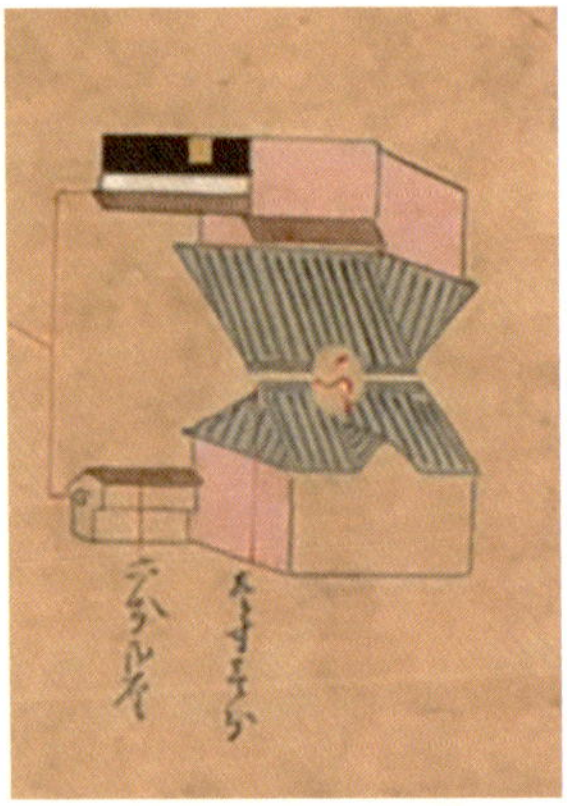

御祈祷所。

壁が塗られた建物で唯一古写真に写る御祈祷所。真壁の壁面が見える。

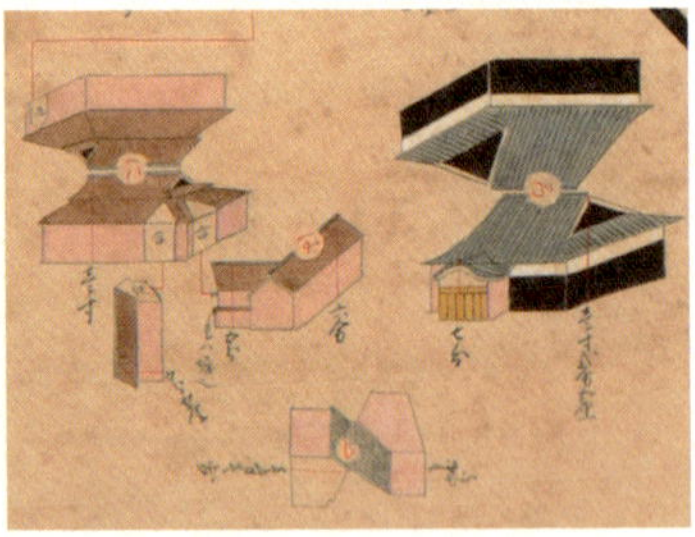

壁が桃色に塗られた奥の御居間。

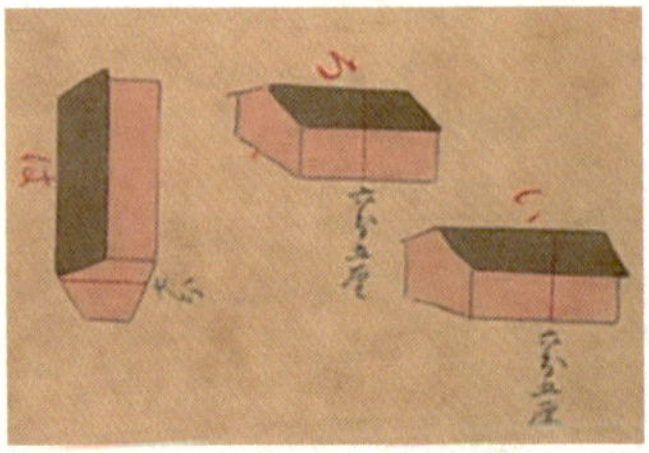

簡素な小屋にも赤壁が見られる。

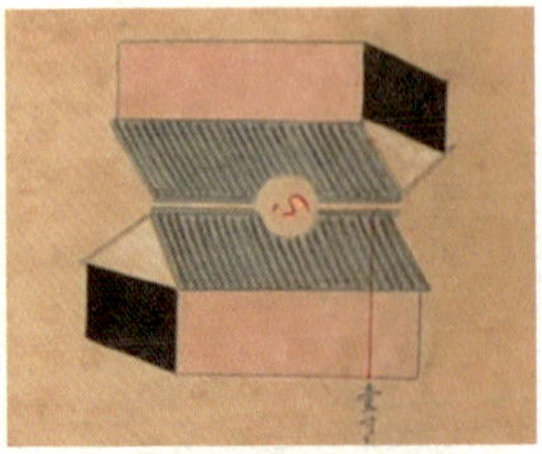

一つの建物内での塗分け。

よみがえりつづける 熊本城

（上から）宮内庁書陵部蔵／熊本市蔵・熊本城総合事務所提供／熊本城総合事務所提供／著者撮影

「かつ消え　かつ結びて　久しくとどまりたるためしなし。」

鴨長明の『方丈記』の一節です。
彼の建築観を記したこの書は、
冒頭で人とすみか（建築）を水の流れに重ね、その無常を書きます。

それがかたちあるものである限り、有為転変のなかで栄枯盛衰を繰り返します。
本来ならば永遠を願ってつくられるであろう建築物の本質部分に、
このような無常観が根ざしているのが
私は日本の建築の面白いところだと思っています。

建築は移り変わり、姿を変えつづけます。それは建築が生きている証です。
建築が滅びるのは、後世に残す価値はないとその時代の人が感じた時です。
修復されることがなくなった建築は消えます。
後世へ残そうとする意志がつづく限り、建築はよみがえりつづけ、
存続していくのです。

熊本城も、受難の歴史を背負い、変化しつづけています。

熊本城炎上

熊本城が突如火を発したのは、明治十年二月十九日、午前十一時すぎのことでした。強い西風にあおられた火は、瞬く間に広がり、城内を嘗め尽くしました。鎮火は午後三時。二百七十年あまりにわたり城下から見上げられてきた城は、出火からわずか四時間ほどで灰と消えました。天守は烈風にもかかわらず、真ん中に向かって内側に焼け落ちたといいます。

東京への第一報は、熊本が発した午前十一時五十五分の電報

「本日十一時十分　鎮台自焼セリ」

でした。

この時、薩軍はすでに北上をはじめていました。熊本城下での砲撃戦が始まるのが二十一日午後一時過ぎですから、開戦の二日前に城は炎上したのです。

この焼失以前から、城内では建物の撤去が進んでいました。この様子は古写真でも確認できます（左写真）。石垣や礎石の被熱痕から、焼失した建物は天守、大広間をはじめとする本丸上段の限られた建物であったと見られています。それ以外の建物は、すでに大部分が解体されていたと考えられています。

これは、城が陸軍の本営である鎮台となったためで、

5 よみがえりつづける 熊本城

近代戦を前提とした施設にするには、旧来の城郭建物は実用をなさなかったことを意味しています。城の用途が変われば、その姿を変えるのは当然のことです。本丸御殿の大広間からは大量のガラス窓が出土しており、ドアノブも見つかっています。

熊本城の炎上については、自焼説、放火説、失火説がありますが、城内将校の証言をつぶさに検証し、内容の不自然さや矛盾を指摘した説得力のある自焼説も出されています。

目立つ天守は砲撃の的となりやすく、名建築が傷ついたときには城内の士気に関わるという判断があったかもしれません。

いずれにせよ、熊本城はほぼ石垣のみで薩軍に一歩も立ち入ることを許さず、このことが城の名声をさらに高めました。

御天守方口之間の階段建物の撤去の変遷（左）と御肴部屋櫓（右）の撤去状況がわかる古写真。口之間周辺では、数寄屋丸二階御広間の撤去以降、地蔵櫓門、御天守方口之間と解体が進み、階段建物の骨組みのみが見える様子から完全に解体が終わるまでが古写真の中で確認できる。

熊本城が炎上したときの城の様子。
大小天守、大広間を中心に本丸上段の建物群が残っている。
宇土櫓は風上にあり、東竹の丸の平櫓群は火の粉が上空を飛んだため焼失を免れた。
富田紘一氏の古写真研究によると、西竹丸五階櫓は西南戦争後まで残存していたことが確認されている。飯田丸三階櫓も残っていた可能性がある。遺構の調査が行われていない範囲が多く不明な点も多いが、炎上時に確実に残っていたことがわかっている建物のみを模型上に表現してみた。

いくたびの受難を超えて

二〇一六年　四月十四日。
午後九時二十六分—マグニチュード6・2
同　十六日。
午前一時二十五分—マグニチュード7・3

二度の巨大な揺れが熊本地方を襲いました。本震の揺れは約二十秒間続きました。この一瞬のうちに、天守の瓦は振い落され、石垣は崩れ落ち、櫓は倒れました。

十六日の夜が明けた時、そこにそれまでの熊本城はありませんでした。

飯田丸五階櫓の櫓台石垣は、南東の隅石数個を残し、えぐられたように大きく崩落していました。その算木積みの隅石数個が、つっかえ棒のように櫓の片隅をかろうじて支えています。床下が空洞になってしまった櫓は弓のようにしなり、コンクリートの基礎が垂れ下がっていました。

熊本城の石垣は隅の部分がまわりよりわずかに高くなるように積まれています。この肩が張った部分を「キオイ」といい、建物の荷重を受けることで石垣をより強固に締め上げる工夫でした。この知恵のおかげで、隅石はしっかりと建物を支え、隅石もまた崩れることはなかったのです。

隅石部分にかかった荷重は17～18トンと見られています。間詰《まづめ》の小さな石までがしっかりとかみ合ってバランスを取ってとっており、心配したのは余震よりも台風であったと、現場の技術者から聞きました。風で櫓が吹き上げられた場合、隅石にかかる荷重のバランスが崩れてしまい倒壊することが考えられたといいます。

◆　◆

熊本城の歴史は修理の歴史でもあります。加藤忠広の代、寛永二年（一六二五）六月十七日の夜には大地震が起こっています。城内では50人ほどの死者があり、「殿主その外城中の家、から木立ばかり残り、かわら・ひき物も皆々おちくづれ」（『万覚書』）という有様で、建物が枯れ木のようになってしまったと伝えます。細川時代には、幕末までに、幕府に対してわかっているだけで29回の修理願を出しており、そのうち20通は石垣の修理に関するものです。石垣面のふくれ（孕《はら》み出し）、崩れによる積み直しがほとんどで、本丸内の石垣も修理が繰り返されています。大雨による石垣の破損もありました。東櫓門の脇などに見られる「ハバキ」と呼ばれる低い寄せ掛け石垣は、石垣の下部を押さえる補強のためのもので『御城図』を見るとハバキの部分は岩盤のような描写になっており、きちんとした石垣として構築される前の仮設の盛り土か捨て石であると見られています。

幾度と傷つきながらも、そのたびごとに修復され、姿を保ってきた熊本城。傷ついた姿を見た者に、もとに戻さねば、と強く思わせる力をこの城は持っています。明治の廃毀時に、ほぼ完全な姿が守られていたことは熊本城が持つ〝治癒力〟の証でしょう。

私たちはいま、熊本城に新たに加わる修復の歴史を目撃しています。熊本城は復旧に向けた日々を重ねています。見る者に力さえ与えた〝一本石垣〟の飯田丸五階櫓はもうありません。毎日、その姿を変えつづけています。しかしその変化は明治期のように城が消えていく方向ではなく、再び姿を取り戻していく先へ向かっています。変化することは生きている証拠です。

◆　◆

熊本城は今も生きつづけている城なのです。

飯田丸五階櫓 熊本地震被災模型 縮尺1/150 2019年制作 著者蔵

▲震災二関スル諸報告 熊本城千弐百分一図（宮内公文館蔵）明治 22 年（1889）の金峰山地震による被害状況図。第六師団内の被害状況の報告書に納められている。石垣崩落個所は黄色、孕み出しが見られる箇所は桃色に塗られている。この図は 2016 年の熊本地震後に見つかった新資料で、石垣被害の箇所に共通点が見られることで注目された。

▲（左）石垣下部に設けられた「ハバキ」（著者撮影）
（右）『御城図』では現在「ハバキ」石垣が見られる箇所に岩盤のような描写がある。

熊本城本丸模型

◎再現時期　明治三年
◎縮　尺　1／150
◎大きさ　［南北］二・五五メートル
［東西］二・三五メートル

◎天守　二棟
◎五階櫓　五棟
◎三階櫓　四棟
◎その他櫓　三十棟
◎櫓門　十棟
◎御殿　十一棟
◎その他建物　十七棟
◎土塀　［総延長］八・六七メートル
◎彫り込んだ石の数　十五万個（推定）
◎貼り付けた丸瓦の本数　三万本（推定）
◎銃眼の数　七百三十六個（土塀を除く）
◎破風の数　百九十二
◎樹木　百八十六本

二〇一九年九月三日
［考証・制作］島充

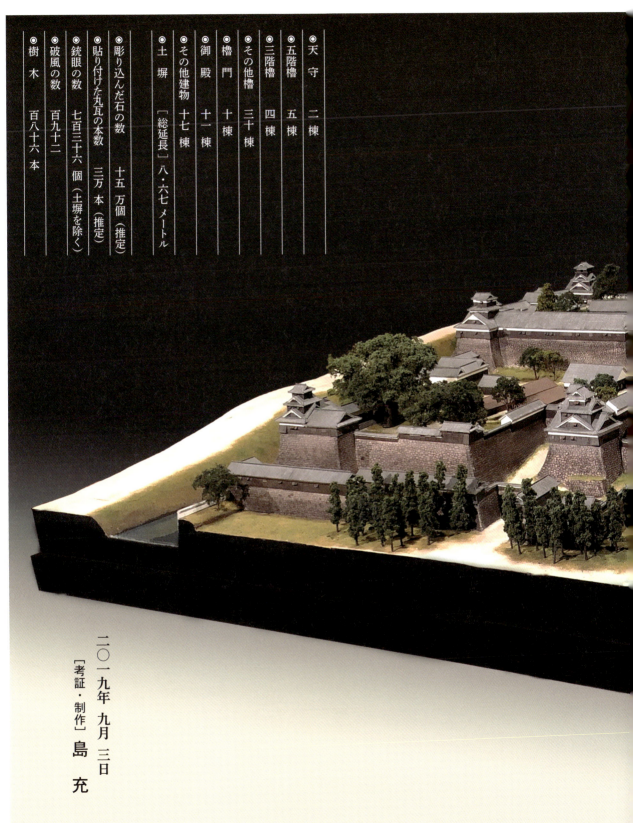

おわりに

古写真の中の熊本城を現実空間のなかで見てみたいという素朴な思いからすべては始まった。

熊本城の石垣を見上げるたびに、私はその上の空に、失われた櫓の姿を夢想していた。今、すべての建物が、古写真の中の近似値をとって、目前に広がっている。

なぜこれほどに歪んだ建物ばかりなのであろうか。熊本城の櫓群を立体化する中でずっと考えつづけた疑問である。城郭建築は石垣の上に建つ。これは大きな建築様式上の特徴である。石垣を整形に築けなかったため建物が歪むと説明されてきた。縄張りというごとく、石垣は縄を張って積み始める。石垣の下端—根石—のラインは設計ラインだと見ていいだろう。御裏五階櫓などは直角にしようという意思が全く感じられない。百間櫓の不整形櫓台も高さは低く、内部はすべて石を詰め込んだ総グリであるから、設計段階から歪めたと見ていいだろう。

私は制作を進める中で、これらの歪みが意図的なものなのではないかと感じるようになっていた。それは、歪んだ姿が、じつに面白く、神秘的で、見飽きないからである。それまでの建物は平地に建てるから、ことごとく整形であり、歪みをもった建物は城郭で初めて出現した。この歪みこそ城郭建築の大きな特色ではないだろうか、とさえ思えてきた。垂木の間隔は乱れているし、下見板の押縁も不揃いである。見方によっては拙くも見える熊本城の建築は、しかしながら、手びねりの茶碗のような味わいがある。

そしてこれらの建物が完成から二百数十年の時を経、全身に古色をまとった明治の熊本城は神々しいまでに美しい。清正は自分の死後数百年ののちに自らが築いた城がここまでに美しくあることを見通していたのであろうか。美は建物が生きながらえる自己防衛手段である。

本書では、模型制作の中で明らかにした熊本城の姿をできるだけわかりやすい表現で伝えることを心掛けたため、ごく大まかにしか伝えられていない。あまりに専門的と思われることがらや些末な発見まで記すと煩雑で膨大になるため、これは割愛している。言葉足らずな部分や乱暴な説明も多々あったと思う。文字通り瓦の一筋、垂木の一本まで向き合う中で一つひとつの建物に物語があった。

私がつくったこの模型が、どのような意味をこれから持つのかは自分ではわからないが、将来、現実に復元される城としてある熊本城の研究に少しでも役に立つならばこの上ない幸せである。

そして、この模型を、一人でも多くの方に肉眼で見てもらいたいと強く願う。熊本城がいかに日本屈指の大城郭であるかを体感していただけるであろう。明治十年の焼失以来、誰も目にしたことがなかった熊本城本来の姿がここにある。

最後に、この模型以前から資料閲覧の窓口として古文書が読めない私の問い合わせにも快く対応下さった上、本書に寄稿までいただいた熊本城調査研究センターの木下泰葉氏。模型制作の過酷な道のりを支え、応援し、手を貸してくれた友人、家族。この私を見つけ出し、企画を持ち込んでくださった新紀元社の宮田一登志社長、田村環編集長、本多茂昭氏に心から感謝の意を表したい。

そして情景師アラーキーこと荒木智氏。氏の作品〈西瓜の夏〉に出会わなければ熊本城の石垣の色は出せなかった。その氏が今回編集に携わって下さり、ほとんど二人三脚で書籍化を支えて下さったことはこの上ない幸せであり、改めて深く感謝したい。

【熊本城を知る二冊】

『古写真に探る熊本城と城下町』
富田 紘一 / 肥後上代文化研究会

「古写真考古学」の手法を用いて、熊本城の古写真の撮影時期を特定していく過程が興味深い。写真の細やかな観察手法には筆者も大きな影響を受けている。古写真の中の熊本城と城下町を探る一冊。

『熊本城 歴史と魅力』
富田 紘一 / 熊本城顕彰会

本書でほとんど触れられなかった熊本城の前史から現代までの歴史について学べる。とくに著者による城内の石垣の築造時期の推定は熊本城研究の基礎となっている。曲輪ごとの解説も詳しい。

◆主要参考文献

◉内柴 御風「熊本城追憶拾遺記」(『熊本城』掲載) 熊本城顕彰会 /1941
◉海野 聡『古建築を復元する 過去と現在の架け橋』吉川弘文館 /2017
◉太田 博太郎「楼閣建築に関する一考察」(『社寺建築の研究 日本建築史論集Ⅲ』387～394頁) 岩波書店 /1986
◉北野 隆 / 編・平井 聖 / 監修『熊本城城郭・侍屋敷古図集成』至文堂 /1993
◉城戸 久「熊本城宇土櫓造営年次私考」(『建築學會論文集』30巻 13～18頁) 日本建築学会 /1943
◉熊本市熊本城調査研究センター『特別史跡熊本城跡総括報告書 歴史資料編』熊本市 /2019
◉熊本市熊本城調査研究センター『特別史跡熊本城跡総括報告書 整備事業編』熊本市 /2016
◉熊本市熊本城調査研究センター『熊本城跡発掘調査報告書 3 ―石垣修理工事と工事に伴う調査―』熊本市 /2016
◉熊本市熊本城調査研究センター『熊本城跡発掘調査報告書 2 ―本丸御殿の調査―』熊本市 /2016
◉熊本城総合事務所 / 編『特別史跡熊本城跡本丸御殿復元整備事業報告書』熊本市 /2009
◉田淵 実夫『日本の石垣』朝日テレビニュース社出版部 /1967
◉富田 紘一「熊本城炎上の謎を探る」(『熊本城 復刊第百号記念号』13～36頁) 熊本城顕彰会 /2015
◉西 和夫『工匠たちの知恵と工夫：建築技術史の散歩みち』彰国社 /1980
◉藤岡 通夫「熊本城天守復原考」(『建築學會論文集』22巻 8～18頁) 日本建築学会 /1941
◉藤岡 通夫『城と城下町』中央公論美術出版 /1988
◉文化財保存計画協会編『重要文化財熊本城宇土櫓保存修理工事報告書』熊本市 /1990

熊本城模型の意義

［熊本城調査研究センター］木下　泰葉

熊本に住む人々にとって、熊本城とは見上げれば常にそこにあって、春の桜や秋の黄葉を楽しみ、人生の様々な場面で思い出をつくってきた場所です。平成28年（２０１６）4月14日・16日の二度にわたって熊本を襲った地震で、熊本城は13棟ある重要文化財建造物のすべてに被害を受け、50か所以上で石垣が崩落し、全体で約3割の石垣で積み直しが必要となりました。熊本城が築城されて以来、おそらく最大の被害です。

日本三名城の一つに数えられる熊本城。加藤清正が築いた壮大な城郭は、築城以来数々の災害や西南戦争の被害を受けてきました。その度に修理を受け、堀・石垣・建造物が現在まで良好に残り、近世の城郭の典型としてその価値が評価され、旧城域の大半が特別史跡、13の建造物が国の重要文化財に指定されています。国内外から毎年たくさんの観光客が訪れる熊本のシンボルでありながら、実はその歴史は多くの謎に包まれています。高石垣の上に林立する櫓群が熊本城の特徴の一つですが、建物の多くが失われてしまった現在では、その全貌を知ることも難しくなりました。

一方で、往時の熊本城の姿を復元しようとする試みが、これまで積み重ねられてきました。熊本城において、歴史資料をもとに建物の復元が行われたのは、昭和35年（１９６０）に外観復元された天守が最初です。この再建に携わった藤岡通夫教授は、絵図と古写真から復元設計を行いました。それはまさに今回著者が行ったように、瓦の一枚一枚を数え、複写した古写真に線を引いて破風の反りを検証するような地道な作業です。さらに、藤岡教授は木造の熊本城天守軸組模型（縮尺10分の１）を制作して細かな意匠を確かめ、それを鉄骨鉄筋コンクリート造の図面に引き直しました。そして制作された模型は、今では江戸時代の天守の構造を考える上で重要な研究成果の一つとして大切にされています。

建物の建築にあたって模型を制作することは、江戸時代から広く行われています。それらは「雛型《ひながた》」や「木型《きがた》」と呼ばれていたようです。天守の模型として最も古いとされている「松江城天守雛型」は一説に寛永15年（１６３８）の制作ともいいます。また、小田原城天守や和歌山城天守、宇和島城天守、大洲城天守などでは、江戸時代の修理や再建にあたって制作された模型が残っています。

熊本城の場合、寛永11年（１６３４）に江戸幕府へ城郭の修理申請を行った際に「木がたの絵図」が提出されたと記録に残り、城郭全体の修理箇所を説明するために模型が活用されていたことがわかります。また、延享４年（１７４７）には「御城形」と呼ばれる模型がつくられ、元治元年（１８６４）には「熊本御城木図」４箱が未申櫓に保管されていました。これらが同じ模型を指しているのかわかりませんが、もし現在まで残っていれば、熊本城の本来の姿を知る重要な手がかりになったでしょう。

残念ながら江戸時代につくられた熊本城の模型は残っていませんが、江戸時代の城内建築物の平面を描いた絵図が2点あります。本書でも取り上げられている「御城内御絵図」と「御天守方御間内之図」です。さらに、熊本城では絵図に加えて明治10年（1877）の本丸焼失以前に撮られた写真が豊富に残っています。当時の最先端の技術で撮影された写真は、天守をはじめとする熊本城の建物の意匠の細部まで捉え、建物の復元設計を行う重要な手がかりとなります。

こうした歴史資料をもとに現代に制作された模型は、前述した天守の軸組模型の他にも複数あります。そして、本書で制作されたジオラマもその一つに加えられます。これまでも本丸域の建物群の模型が制作されたことはありましたが、基本的には建物の外観を描いた絵図などをもとに立体化したものでした。また、軸組模型のように平面図・古写真から建物の構造を復元したものであっても、天守という一部の建物に留まっていました。

今回制作された本丸全域のジオラマでは、発掘調査で確認された遺構・絵図・古写真といった複数の資料を相互に検証し、本丸域の建物どうしが矛盾なく存在するように、本丸全体を復元設計していくような作業が行われています。これまでの研究にはなかった発想は、古写真に真摯に向き合い、徹底的に読み解いて「再現」するという制作手法から生まれたものでしょう。その結果完成したジオラマは、熊本城の壮大で複雑な建物の造りを考える上での、新たな研究成果といえます。

天守が再建されてから、まもなく60年を迎えようとしています。この間、建造物の復元などの史跡整備に伴って行われた発掘調査の成果や新出史料の発見などがあり、私たちが本来の熊本城の姿を知る手がかりは格段に増えました。古写真に関していえば、富田紘一氏が取り入れた「写真考古学」の手法で、多くの古写真の撮影年代を比定することができ、明治時代に軍の管理となってからの城内の変遷を知る一助となりました。さらに近年では、明治4年（1871）に外国人教師として来熊したジェーンズやマンスフェルトといった外国人らが持ち帰ったアルバムに、多くの熊本城の写真があることが知られています。古写真は撮影した際のネガである原板に加え、印画紙にプリントされたものが複数伝来するという性格上、今後も新たな写真が発見される可能性もあります。

さらに、現在進んでいる復旧工事でも新たな歴史が明らかになりつつあります。例えば、隅の石列でかろうじて建物を支えている姿が「一本石垣」として有名になった飯田丸五階櫓の石垣では、変形箇所の解体に伴って、加藤清正が築城当初に構築した石垣が埋没した状態で出てきました。さらに、五階櫓の石垣は江戸時代中頃に一度櫓を解体して石垣の積み直しが行われたという記録が見つかり、その痕跡を石垣で確認することができました。

熊本城に関する調査研究は考古学・歴史学・建築史学・美術史学などの様々な分野で、たくさんの人の手で日々進められています。今回のジオラマ制作もその一つであり、歴史資料に基づいて立体化された熊本城の姿を色んな角度から眺めることで、新たな発見が得られるはずです。調査研究を蓄積することでわかる新たな事実は、本来の熊本城の姿に近づけ、さらに熊本城の価値を高めてくれるものと思います。このジオラマがこれからの熊本城研究に寄与するとともに、本来の熊本城の姿を究明していく手がかりの一つとして、将来に残っていくことを期待します。

島 充（しま・みつる）

城郭・古建築模型作家

1982年福岡県柳川市生まれ。在住。

慶應義塾大学文学部美学美術史学専攻卒業。

小さな寺に生まれる。幼少より日本の伝統建築空間に魅せられ、城郭・古建築のプラモデルからペーパークラフト、木製模型まで制作に明け暮れる日々を過ごす。大学卒業後は寺務のかたわら、城郭・古建築模型の制作を再開する。2015年より作家としての活動を開始、展示模型、メディア向け模型、鑑賞模型から創作模型まで幅広く手掛ける。

模型制作の域を超えた緻密な考証に加え、その時代、空間にいるような「空気感」をも再現する作風に定評がある。

2017年　日本橋髙島屋「復興祈念　熊本城と加藤清正・細川家ゆかりの品々」展にて縮尺1/100の熊本城宇土櫓・飯田丸五階櫓模型展示（現在熊本市蔵）

2018年　Amazon プライム・ビデオ『MAGI 天正遣欧少年使節団』に豊臣大坂城天守模型で美術協力

2019年　月刊アーマーモデリングにて「城郭模型紀行」隔月連載（継続中）

[作品ギャラリー] www.joukakumokei.net

[Twitter] @joukakumokei

[制作依頼・取材連絡] mail : info@joukakumokei.com

熊本城超絶再現記

巨大ジオラマでよみがえる本丸の全貌

2019年10月25日　初版発行

著　者　島 充

発行者　宮田 一登志

発行所　株式会社 新紀元社
〒101-0054
東京都千代田区神田錦町1-7　錦町一丁目ビル2F
Tel : 03-3219-0921　Fax : 03-3219-0922
http://www.shinkigensha.co.jp/
郵便振替 00110-4-27618

印刷・製本　中央精版印刷株式会社

ISBN978-4-7753-1776-1
定価はカバーに表示してあります。
Printed in Japan

[Staff]
◉熊本城模型制作・模型撮影・文 ― 島 充
◉プロデュース・構成デザイン・編集 ― 荒木 智（情景師アラーキー）
◉デザイン ― 穴田淳子（a more design Room）

[協 力]
◉模型制作 ― 竹井文子　樋田 蓮
◉エッチングパーツ ― 安藤幸太郎（石屋模型店）

[スペシャルサンクス]
妻　美恵へ
新しい家族が一人増えるというときに
大きなおなかを抱えながら貼ってくれた瓦は
僕がやったのよりきれいだよ。
ありがとう。